1980

1983

1986

Susanne Offenbach

Okt 2002

Susanne Offenbach
Meine Kolumnen und ihre Leser

„Nur Mut, Madame!"

Susanne Offenbach

„Nur Mut Madame!“

Meine Kolumnen und ihre Leser

Silberburg-Verlag

Zwanzig Jahre Kolumnen, das ist wie Seiltanz. Das ist aber auch Dialog mit Ihnen, mit mehr als einer Million Leser.

Anfangs im Wechsel mit Werner Höfer, Klaus Mehnert und Oskar Fehrenbach. Heute sind Erich Böhme und Ernst Elitz die Confrères.

Die besten Kolumnen wurden für dieses Buch nach Kapiteln zusammengestellt. Welche sind gut?

Vor allem solche, die die Leser besonders angeregt oder aufgeregt haben. Etwa „Beamten-Barock". Davon gab es sogar eine Fortsetzung – wie auch für den „Konzern Kirche".

Viele Kolumnen wurden für dieses Buch gekürzt. Auch geschönt?
Das nirgendwo. Auch da nicht, wo ich meine Meinung mit den Jahren korrigiert habe.
Beispiel: „Frauenquote" oder „Hauptstadt Berlin". Und manches Thema ist aktueller denn je.
Entdecken Sie es neu!

„Nur Mut, Madame !"

**„Kolumnen schreiben heißt:
Nach vorne schauen, präzise bleiben –
Seiltanz verbal."**

Inhalt

12. März 1989

„Nur Mut, Madame!"

Der obigen Aufforderung, liebe Leser, hätte es nicht bedurft. Aber ich nehme sie gern als Kompliment, mit Ironie gewürzt. „Madame" werden weiterhin mutig sein, wenn man sie läßt. Das Gegenteil ist nicht in Sicht.

Leserbriefe allerdings gehören dazu. Sie sind nicht nur das Salz in der journalistischen Suppe, sie sind das Echo aus dem Wald, in den man hineingerufen hat. Tönt es daraus vielfältig zurück, dann ist ein notwendiger Dialog in Gang gekommen; das Ende der Einbahnstraße geschriebener Kommunikation.

Im zehnten Jahr dieser Kolumne soll es gesagt sein: Die Qualität der Leserbriefe, nicht nur ihre Quantität, hat sich ständig gesteigert. Da wird öfter argumentiert als polemisiert, da sagen Männer und immer öfter auch Frauen kräftig ihre Meinung. Und deshalb gehören Leserbriefspalten mit Recht zu den am meisten gelesenen Rubriken eines Blattes. Wie halten Sie es selbst?

Leserbriefe haben nicht nur den Charme des Laienspiels, sie sind notwendige Korrektur der Profis. Wer das ganze Jahr andere mit seiner Meinung traktiert, soll sich auch die seiner Leser anhören.

Deshalb ist es nicht schlimm, wenn diese Lesermeinung eher negativ ausfällt, nach dem schwäbischen Motto: Wenn ich nichts sage, war's schon recht. Der Zorn ist offenbar ein stärkerer menschlicher Antrieb als die Zufriedenheit. Das trifft sich mit der Beobachtung: Wer wütend ist, schreibt. Wem es gefallen hat, der nickt.

Viele von Ihnen indessen sind kritisch und zugetan zugleich. Mancher Brief fängt so an: „Ich lese die Kolumne gern, aber..." (folgt Grund der Unzufriedenheit). Leserbriefe korrigieren – fast ver-

SCHAUEN SIE MICH GEFÄLLIGST AN, WENN ICH MIT IHNEN REDE.

läßlich – sachliche Unrichtigkeiten. Ein schlampiges Zitat sollte man sich nicht leisten, weil schon der Volontär lernt: „Es gibt ganz bestimmt irgendwo den Oberlehrer, der das genau weiß.“ Gott sei Dank, möchte ich hinzufügen.

Und noch etwas hat der Schreiber nicht in der Hand: den Erfolg. Manchmal denkt man:
Das gibt morgen einen Aufstand!
Tatsächlich – Funkstille.

Ein anderes Thema dagegen, vielleicht nur mit halbem Herzen geschrieben – Aufregung landauf, landab. Kolumnen haben gelegentlich etwas von Wahlen – ihr Ausgang ist offen, die Reaktion unberechenbar. Gottlob, auch hier.

Die populärsten Themen, wenn man das an den Briefen mißt: Ladenschluß (pro), Wieviel Mutter braucht der Mensch? und das Ausländerwahlrecht.

Mein größter Flop (s. Seite 54): Die Aufforderung, zeitgenössische Gebäude ausfindig zu machen, die es wert sind, auf Ansichtskarten abgebildet zu werden. 1 (in Worten: eine) Antwort – von einem befangenen Architekten.

Ist die Heimat so fad, sind alle zeitgenössischen Bauten wirklich so scheußlich, oder interessiert das Thema keinen? Fragen, die selbstkritisch zu stellen sind.

Leserbriefe sind das Salz in der journalistischen Suppe.

Die werden von jenen allerdings am wenigsten erörtert, die zu den „Kunden“ gehören. Die gibt es auch. Vielschreiber, Wichtigtuer, verhinderte Lyriker oder den Club der Anonymen („mein Name tut nichts zur Sache“). Diese mißbrauchen den Leserbrief als seelischen Mülleimer. Dort landen ihre Werke denn auch.

Alle anderen sollten die Wirkung ihres Briefes nicht unterschätzen. Der Autor sieht jeden, der Chef die meisten. Es lohnt also, zu schreiben. Lob oder Tadel, vor allem aber – das ist die höchste Form aufmerksamen Lesens – vermissen, was nicht dasteht. Kritisieren, was ist, können viele. Aber merken, was fehlt – Kompliment!

Ob auch jene Jungen und Mädchen dazugehören, die, wie ich oft stoßseufzend erfahre, ihre Zulassungsarbeit über eine Kolumne zu schreiben hatten?
„Argumentiert die Autorin folgerichtig? Welche Meinung haben Sie persönlich?“
Als Prüfungshorror sind meine geschriebenen Dialoge eigentlich nicht angelegt. Aber als Reibeisen gelegentlich schon.

Wer schreibt, will gelesen werden. Nicht einmal Literatur, behaupte ich, entsteht für die Schublade. Und erst recht kolumnistisches Tagewerk hat allein dieses Ziel – den Leser. Wenn der dann auch noch „Madame“ ermutigt – gerne. Allerdings: Mutig ist man am besten selbst. Stellvertretenden Mut gibt es nicht.

Man reagiert zu oft nur auf Kritik – heute gibt es Zustimmung

Weder Lyriker noch Vielschreiber, aber einer, der die „umstrittenen Themen“ mit Aufmerksamkeit und Interesse liest. Sie sollen heute einen zustimmenden Leserbrief bekommen. Man reagiert ja meistens nur auf Kritik, wenn man an Redakteuren was auszusetzen hat. Etwa dann, wenn Beiträge notwendigerweise gekürzt werden.
Aber etwas mehr Einfühlungsvermögen trotz aller Eile im Zeitungsgeschäft wäre gut. Ansonsten weiterhin:
Nur Mut, Madame!

Kurt Schmidt, Stuttgart

Zu Ihrem angeblichen Kolumnen-Flop, den ich gelesen habe, meine große Anerkennung. Den Wiederaufbau habe ich begeistert miterlebt. Als Motive für Ansichtskarten denke ich an das Mannheimer Nationaltheater, das Stuttgarter Schauspielhaus und das Landtagsgebäude sowie den Heidelberger Hauptbahnhof als gut gelungene Beispiele für den Wiederaufbau.

Folkhart Dinkler, Leonberg

Ich habe ihn vermißt, den spritzig-humoristischen und zuweilen bissig-sarkastischen Witz, der nicht ernst genug genommen werden kann.
Es ist nett, Sie wieder zu lesen. Im allgemeinen schreiben Sie mir aus der Seele. Auch dieses Mal wieder. Weiter so, bitte. Sie dürfen mich durchaus zu denjenigen zählen, die Sie zum Mitstreiten aufrufen.

Heinrich Klimm, Jettingen

Die Artikel, die in letzter Zeit unter dem Namen Susanne Offenbach veröffentlicht worden sind, unterscheiden sich wohltuend von denjenigen, die sie früher geschrieben hat. Ich stelle dies mit freudigem Erstaunen fest, kann allerdings diese erstaunliche Wandlung nicht erklären. Was – oder vielleicht auch: wer? – mag dahinterstecken?

Renate Becht, Stuttgart

Hilft denn keiner ?

„Was du mal willst, das man dir tu,
das füg' auch selber andern zu."
Abgewandeltes Sprichwort

Autobahn – Spurwechsel – Blinker – Lücke. Von hinten kommt ein Lkw, raspelt die ganze Seite auf. Rast weiter. Fahrerflucht – und viele haben es gesehen. Niemand meldet sich.

Schulbushaltestelle – Rempelei – Fußtritte – einer bleibt heulend zurück. Die feixende Gruppe feiert ihren „Sieg" – niemand der Umstehenden widerspricht.

In der Frankfurter S-Bahn bittet eine hochschwangere Frau einen Mann vergeblich, nicht zu rauchen. Als sie aussteigt, verfolgt sie der Mann, bespuckt und schlägt sie. Laut Polizeibericht beobachteten Passanten das Geschehen. Eingegriffen hat niemand.

Warum nicht? Was muß noch geschehen, damit sich jemand verantwortlich fühlt? Vielleicht dies:

Eine l7jährige wird in der Hamburger S-Bahn vergewaltigt.
Sie ruft um Hilfe. Niemand greift ein. Niemand ruft die Polizei, obwohl dies an mehreren Haltepunkten möglich gewesen wäre.
An der Endstation steigen Fahrgäste zusammen mit dem weinenden Mädchen aus. Kein Zeuge meldet sich bei der Polizei. Ein Alptraum.
Nichts sehen, nichts hören, nur in nichts hineingeraten. Den Blick senken, das persönliche Risiko meiden – ist es das, worauf wir uns in dieser Gesellschaft einrichten müssen?

Wir sollten nicht, so denkt fast jeder. Aber warum geschehen solche Fälle trotzdem immer häufiger? Da hilft nur schonungslose Selbstbetrachtung.

Was ist das für ein Risiko, das man scheut? Man könnte ja eine Situation falsch eingeschätzt haben. Kinderrangeleien, Liebesszenen in der Bahn oder lauter Streit in der Nachbarschaft – wo käme man hin, wenn man sich überall einmischen wollte?

Ausrede. Dergleichen passiert nicht dauernd und überall.
Oft reicht ja schon, daß jemand dasteht und sich erkundigt, damit

Ich widerspreche

Dem letzten Satz: „Die Schlagzeile, daß ein Helfer zu Schaden gekommen ist, habe ich nirgends gefunden", muß ich widersprechen. Ich habe kürzlich gelesen, daß eine Frau, die einem Vietnamesen zu Hilfe gekommen ist, der in einer Bahn zusammengeschlagen wurde, so verletzt wurde, daß sie gelähmt ist und im Rollstuhl sitzt. Sie bekommt von keiner Seite einen Versicherungsschutz oder sonstige Hilfe. Das stimmt doch traurig und hält wieder viele ab, einzugreifen.
Ilse Schall, Speyer

In der Tat ist die Teilnahmslosigkeit der Gesellschaft gegenüber Gewalttaten auf offener Straße ein Ärgernis. Doch komme ich leider nicht darum herum, für sogenannte Drückeberger Verständnis aufzubringen. Jeder sollte sich genau überlegen, ob er es mit vier oder fünf gewaltbereiten Halbstarken ein Täter unsicher wird und verschwindet. Aber selbst wenn die Aktion umsonst gewesen wäre – na und? Lieber einmal zuviel als einmal zuwenig.

Wenn einer anfängt, folgen viele.

Und bei gewalttätigen Kerlen? Die Berliner Polizei gibt Kurse gegen das Wegsehen und für richtiges Eingreifen: Frühzeitig handeln, mit einem kräftigen und selbstbewußten „Schluß jetzt" dazwischen gehen. Je länger man wartet, desto näher ist der Täter an der Tat.

Andere einbeziehen, sie bitten mitzumachen. Bei Versuchen hat sich nämlich herausgestellt, daß einzelne durchaus hilfsbereit sind. Je mehr Menschen aber da sind – auf der Straße, in der Bahn –, desto weniger fühlt sich der einzelne verantwortlich. Jeder wartet auf den anderen. Wenn aber jemand anfängt, folgen viele.

Also: nicht die Welt ist schlecht, sondern der einzelne ist träge. Das meiste, was man ertragen müßte, wäre ein bißchen Spott oder Zurückweisung, falls man tatsächlich unnötig aufgetreten wäre. Heldentaten indes werden nicht erwartet. Allerdings etwas Courage und der Gedanke: Was wäre, wenn ich in Bedrängnis käme, und alle schauten zu? Zeugen, so die Erfahrung der Polizei, sind Mangelware.

Eine andere Ausrede: Wir wollen schließlich keine Gesellschaft von Schnüfflern und Sheriffs. Das mag die Sorge der sechziger Jahre gewesen sein. In der Großstadt braucht man aufmerksame Nachbarn, in der scheinbar heilen Welt des Dorfes den Mutigen, der einen Peiniger zur Rede stellt, notfalls anzeigt.

Wo aber bleibt der nötige Abstand in einer überfüllten Welt? Distanz ist eine Geisteshaltung. Die läßt sich aber gerade nur dann verwirklichen, wenn Übergriffe scharf geahndet werden. Den Tätern dazwischenzufahren ist wichtiger, als Opfer zu bemitleiden.

Übrigens: Die Schlagzeile, daß ein Helfer zu Schaden gekommen sei, habe ich nirgends gefunden.

aufnehmen oder sich einem bewaffneten Angreifer entgegenstellen möchte. Ich würde dies nicht tun und gebe dies auch offen zu.

Günther Boskoff, Stuttgart

Zeugen haben vor Gericht in aller Regel ihre vollen Personalien anzugeben. Wo bleibt da der in manch anderen Fällen total überzogene Datenschutz? Wenn erreicht werden soll, daß wieder mehr hingesehen, mehr geholfen wird, dann muß beispielsweise auch einem Zeugen der ihm zustehende Schutz garantiert werden.

Rolf Bauer, Korntal-Münchingen

Hilfsbereite, mutige Menschen, die auch bereit sind, als Zeugen auszusagen, muß man lange suchen. In einem Land, in dem jemand als Außenseiter gilt, der nur nach der Straßenverkehrsordnung fährt, ist das kein Wunder. Die meisten denken nur an sich selbst und ihren eigenen Vorteil. Die ganze wirtschaftliche und moralische Situation ist schlecht in Deutschland. Besserung ist leider kaum zu erwarten.

Franz-Josef Damian, Ludwigshafen-Oggersheim

Sie haben recht mit Ihrem Appell an die Bürgerinnen und Bürger, sich einzumischen und dadurch zu helfen. Leider gibt es auch gegenteilige Ratschläge – noch dazu von der Polizei selbst: man möge „Konfrontationen möglichst aus dem Weg gehen"

Manfred Hintzsche, Fellbach

In Stuttgart wurde versucht, einer Frau ihre Handtasche zu rauben. Als sie ihre Tasche festhielt, schlug der Täter auf sie ein. Ein Taxifahrer eilte ihr zu Hilfe und verletzte dabei den Täter. Dieser Helfer steht nun wegen Körperverletzung vor Gericht und muß nach Aussage seines Anwalts mit einer Verurteilung rechnen. Ohne daß ich die näheren Umstände kenne, frage ich mich, ob wir wirklich diese Zivilcourage von anderen einfordern können, wenn man mit solchen Folgen rechnen muß?

Andrea Hoppe, Esslingen

Wenn Frau Offenbach noch nichts gelesen hat über einen Helfer, der zu Schaden kam, soll sie mal beim Weißen Ring nachfragen. Daß „so einer" keine Schlagzeile wert ist, heißt nicht, daß es solche nicht gibt. Sie hat viele gute Gründe für das Helfen angeführt, die überzeugen. Schade, daß sie die Wirkung mit einem polemischen Schlußsatz wieder zerstört.

Peter Becker, Kandel

8. Juli 1979

Mut zum Mut

Zwischen den Hiobsbotschaften, die Zeitungen verbreiten, muß man das deutlich sagen: Uns geht's gut. Verflixt gut sogar. Frei wie nie, reich wie nie – „Herz, was begehrst du mehr?"

Die große Mehrheit hat keine existentielle Not. Unser Lebenskampf geht um Komfort, um den nächst weicheren Sessel, die bessere Wohnung, die balsamiertere Seele.

Uns geht's gut. Und deshalb sollte man annehmen, daß die Menschen ihre gepolsterte Umgebung als Sprungbrett benützen. Als Chance, die Probleme ihrer Generation mutig und unkonventionell anzugehen, eben wie jemand, der sich Mut doppelt leisten kann, weil ihm Netz und doppelter Boden sicher sind.

Das Gegenteil ist der Fall. Duckmäuserei geht um in Betrieben und Elternbeiräten, in Lehrerkollegien und unter Studenten. Bei den Journalisten wird über Ausgewogenheit gewitzelt, aber oft genug sitzt die Schere schon im Kopf. Warum diese Kleinmütigkeit, woher diese Angst?

Sicher schrecken die Zeichen der Zeit, die wir noch nicht einordnen können: die unüberschaubare Energielage zum Beispiel, die Bedrohung der Natur oder jene Technik aus nur fingernagelgroßen Chips, die – zu Computern zusammengebaut – Unerhörtes leisten, weit mehr als es dem Menschen je möglich sein wird. Wer soll diese neuen Mächte beherrschen? Tanzen wir auf einem Vulkan? Fragen, die Angst machen.

Nur Weinerlichkeit oder Wurstigkeit lösen den Problemknoten nicht. Oder sollen wir vielleicht warten, bis wir mit dem Rücken an der Wand stehen, bis uns der Mut der Verzweiflung packt?

Mut zum Mut kann man lernen. Und zwar am besten in friedlichen Zeiten wie jetzt. Wer im Betrieb mitbestimmen will, muß jetzt darüber reden anstatt einerseits auf einen bombensicheren Arbeitsplatz und andererseits auf die Arbeitslosenzahl zu starren. Wer für Elternrecht und gegen Schulstreß ist, muß in der Elternbeiratssitzung

30. Juni 1985

Offener Brief an ...?

Sehr geehrter Herr ... Sollte ich mich für Ihren Brief bedanken? Zwar ist er „persönlich" an mich gerichtet, korrekt adressiert und frankiert, auch bemerkenswert im Inhalt, aber – anonym.

Papierkorb. So hält man das mit dergleichen Materialien. Auch hat man mit den unterschiedlichsten Sorten von Anonymen so seine Erfahrungen gemacht:

Da gibt es die Unflätigen, die ihre Seelenverdauung namenlos anderen auf den Schreibtisch packen. Oder die Verkannten, die im Besitz umfangreicher Wahrheiten sind, nur daß das außer ihnen selbst niemand weiß und – da anonym – auch nicht erfahren wird. „Mein Name tut nichts zur Sache"ist die wohlfeile Bemerkung solcher Zeitgenossen mit der Tarnkappe. Wenn es wirklich „nichts zur Sache" täte, könnte der Name ja auch genannt werden. Der gehört dazu. Wie sollte die Person von der Meinung, die sie äußert, zu trennen sein?

Sehr geehrter Absender, Sie haben es differenzierter gesehen. (Deshalb erst später der Papierkorb.)

Zitat: „Es würde sich gehören, daß ich diesen Brief mit meinem Namen unterschreibe, da ich voll und ganz zu dem stehe, was ich geschrieben habe. Aber wenn einer den Mund gegen den herrschenden Trend auftut, wird er von den Medien ‚fertiggemacht'. Bei dem ungleichen Kräfteverhältnis von Individuum (dazu noch Unternehmer!) und Medien, wäre es unsinnig, sich dem auszusetzen – wofür ich sehr um Ihr Verständnis bitte." Tut mir leid, kein Verständnis. Bestimmt gibt es

den Mund aufmachen. Wer als Student seinen Namen nicht auf eine Unterschriftenliste setzt, weil er fürchtet, deshalb eine Stelle nicht zu bekommen, vermeidet zwar jedes Risiko, begibt sich aber freiwillig der Freiheit, öffentlich seine Meinung zu äußern.

Zur Zivilcourage gehört das Risiko.

Und Journalisten, die Proporz und Politikereinfluß beklagen, haben meistens selber nie ausprobiert, wie groß ihr Spielraum wirklich ist. Meine Erfahrung: Wenn die große Freiheit bedroht ist, dann am ehesten von den Mutlosen und von den Zauderern. Zur Zivilcourage gehört das Risiko. Wer sich auf den Markt begibt, erntet dort nicht nur Beifall, es kann auch Eier regnen. (Kolumnisten wissen, wovon die Rede ist.)

Mut zur Meinung – für mich beweist er sich, wenn er auch unbequemem Gegenwind standhält. Menschen mit ihren Meinungen werden weniger an der Logik, wohl aber an den Lösungen gemessen, die sie leben.

Was nützt es, wenn eine liberale Familie der Mutter Selbständigkeit zugesteht, bei der Verteilung der Wohnung aber so verfährt: Jeder beansprucht sein Zimmer, die Frau hat ja die Küche? Und oft genug hat sie keinen Mut zur Meinung. Vor lauter Furcht, die Liebe der Kinder oder des Mannes zu verlieren, hält sie still, noch bevor es irgendwelche Anzeichen für Liebesentzug gegeben hat.

Es gibt auch jene Kavaliere der Landstraße, die sich als Unfallzeugen drücken, aber nachher gaffend herumstehen. Die meisten Leute könnten sich heutzutage mehr zumuten. Sie haben eine Hand frei, mit der sie zupacken könnten. Worauf warten Sie?

Kolumnisten dürfen kein Blatt vor den Mund nehmen.
Es macht nichts, wenn Sie nicht der Meinung der Stuttgarter Journalistin Susanne Offenbach sind. Die Redaktion ist es manchmal auch nicht.

unsaubere Methoden bestimmter Publikationen und ihrer Journalisten, aber eben bestimmter. Was hier passiert:

Ein Unternehmer, der sich selbst zur „schweigenden Mehrheit“ zählt, verstummt, resigniert vor einer Aufgabe, die diese Gesellschaft besonders von Verantwortlichen (etwa Unternehmern) verlangt – die Auseinandersetzung.

Streit ist keine Schande, sondern gelegentlich Notwendigkeit. Wichtig wäre eine Konfliktkultur: Wie geht man angemessen mit Menschen anderer Interessenlage um? Freiwillige Sprachlosigkeit ist eine Bankrotterklärung.

In Ihrem Brief sagen Sie, daß Sie etwas gegen Vermummung haben. Aber was ist Ihre Anonymität anderes? Was erwarten Sie von mir? Daß ich Ihre – guten – Argumente zum Kündigungsschutz und zum „Tarifzwang“, zur Veröffentlichung weitergebe oder mir zu eigen mache? Wer ist hinter Ihnen her, daß Sie dergleichen nicht laut sagen? Wenn es wirklich jemanden geben sollte, der Sie bedroht oder erpreßt, dann sollten wir darüber berichten.

Gegen mißbrauchte Medienmacht kann man nicht mit Anonymität angehen. Die einzige Chance, die diese Gesellschaft hat, ist Offenheit.

Lieber Briefschreiber, Sie haben mir Ihre bedeckte Zuschrift geschickt, obwohl ich mich Ihnen sonst stets nicht nur mit Namen und Gesicht, sondern – trotz etlicher Risiken – auch mit möglichst offenen Argumenten zuwende.

Sie selbst haben das „beherzt“ genannt. Und Sie?
Fassen Sie sich eins!

27. August 1995

Schwein sein

Deutschland schmuddelig. Wo? Im Kopf vor allem.

Was ist los mit Leuten, die einen Schlager zum Hit machen, der empfiehlt: „Du mußt ein Schwein sein in dieser Welt, gemein sein“.

Ein Magazin bietet dazu die säuische Titelgeschichte, und ein Schweizer Uhrenhersteller streckt plakativ seinen Kunden dreifach-dreifarbig die Zunge raus, als wäre er Einstein.

Gilt generell: „Der Ehrliche ist der Dumme“? Ulrich Wickert schwimmt hier mit einem Strom, der anscheinend voller Egoisten, Intriganten und Rüpel ist:
Jeder denkt an sich, nur ich denk' an mich.

Wenn die Sitten verrohen, brauchen Anständige Mut.

Mit der Sprache werden die gröbsten Keulen geschwungen. So nennt ein Unternehmer manche Wirte „faule Schweine“.

Da hätten wir die Tierchen also wieder, gefolgt von den „faulen Säcken“, wie der niedersächsische Ministerpräsident Schröder seine Lehrer zu titulieren pflegt.

Unabhängig von der sachlichen Richtigkeit: Welche Kotzbrocken dürfen wir noch erwarten?
Mit Zynismus schmücken sich taz-Autoren, wenn sie in der Kruzifix-Diskussion über, „Lattengustl und Balkensepp“ herziehen. Auch hier geht es platt und laut zu, dabei zeigte sich gerade im piano der Meister. Aber piano ist heutzutage so selten wie schwarzweiß in einer brüllend bunten Welt.

3. November 1991

Wir Wegschauer

Was tun, wenn Honecker kommt? „Volkszorn ist kein Haftgrund.“ Das hat die Berliner Justizsenatorin Jutta Limbach zutreffend erkannt. Bestraft werden kann nur der einzelne Mensch; die Kriminalität eines Staates wird von unserer Justiz nicht beurteilt.

Beim Mauerschützen-Prozeß sieht es ja so aus, als würden die Kleinen an der Front gegriffen, die großen Drahtzieher und Kommandeure sich aber ins Anonyme zurückziehen können. Die Tat ist individuell, die Verantwortung wird sozialisiert.

Harry Tisch, Günter Mittag, Erich Honecker und manche anderen ehemaligen DDR-Lichtgestalten, im Zuschnitt eher von intellektueller Serienausstattung, müssen gewiß vor ordentliche deutsche Gerichte.

Da dabei aber vermutlich nur Petitessen verhandelt werden können, brauchen wir neben dem juristischen ein politisches Tribunal, eine geistige Auseinandersetzung mit den Personen und dem Regime.

Wir sind Weltmeister im Wegschauen. Jedenfalls jene Bundesdeutschen, die ganz schnell dabei sind: Laßt doch die alten Geschichten, die Nazis haben sich doch auch erledigt. Haben sie eben nicht.

Es ist gut, daß Nazis bis heute verfolgt werden. Daß man dabei hierzulande lange zu lasch war, heißt nicht, daß man diesen Fehler noch einmal machen müßte.

Gewiß sind Stasi-Mitarbeiter nicht mit KZ-Schergen vergleichbar. Aber kann man deshalb zur Tagesordnung übergehen? Die Opfer in der ehemaligen DDR wollen es anders. Sie sind es vor allem, die hier zu befinden haben. Ihr Leben, ihre Familien wurden zerstört.

Es gibt keine Revolution, die den Opfern gerecht wird und gleichzeitig die Täter schont. Zuschauer (oder Wegschauer), die wir sind, stehen uns aber noch andere unangenehme Erkenntnisse ins Haus.

Westdeutsche Intellektuelle, die lange die sozialistische Alternative priesen (meist, ohne sie je selbst erlebt zu haben), dürften sich gerne auf der Bühne der politischen Auseinandersetzung selbstkritisch zurückmelden. Mit dem Nationalsozialismus haben sie sich – zu Recht – jahrzehntelang intensiv beschäftigt. Die Auseinandersetzung mit dem Sozialismus/Kommunismus indessen ist die komplette geistige Nullnummer:
Wegschauen auch hier!

Was ich diesem Staat (an dem es vieles zu kritisieren gibt) hoch anrechne: daß er seinen fliehenden Feinden goldene Brücken baut.
Ich möchte mir nicht ausmalen, was die DDR mit uns gemacht hätte, wenn sie die Siegerin des Kalten Krieges gewesen wäre.

Können die leisen Töne überhaupt etwas ausrichten, wenn Knallfrösche die Regel sind? Gerät Höflichkeit nicht hoffnungslos ins Hintertreffen, wenn Schwein sein als Erfolgsrezept gilt? Fakten zeigen, daß es Ehrliche gibt – und zwar mehr, als die meisten Menschen glauben. Zum Beispiel die Finder. Eine Großstadt hat über 100.000 Mark Bargeld im Fundbüro, das ehrliche Finder abgegeben haben. Nur das Eigentum wird oft nicht abgeholt. Liegt da der innere Schweinehund begraben: Außer mir ist sowieso niemand anständig? Raustrauen müßten sich die, denen Anstand etwas bedeutet. Gerade hat die baden-württembergische Kultusministerin die „Kopfnoten" in den Zeugnissen abgeschafft.

„Betragen" wird nicht mehr zensiert. Artig ausreichend ist auch wirklich überholt. Aber eine Beurteilung, die Hilfsbereitschaft und Fairneß, Toleranz und Kompromißbereitschaft bewertet, könnte ein schulischer Fortschritt sein. Lernziel ist vielmehr, wie man mit Konflikten umgeht, ohne andere plattzumachen. Chaostage absagen? Sehr einverstanden. Aber zuerst die im eigenen Umfeld. Die Friedensbewegung, die nicht nur deklamatorische, findet in der eigenen Familie und Firma statt – oder nirgendwo.

In der Freude des anderen das eigene Glück finden. Ein idealistischer Satz für schweinische Zeiten? Doch gemach: Von Ausnahmen abgesehen, haben Schweine das kürzere Leben. Die Metzger können's bezeugen.

Schweine – sauber und sozial

Im Namen aller Haus- und Wildschweine protestiere ich hiermit gegen Ihren Vergleich Schwein -- Mensch. Schweine sind von Natur aus durchaus gutmütige, soziale und saubere Tiere. Das einzige Wesen auf dieser Erde, von dem alles Üble kommt, ist die „Krone der Schöpfung" - der Mensch.

Karl Andratzek, Kaiserslautern

Für Ihre „Worte zum Sonntag" danke ich Ihnen herzlich. Sie haben mir Wort für Wort aus der Seele gesprochen und damit Trost gespendet.

Dr. Margarete Keller, Stuttgart

Sich anständig zu benehmen ist heutzutage wahrlich nicht mehr zeitgemäß. Anstand scheint als Zeichen der Schwäche gewertet zu werden. Und warum soll man erst mit gemäßigteren Ausdrücken lange herumfackeln, wenn man sich mit Superlativen wie: Schwein, geil, super und dergleichen unüberbietbar mehr Gehör verschaffen kann?

Nikolaus Schüßler, Blaustein/Arnegg

Benehmt euch !

Ein Zeichen dieser Zeit: der Boom in Gewalt und gleichzeitig ein Boom in Benimm – wie paßt so etwas zusammen?

Auf den Schulhöfen wird nicht nur gerauft, sondern auch nachgetreten, wenn der „Gegner" schon am Boden liegt. Eine verschärfte Variante der Gewalt.

Andererseits: Aus denselben Jahrgängen melden sich immer mehr Junge zu Tanz- und Benimmkursen. Sie wollen wissen: „Was paßt zu meinem Typ?"– „Wie bewerbe ich mich richtig?"– „Gehen das Handy zum Nachtisch oder der Gameboy statt Nachspiel in Ordnung?"

Wenn aber in der Straßenbahn eine ältere Frau angepöbelt wird, steht kaum jemand auf, geschweige denn bei. Das ist dann wohl die große Kunst des Wegsehens.

Die Generation X schaut weg.

Kein „natürlicher Anstand", keine „selbstverständliche Solidarität" mit Schwächeren? Natürlich nicht. Weil Anstand und Gemeinsinn nicht von selbst da sind. Sie müssen gelernt werden, oft genug gegen die eigenen Interessen.

Über die neue Korrektheit der derzeitigen Generation X sind viele Eltern und Arbeitgeber entzückt. Adrett gekleidet, strebsam, karrierebewußt und allzeit mit der Frage im klaren Blick: Mach ich´s recht?

Auch untereinander taugt nur der Typ, der sich zu benehmen weiß. Benimm als Erkennungszeichen, als Schmiermittel für problemloses Zusammenleben. Gut so.

Aber wie paßt das mit dieser anderen Seite zusammen, mit diesem rauhen, groben Verhalten, nur auf sich selbst und den Augenblick bezogen?

Kein Geld – klauen; keine Lust – eine knallen; keinen Bock – quälen.

Es beginnt schon mit der Sprache: Das läuft halt so raus oder wird herausgeballert in Bruchstücken und Fetzen, ohne Rücksicht darauf, wer's versteht. Hauptsache weg damit.

Diese scheinbaren Gegensätze von grob und fein sind wahrscheinlich gleichen Ursprungs: Es ist die Suche nach Sinn und Werten.

Die Höflichen bedienen vorhandene Werte bis zur Servilität, die Rabiaten finden keine Werte und hauen so lange auf den Putz, bis sich irgendwo ein Echo findet.

Beiden gemeinsam ist die (meist unbewußte) Angst vor dem Nichts, der Horror vacui.

Der Befund jedenfalls stimmt: Es fehlt an Werten, an Verbindendem und Verbindlichem in unserer Gesellschaft. Und offenbar werden die gebraucht, sonst würden sie nicht vermißt.

Auf leisen Sohlen haben sie sich davongemacht, die alten Werte und ihre Vertreter.

Die Kirche ist nicht einmal mehr der Mittelpunkt des Sonntags. Dort haben sich die gleichnamigen Politikerreden breitgemacht, deren galoppierende Glaubwürdigkeit schon Sprichwortcharakter hat. Worte zum Sonntag, Sonntagsreden – wer will das hören, wer glaubt's? Oder auf der schlichtesten Stufe der Kultur: Wie viele Lieder können wir gemeinsam singen, wie viele Gedichte hersagen, wie viele Gerichte kochen? Leichter ließen sich spontan Zylinderzahlen exotischer Automobile ermitteln oder Fußballergebnisse aus der Steinzeit.

Aber auch Säulen des Zusammenlebens bröckeln – etwa Mein und Dein. Erwachsenen, so schreibt ein Lehrer, sei es peinlich, beim Betrug erwischt zu werden. „Jugendliche stehen zu ihrer Tat, weil ihnen das Unrechtsbewußtsein fehlt: ‚Man muß klauen, sonst machen die zuviel Profit'; ‚der Verlust durch Diebstahl ist in den Preisen schon enthalten.' " Das sei nicht unbekümmerte Frechheit, sondern nicht selten Überzeugung.

Auch der Begriff der Schuld verschwindet. Sie ist der „Ursache" gewichen. Aber einen Krieg, der nur Sieger kennt, den gibt es nicht.

So stehen wir vor allerlei Bruchstücken von Werten, die es neu zusammenzusetzen gilt. Denn je unsicherer die Zeiten, desto dringender das Bedürfnis zu glauben, daß es noch irgendwelche Regeln gibt.

Der kleinste Nenner –
wenn er denn als Anfang dient:
Benehmt euch!

Keine Grenzen gesetzt

Warum fragt man sich nicht einmal, ob die jetzigen Zustände nicht die Früchte der antiautoritären Erziehung sind? Als Kind keine Grenzen mehr gesetzt zu bekommen, wie soll man dann als Halbwüchsiger wissen, wo sie sind?

Doris Saile, Stuttgart

Susanne Offenbach: Diskussionsrunde in der Schule – reden gegen Resignation und Mutlosigkeit BILD: HÖRNER

SONNTAG AKTUELL in der Realschule Ebersbach

Kein Vertrauen in die eigene Courage

Von unserem Redaktionsmitglied Ingomar Schwelz

Wie man in den Wald hineinruft, so schallt es zurück. SONNTAG-AKTUELL-Kolumnistin Susanne Offenbach hat schon manches schrille Echo vernommen. Bringt doch ihre Feder bisweilen ganz schön Ketzerisches zu Papier. So sehen es auch die Schüler der zehnten Klassen des Realgymnasiums in Ebersbach/Fils. Sie luden die bekannte Journalistin, deren Kolumnen als Stoff im Deutschunterricht dienen, zur Diskussion. Sie geriet zu einer Nachhilfestunde im Fach Selbstvertrauen.

Die Meinungen lassen nichts an Deutlichkeit zu wünschen übrig. „Frau Offenbach", so schimpft Ulrike, „attackiert uns Jugendliche und dann läßt sie uns stehen. So geht es uns doch täglich. Jeder kritisiert, aber keiner macht Verbesserungsvorschläge, die einem helfen."

Und auch Herbert nimmt kein Blatt vor den Mund: „Es ist Unsinn, daß ein Jugendlicher, der aggressiver ist als seine Umgebung, seine Zukunft besser bestreiten wird als sonst einer, denn er eckt an und wird sich durch ungehobelte Wortlaute bestimmt nicht nach oben schaffen können."

Was da aufs Korn genommen wird, ist Susanne Offenbachs Kolumne „Den Rücken zum Staat" (siehe SONNTAG AKTUELL vom 25. Januar 1981). Kein Wunder, hatte doch in ihr die SONNTAG-AKTUELL-Mitarbeiterin der jungen Generation Provozierendes vor die Nase gesetzt. Sie sprach da von bequemen Bourgeois, vom Staat, der die Jungen nicht weiter interessiere, vom pausenlosen Mäkeln der Jungen. Aber vor allem der Vorwurf, in der jungen Generation stecke nirgends der rauhe, aber frische Wind des Risikos, entzünden die Gemüter der rund 40 Jugendlichen in der Ebersbacher Realschule.

Nach dreistündiger Diskussion, als Butterbrezeln und Tee konsumiert sind, üben sich sowohl Schüler als auch die Journalistin in Selbstkritik. Die 15- bis 17jährigen müssen zu ihrer eigenen Überraschung erkennen, daß viele der Offenbach-Vorwürfe auf sie zutrafen, und die Kolumnistin gesteht ein, daß ein Mehr an Lösungsmöglichkeiten für die Probleme der Jugendlichen bereitgestellt werden muß.

Es macht nachdenklich, unter welchem Druck sich die Schüler fühlen. „Der Streß in der Schule und die Ohnmacht gegenüber dem Staat", so gesteht ein Mädchen mit schwarzen Locken, „lassen uns verzagen". Und so sprechen auch die meisten ihrer Kollegen: Zwänge, Unfreiheit werden zähneknirschend auf sich genommen, als etwas Unabänderliches angesehen. „Initiative bringt nur Nachteile" und „schnell ist man als Revoluzzer verschrien". Ein schüchtern dreinblickendes Mädchen bemerkt, daß es sich lieber in der Schule anpasse, denn „alles Aufmucken bringt doch nichts".

Eine Welle der Resignation bricht übers Klassenzimmer herein, eine Mutlosigkeit wird sichtbar, welche erst in hoffnungsvollere Stimmung umschlägt, als Susanne Offenbach („sind wir doch per du miteinander") sich für mehr Eigeninitiative ausspricht und Nachhilfeunterricht im Fach Selbstbewußtsein gibt. „Ihr könnt euch viel weiter vorwagen, als ihr glaubt", so ihr Ratschlag. Dem Appell, mehr Mut zum Mut zu zeigen, werden diesmal auch die vorher von den Schülern vermißten Konfliktstrategien beigefügt. Ob man nun dagegen ankämpft, beim Eintritt des Lehrers ins Klassenzimmer aufstehen zu müssen, oder sich ungerecht benotet fühlt, immer gehöre der Protest in die richtige Form gebracht. Nur Murren ohne die geringste Kompromißbereitschaft zu zeigen – das könne nichts bringen.

Deutschlehrer Gerd Barteit freut sich: „So weit sind die Schüler noch nie im Unterricht aus sich herausgegangen."

So ist das bis heute: Die Kolumnen sind mitunter auch Schulstoff. Viele Lehrer kopieren die Texte und lassen die Thesen erörtern:
„Argumentiert die Autorin folgerichtig? Sind Sie Ihrer Meinung? Setzen Sie sich mit den Gedanken auseinander."
Danke für die Ehre.
Trotzdem: Als Klausur- oder gar Prüfungsaufgaben sind die Kolumnen eigentlich nicht geschrieben. Doch im kritischen Dialog mit der Jugend zu sein, ist allemal lohnend.
Manchmal bleibt die leibhaftige Begegnung mit jungen Lesern ambivalent: „Sie sind das also! Über Ihren Artikel haben wir eine Arbeit schreiben müssen!"
Da ist so eine Diskussion in der Schule schon entspannter. Die Jungen gehen – selbst für die Lehrer überraschend – aus sich heraus, und für mich bekommen meine Leserinnen und Leser wieder einmal Gesichter.

4. Juni 1995

Ich im Spiegel

„Wenn du willst, daß Menschen ein Schiff bauen, gib ihnen nicht einen Plan oder Hammer und Nagel, sondern entzünde in ihnen die Sehnsucht nach dem weiten, offenen Meer."
Antoine de Saint-Exupéry

Dahin möchten die meisten: ganz nach oben. Prominent sein oder wenigstens den persönlichen Gipfel erreichen. Und weil das selten gelingt, sonnt man sich ersatzweise in Berichten über das Leben der Vorbilder, der Prominenz.

Ist das pubertäre Schwärmerei? Kann sein. Aber: Es sind ja keineswegs nur Showgrößen oder Königskinder, die als Vorbilder in Frage kommen. Fast jeder kennt Menschen, die er bewundert.
Karlheinz Böhm ist einer von ihnen.

Als Schauspieler war er populär, als Sohn des Dirigenten wohlhabend, als Leiter seiner Hilfsorganisation „Menschen für Menschen" ist er unentbehrlich.

Böhm strapaziert sich auf Flecken dieser Erde, die von niemandem zuvor beachtet wurden. Er drückt Schüler an sein Herz; er hält flammende Reden, um Spenden zu sammeln. Nur gut, könnte man meinen.

Aber warum polarisiert er dennoch die Menschen? Warum

10. Dezember 1995

Wenn Schumi kommt

Michael Schumacher, der Fomel-1-Weltmeister. Ein Star wie andere, ein Stern, der einem schnuppe sein könnte? Von ferne vielleicht.
Aus der Nähe wirkt er nie allein, stets überwölbt vom Brennglas Publikum, das ihn vergrößert und verzerrt.

Warum das so ist? Der sportbegeisterte baden-württembergische Wirtschaftsminister Dieter Spöri („Wißt ihr überhaupt, wen ihr da habt?") greift als Erklärung zur griechischen Mythologie: Er wirkt wie Achill, der die Wahl hatte,
ein kurzes ruhmvolles oder ein langes ruhmloses Leben zu führen.
Welches hat er wohl gewählt, das ihn unsterblich machte?

Das kann es sein, was die Bewunderer ahnen oder spüren: Hier ist jemand nicht nur absolute Weltklasse.

bringen ihm die einen Hochachtung und Geld, andere vor allem Vorbehalte entgegen?

Es könnte daran liegen, daß er manchem (ohne es zu wollen) den Spiegel vorhält: das Ich im Spiegel der eigenen Untätigkeit.

Schließlich weiß jeder von der Ungerechtigkeit in der Welt und daß man etwas tun müßte.

Auf ganz anderem Gebiet geht es einem ähnlich, der ebenfalls Extremes vollbracht und vollmundig darüber geredet hat: Reinhold Messner.

Dieser Bergsteiger der Sonderklasse hat ebenfalls Feinde und Freunde – und nichts dazwischen. Unter den Freunden sind Siegertypen wie er: Künstler oder Wirtschaftsführer, die sich mit ihm auf Expeditionen bewähren wollen, weil ihnen nur die Nummer eins Herausforderung ist.

Warum werden Prominente geliebt oder gehaßt ?

Daß Messner ein Mensch voller Widersprüche ist, der seine Egozentrik genauso genießt wie seine Gefühle, der Narzißmus mit Vitalität verbindet und fast exhibitionistisch vermarktet, das macht ihn für manche anziehend. Für andere ist er schwer erträglich.

Extreme Menschen vereint auf ihre Art die Sehnsucht nach dem offenen Meer im übertragenen Sinn. Da wird nicht kleinmütig kalkuliert, sondern erst mal gemacht.

Und wie gehen sie mit Mißerfolgen um? Sind sie auch groß im Scheitern? Genau weiß man das nie.

Aber Schönwetterkapitäne kommen in der Regel nicht weiter als in Sichtentfernung zum Ufer. Dort allerdings gibt es wenig Abenteuer.

Aufregend muß es allemal zugehen im Leben der Prominenten, die von ebenso vielen beneidet wie beargwöhnt werden.

Beides aus dem gleichen Grund: Man überträgt die eigenen Unzufriedenheiten oder Sehnsüchte auf das Vorbild – und dieses liebt oder haßt man dafür:

Ich grüße den, der ich hätte werden wollen.

Dies ist ein Leben im Maximum, in seiner extremsten Intensität, auf volles Risiko. Wer derart auf Messers Schneide fährt, so jung und doch so zwischen Leben und Tod, der bezieht schon von daher seine Ausstrahlung.

Ganz jung, ganz reich, ganz verliebt – so eine Kombination ist unschlagbar. Und sie stellt ebenso viele Fragen, wie sie Zweifel weckt. Was macht so ein Leben der extremen Öffentlichkeit, der äußersten Belastung in einem Augenblick und der außergewöhnlichen Ernte (80 Millionen zahlt Fiat/Ferrari, 35 Millionen bleiben Schumi) mit einem Menschen?

Andere Megastars wie Michael Jackson, die Beatles, die Rolling Stones oder Maradona, wie erklärt sich deren Ruhm? Weshalb sind es nur Sportler und Popmusiker und kaum Frauen, bei denen Jünglinge ohnmächtig werden?

Die Medien, wie oft behauptet wird, können die Magie nicht alleine bewirkt haben. Sie verstärken sie höchstens. Denn die Suggestion geht voll über den Bauch.
Intellekt ist selten sexy, jedenfalls nicht für die Massen. Oder hat jemand einen Physiker oder einen Bauingenieur – und sei er noch so genial – als Idol erlebt?

Süchtige sind allemal interessanter als Rechtschaffene. Das sehen auch die Ordentlichen so.
Wie gerne wären sie auch einmal von der Rolle. Falls sie gute Nerven haben und etwas Glück, versuchen sie's mit dem Guinness Buch der Rekorde. Und wenn es dazu nicht reicht, wird wenigstens das Buch gekauft, das deshalb ein Bestseller ist.

Weshalb gerät die Fangemeinde so oft außer Rand und Band?
Da brechen erwachsene Frauen, die ihr Leben gemeistert haben, in Tränen aus. Oder ein Großvater bietet „alles", wenn man ihm nur zu einem Klinsmann-Trikot für den Enkel verhelfen könne. Ob es nicht auch eine Herausforderung wäre, dem Enkel zu erklären, daß es ein Leben nach Klinsmann gibt? Keine Reaktion. „Aber das Hemd brauche ich doch." Schluchzen.

Michael Schumacher schreibt Autogramme wie ein Roboter.
Er nimmt kein Bad in der Menge.
Er entzieht sich der Massenbedrängnis, wo er kann. Als Manager und Gastgeber ihm eine Gasse bahnen, geht er stramm durch, greift nach seiner Corinna, die Gesichtszüge werden noch eine Spur kantiger.
Man ahnt, wofür er sein Nußknackerkinn auch braucht: volle Konzentration auf Flucht.

Dabei wäre er gerne noch geblieben. Aber das große Geliebtsein hat ihn wieder überrollt.

10. Oktober 1993

Von wegen heilig

Eine Königin, wenn wir hätten! Oder: Wir wollen unsern alten Kaiser Wilhelm wieder ham! Ham wir aber nicht und kriegen wir wohl auch nicht wieder rein. Erbmonarchie ade, aber die Sehnsucht bleibt.

Wenn eine Nation zerrissen ist – und nicht nur in zwei Teile –, dann sehnt sie sich nach einer starken Figur. Der Papa soll's richten.

Man möchte stolz sein, wenn König Silberlocke im Ausland eine so tadellose Figur macht. Bundespräsident Richard von Weizsäcker, eine glückliche Konstellation.

Für die Zukunft hat uns der Kanzler Kohl den nächsten angesagt, der Steffen Heitmann heißt.

Ich kenne Herrn Heitmann nicht, aber warum kann Herr Kohl sagen, daß der es wird? Alles andere, sagt er, schade dem Amt.

Es sollte also doch sein wie bei Königs: Einer redet, der Hofstaat folgt. Aber zum Glück darf über das höchste Staatsamt diskutiert werden und über seinen Inhaber allemal. Es soll sogar. Also von wegen heilig. Es ist vielmehr heilsam, den Kandidaten genau zu beleuchten.

Das ist nämlich sein Geburtsfehler: Senkrechtstarter von Kanzlers Gnaden.

Vielleicht gefiele Herr Heitmann auf diesem Stuhl ja am Ende sogar vielen Deutschen: Ossi, nicht zu aufmüpfig gewesen in der DDR, aber doch ein bißchen dagegen, schlank, deutschnational, hausfrauenfreundlich, formuliert flüssig.

Doch bisher ist er ein Kohl-Kandidat mit dem Etikett „Ab sofort kein Widerspruch". Das kann nicht funktionieren. Und insofern bezieht Heitmann Prügel, die für Kohl bestimmt sind. Der Kandidat bekommt es zu spüren:
Den frühen Vogel frißt die Katz.

2. April 1995

Politischer Präsident

Wenn ich Mitglied der SPD wäre, wäre mir das jetzt noch peinlich – je länger, je mehr. Wer erinnert sich nicht an das klägliche Schauspiel in Berlin, als der Bundespräsident Roman Herzog gewählt war, da entgleiste den Abgeordneten, vor allem Freimut Duve und Renate Schmidt, das Gesicht. Keine Hand rührte sich.

Und dann das Gemecker. In seiner Rede habe diese Nuance gefehlt und jener Zungenschlag: „Unverschämt! Kein Wort über Ausländer"
Und wo war Peter Glotz' kritischer Kopf? „Die Wahl von Rau wäre einleuchtender gewesen. Aber Roman Herzog verdient seine Chance." Gnädig, gell?

Der neue Präsident ist ein politischer Präsident wie keiner vor ihm. Obwohl es dem Bundespräsidenten verwehrt ist, sich zu Tagesfragen der Kabinettspolitik zu äußern, tut er das, was die Leute mehr und mehr vermissen: Er redet Klartext.

Roman Herzog redet deutliche Worte zur rechten Zeit.

Deutliche Worte, gerade von Politikern, haben heute die Rarität von Trüffeln. Herzog findet und teilt sie großzügig aus. Das begann schon bei genau der Dankesrede nach seiner Wahl, in der einer endlich einmal nicht abgelesen, sondern nach Stichworten gesagt hat, was ihm wichtig ist – unverkrampft.

So will er dieses Deutschland repräsentieren, das „in der Welt eine Rolle spielt, aber unverkrampft und ohne gefletschte Zähne. Das Scheckbuch reicht nicht immer aus, möglicherweise ist einmal der Einsatz von Leib und Leben gefordert."
In dieser Hinsicht sei „das Ende des Trittbrettfahrens erreicht".

Selten deutliche Worte von einem, der des Militarismus unverdächtig ist, denn „der wirtschaftspolitische Einfluß Deutschlands wird immer stärker und wirkungsvoller sein als das militärische Potential der Bundeswehr".

Auch Berufspessimisten mit ihrem „Was können wir nach dem Glücksfall von Weizsäcker noch erwarten?", sehen grau aus. Roman Herzog ist – wie sein Vorgänger – der richtige Mann für seine Zeit.

Und er ist gerne Präsident.
Er nimmt das Amt ernst, wenn auch mit Ironie. Er will es „so gut führen", sagt er zu seinen Nichtwählern, „daß Sie es am Ende bereuen,

Geistige Führung braucht das Land, keine Präsidentenpoker. Aber wie schon früher um die höchste Autorität des Staates geschachert wurde, kennen wir ja.

Heraus kam zum Beispiel Heinrich Lübke, bis heute eine strapazierte Lachnummer (Meine Damen und Herren, liebe Neger oder: Seid einig, einig – vom Blatt – einig!)

Und sollten diese Kolportagen nicht ganz stimmen, so geben sie doch treffend die Peinlichkeit dieser Amtszeit wieder. Hoch auf dem gelben Wagen fühlte sich auch nicht die ganze Nation wohl, und nicht jeder mochte mit dem Wanderpräsidenten durch Deutschland stapfen.

Gustav Heinemann liebte nicht sein Land, sondern seine Frau, was vielen sympathisch, anderen ärgerlich raunzig war.

Über den Präsidenten heftig diskutieren

Präsidenten sind also weder im Amt noch als Kandidaten unumstritten und brauchen das auch nicht zu sein. Was wäre denn das für ein Demokratieverständnis, den Ersten unter Gleichen mit der Aura der Unantastbarkeit zu umgeben?

Die Dresdner verliehen ihrem Landsmann Heitmann für seine umstrittenen Äußerungen die „rostige Raspel". Der Kandidat nahm an mit Ironie, weil er wenigstens im Kabarett „zur unverzichtbaren Größe" geworden sei.
Vorhang auf, Präsidentennummer ab.

mich nicht gewählt zu haben".
Seine Spottlust und sein uriger Humor sind manchen „beleidigten Leberwürsten", „Nachkartern" und „Nörglern", die Rudolf Dreßler (SPD) in der eigenen Partei ausgemacht hat, wie Spitzgras. Dabei war es der damalige Bundesrichter Herzog, der am 3. Oktober 1990 im Berliner Reichstag Willy Brandt umarmte: „Das ist doch Ihr Tag."

Für Herzog ist es schon „die halbe Antwort auf eine Frage, wenn man sie nicht vornehm umschreibt, sondern offen und frontal anspricht". Zum Beispiel: „Heimatrecht für die zweite und dritte Ausländergeneration – ‚right or wrong my country' war eines der schlimmsten Mißverständnisse der Neuzeit".

Nur Worte? Sicher, denn dahinter steckt – nur – die Kraft der Gedanken. Wenn er sich in Bautzen klar und kurz gegen die Schließung der Stasi-Akten ausgesprochen hat, dann ist das für den Juristen-Präsidenten selbstverständlich.

Für Roman Herzog haben Biographien aber auch noch die menschliche Dimension, die er in Jüngers Geburtstagsrede so benannte: „Ein konsequenter Lebensweg kann ein gerader nicht sein, sonst hätte man nichts dazugelernt."

Ehe man aber von ihm verlange, noch „ein bißchen Politik zu machen", wolle er lieber direkt zum Bier übergehen.

15. Januar 1984

Müssen wir alles wissen ?

Klatsch, Spekulation, Gerüchte – wer will von sich behaupten, da ganz frei von Interesse zu sein? Ein guter Klatsch ist Seelenverdauung auf anderer Leute Kosten. Davon leben viele Gazetten, Blätter und Blättchen, das vereint die Illustrierten aller Länder.

Die Boulevardblätter balgen sich um das, was ihre Leser für Sensatiönchen halten. So privat kann keine Geschichte sein, daß sie nicht genüßlich bis zum publizistischen Ende ausgelutscht würde. Und die Leser lassen solche Blätter keinesfalls links liegen, sondern sorgen im Gegenteil für Auflage.

Andrews Bruder Charles und seine Frau Diana scheinen da den richtigen Dreh gefunden zu haben. Sie packen den Stier bei den Hörnern. Sie laden Reporter und Fotografen zu Anfang des Urlaubs ein, danach verschwinden die Gentlemen, so ist es vereinbart. In Vaduz scheint das derzeit zu funktionieren.

Hat der Mensch nur als Unbekannter, als Nichtprominenter eine Privatsphäre, und je höher er über dem Durchschnitt steht, desto weniger? Ist das der Preis für Prominenz, daß es kein kompromittierendes Material geben darf? Und falls es doch welches gibt, wird es gnadenlos veröffentlicht.

Hat womöglich die Öffentlichkeit sogar ein Recht darauf zu wissen, wie es um den persönlichen Bereich ihrer Repräsentanten bestellt ist? Der Fall des Nato-Generals Kießling legt solche Fragen nahe.

Bei den Königskindern läßt sich schnell moralisch urteilen: Nehmt eure Finger von der Intimsphäre dieser Leute weg! Aber bei einem hohen Politiker oder Militär – steht da nicht das Amt höher als der Amtsträger, besonders wenn „Sicherheitsinteressen berührt“ sind? Kießling sei homosexuell, heißt es, und deshalb erpreßbar.
Sind Heterosexuelle das nicht? Die Agentenstories wimmeln von Frauenspersonen mit einschlägigem Auftrag.

Intrigen-Sumpf austrocknen – durch Abstinenz

Der Minister schwieg sehr lange, zum Schutz der Person, wie es hieß. Wenn diese Person aber die Vorwürfe von Anfang an bestreitet oder – noch schlimmer – die Vorwürfe gar

31. Oktober 1982

Ist Prominenz positiv ?

Krank? Kopf hoch! In der erfolgreichen Gesellschaft ist man weder krank noch im Urlaub. Die Vorzimmer haben entsprechende Anweisung.

Wer wichtig ist, ist nicht in der Klinik oder Kur; er ist außer Haus oder abwesend. Weshalb und warum, das geht niemanden etwas an.

So weit, so gut – Diskretion Ehrensache. Aber dies ist nur die Spitze eines Eisbergs, der anzeigt, wie verhärtet wir mit menschlichen Gebrechen umgehen.

Was war das für eine Staatsaktion, als Kanzler Helmut Schmidt in Koblenz operiert wurde: bei Nacht und Nebel, in äußerster Eile, obwohl kein Notfall vorlag, mit vagen Auskünften, die die Gerüchteküche bis zum Sieden anheizten.

Weshalb eigentlich darf es nicht sein, daß auch ein Staatsmann krank wird? Daß man ganz in Ruhe erklärt, was ihm fehlt und wie es ihm geht. Oder muß Erfolg derart entmenschlichen?

Manchmal schmilzt etwas ab vom Eisberg, und das tut wohl.

Jüngstes Beispiel: Claus, Prinz der Niederlande, ist nicht nur krank. Er leidet an einer „unschicklichen“ Krankheit, er wurde in die Basler Psychiatrie eingeliefert. Indem aber von Anfang an niemand aus der königlichen Umgebung einen Erholungsurlaub oder eine salonfähige Magenkrankheit vorzutäuschen versuchte, wurde allen psychisch Kranken ein guter Dienst erwiesen.

Ein Politiker darf nicht krank sein – schon gar nicht psychisch krank.

Das können nämlich Prominente auch bewirken: Nicht nur strahlende Wunschbilder sein, sondern Vorbild in schwieriger Situation.

Die seelisch Kranken sind bei uns

nicht alle kennt und deshalb ein Disziplinarverfahren gegen sich selbst verlangt, so ist der Minister nicht erst nach Tagen von aller Diskretion entbunden. Warum schwieg er trotzdem so lange? Weder Minister Wörner noch sein Pressesprecher Oberst Reichardt mochten darauf eine Antwort geben. Keine Zeit.

Es kann also sein, daß persönliche Dinge auf den Tisch müssen, damit Tabula rasa gemacht werden kann – zur Rechtfertigung oder zum Widerruf einer Entlassung. Aber muß dergleichen auch gleich in allen Zeitungen stehen? Müssen wir alles wissen? In England gibt es Gesetze, die libel laws, die die Bürger vor übler Nachrede und Spekulationen schützen sollen. Wer trotzdem schädlichen Klatsch veröffentlicht, muß mit hohen Schadenersatzforderungen rechnen. Folge: Das gewünschte Material wird ausländischen Zeitungen verkauft, die englischen drucken „nur“ nach. Dann sitzen die Informations-Hehler wenigstens nicht im eigenen Land.

Gegen Gerüchte und Indiskretionen ist wenig auszurichten. Es sei denn, die Leser trocknen den Intrigen-Sumpf selber aus – durch Abstinenz. Das wäre die einzige wirksame Waffe. Aber wer will auf die warten?

Wichtig scheint mir dieser Gedanke: Wenn wir – gerade 1984 – dem Staat und anderen Institutionen so wenig Daten wie möglich von jedem von uns geben wollen, dann hat das auch umgekehrt zu gelten.
Dann sollte auch jeder von uns, die Bürger untereinander, so wenig wie möglich beim anderen schnüffeln wollen – auch wenn das Gerücht noch so appetitlich serviert wird.

... ERST HAB' ICH ES MIT GANDHI VERSUCHT, ABER BUDDHA LIEGT MIR MEHR.

ja immer noch Kranke minderer Ordnung, oftmals nur gut für einen saftigen Irrenwitz. Das mag an dem Tabu liegen, mit dem wir seelische Abnormitäten belegen. Weil sich der psychisch kranke Mensch in seiner Eigenart verändert, weil er apathisch oder aggressiv oder unzuverlässig wird, macht er selbst seinen nächsten Freunden Angst. Sie sind ratlos, und die Ärzte sind es oft auch.

Deshalb wohl ist ein psychisch Kranker anders krank als ein Infarktpatient, dessen Persönlichkeit sich ebenfalls stark verändern kann.

Ein Infarkt kommt schicksalhaft, wie der Blitz aus scheinbar heiterem Himmel. Die Depression dagegen schleicht sich ins Gemüt – beladen mit dem Vorwurf „selbst schuld“. Bei Prinz Claus werden auch die Ursachen offen erörtert: Übermäßige Anpassung und Pflichterfüllung bis zur Schwermut. Da mag manche Millionärsgattin, aber auch manche Familienmutter nachdenklich werden.

Ist das nicht doch der Stoff, aus dem die goldenen Montagsblättchen sind? Wenn Diana und Silvia ihr hochkarätiges Brillant-Lächeln über ihre Spitzenbabys breiten, bleibt wenig Platz für Nachdenklichkeiten. Oder doch?

Als Petra Schürmann – lange ist's her – den Vater ihres Kindes nicht nennen wollte, hat sich seit damals in der Öffentlichkeit nicht auch ein wenig die Einstellung zu unehelichen Kindern verändert?

Oder das Thema Krebs. Wenn Ingrid Bergmann und Hildegard Knef offen über ihr Leiden reden, dann faßt auch Frau Jedermann eher Mut zum Gespräch.

Das ist eine der positiven Seiten von Prominenz, daß sie – richtig begriffen – auch hilfreich sein und Mut machen kann.

Allerdings – Ironie des Schicksals – oft genug aus unerfreulichem Anlaß.

19. November 1995

Kein Döner-Land

„Ich bin stolz, ein Türke zu sein." In riesigen Lettern ist die Losung des Staatsgründers Kemal Atatürk auf die Mauern des Staudamms geschrieben, der nach ihm benannt ist – für heute und alle Zeit.

Die deutschen Anatolien-Reisenden kratzt es im Hals. Schließlich erinnern sie solche Sätze an die Skins-Köpfe mit Springerstiefeln und Boxerjacken zu Hause, die, obwohl noch kaum der Pension Mama entwachsen, schon stolz sind, „ein Deutscher zu sein". Eine kleine, aber auffällige Gruppe.

Die andere auffällige Gruppe trägt hierzulande Kopftuch mit Sackkleid und den Blick gen Boden gerichtet. Die Männer sind aggressiv bis herrisch, aber devot zu ihren Vätern. In den Döner-Kebab-Buden wird Schutzgeld erpreßt, militante Moslems werfen Brandsätze, politische Extremisten bomben sich in die Aufmerksamkeit der ganzen Welt. Das sind nicht gerade glänzende Voraussetzungen für Türken, als geachtete Bürger in Deutschland zu leben, womöglich mit Wahlrecht und doppelter Staatsbürgerschaft, wie sie sich das wünschen.

Aber – die Extremen sind auch dort die Ausnahmen. Die Regel sind über zwei Millionen Türken mit ihren etwa 3000 Vereinen, Gruppen und Initiativen, die sich demnächst in Hamburg zur Türkischen Gemeinde in Deutschland, TGD, zusammenschließen werden.

Sie lehnen Gewalt ab. Sie sind parteipolitisch unabhängig und begreifen Deutschland als neue Heimat. Hier wollen sie leben als gleichberechtigte Bürger dieser Gesellschaft.

Was aber wissen wir von denen? Wenig bis nichts. Und wenn, dann die Schlagzeilen, die Orthodoxe

Absender (bitte gut lesbar schreiben!):

Name ______________________________

Straße ______________________________

PLZ, Ort ______________________________

Beruf ______________________ Alter ________

Für Silberburg-Bücher interessiert sich auch:

Bitte als
Postkarte
frankieren

Postkarte – Antwort

Silberburg-Verlag
Titus Häussermann GmbH
Schönbuchstraße 48

D-72074 Tübingen

Wir sind neugierig ...

... was Sie von dem Buch halten, dem Sie diese Karte entnommen haben.

Titel des Buches:

Wie wurden Sie auf dieses Buch aufmerksam?

Bitte schreiben Sie uns ganz offen Ihre Meinung! Sie ist wichtig für unsere weitere Verlagsarbeit.

Im Silberburg-Verlag erscheint ***»Schönes Schwaben«*** – die farbige Monatszeitschrift zu Kultur, Geschichte, Landeskunde. Informativ und unterhaltsam, aktuell und zeitlos. Mit traumhaft schönen Fotos und interessanten Artikeln von kompetenten Autoren. Das Magazin, in dem auch die schwäbische Mundart gepflegt wird. Sollen wir Ihnen ein kostenloses Probeheft senden?

☐ Ja ☐ Nein

Der Silberburg-Verlag hat sich auf Themen aus Baden-Württemberg spezialisiert. Haben Sie dazu Vorschläge, zum Beispiel zu neuen Büchern?

... Sie auch?

Dann tragen Sie bitte umseitig Ihre Anschrift ein. Sie erhalten fortan regelmäßig Prospekte und Informationen über unsere neuen Bücher.

oder Terroristen produzieren. Das muß sich ändern: von Ignoranz zu Toleranz. Und wenn es nicht aus Menschenfreundlichkeit wäre, dann deshalb, weil wir gar keine Wahl haben.

Wir brauchen unbedingt die Mehrheit der loyalen Türken, weil wir sonst den harten Kern religiöser Fundamentalisten gar nicht aufspüren und isolieren könnten. Ihnen ist jeder Christ ein verderbter Feind. Sie predigen Rache und Heiligen Krieg. Sie fordern, islamisches Recht anzuwenden, die Scharia.

Um diese kleine, aber auffällige Gruppe zu trennen, müssen wir uns mehr um die anderen kümmern, ihnen das Gefühl geben, in unserer Gesellschaft gelitten und aufgenommen zu sein.

Wohl auch deshalb hat Bundespräsident Herzog sechzig Repräsentanten aus Politik, Kultur und Wirtschaft um Vorschläge gebeten, wie der „Dialog der Kulturen" unterstützt werden könnte. Aus Vorurteil oder Unkenntnis werde zum Beispiel Islam und Fundamentalismus gleichgesetzt. Das in Europa verlorengegangene Ostfeindbild dürfe nicht durch ein „Feindbild Islam" ersetzt werden.

Wir brauchen unbedingt die Mehrheit der loyalen Türken.

Und es gibt noch einen Grund, die Brücke zu schlagen. Denn spätestens die zweite Generation der türkischen Einwanderer wird eine neue Kraft in Deutschland darstellen. Sie ist bescheiden in ihren Ansprüchen, hat aber den unbedingten Willen voranzukommen, dabei wenig verbissen, eher motiviert und fröhlich trotz widriger Verhältnisse.

So gingen bei einer Lehrlingslossprechung alle Preise an Mädchen und Ausländer. Türkinnen vor allem. Es gibt einen deutsch-türkischen Arbeitgeberverband, weil man gerne beweglich ist und das Risiko nicht scheut, auf eigene Verantwortung zu arbeiten und arbeiten zu lassen.

Sie alle möchten aus Deutschland kein Döner-Land machen. Aber sie wollen sich auch nicht für ihre Sitten entschuldigen müssen. Sie meinen sogar eher, daß der Westen wieder selbstbewußt zu seinen eigenen Werten und Normen finden müsse.

Denn: „Wir integrierte Ausländer bezahlen als erste den Preis der Fremdenfeindlichkeit."

Mehr Neugier gegenüber den türkischen Nachbarn könnte auch in unseren Alltag hinüber retten, was Millionen in ihrem Türkei-Urlaub schätzen lernten:
Es ist die Großzügigkeit dem Fremden gegenüber.

Diese Tugend, bei uns im Schwinden, wird Gastfreundschaft genannt.

Ausgewogen oder demagogisch

Diese Ausführungen heben sich in ihrer Ausgewogenheit positiv von den Äußerungen mancher Politiker ab, die einseitig für eine Erweiterung der Rechte von Ausländern eintreten. Es hat nichts mit Ausländerfeindlichkeit oder rechtsextremer Einstellung zu tun:
Aber ich meine, daß sich die Politiker eines Landes, das zu den am dichtesten besiedelten der Erde gehört, angesichts der weiterhin zu verkraftenden Zuzugswelle von Aussiedlern und Asylanten mit allen Mitteln für eine Förderung der freiwilligen Rückkehr der ausländischen Bevölkerung einsetzen müßten.

Rolf Bauer, Stuttgart-Rohr

Die demagogischen Äußerungen von Susanne Offenbach können nicht unwidersprochen stehenbleiben.
Hat sie sich je Gedanken darüber gemacht, was Demokratie bedeutet? Es heißt, daß diejenigen, die in einer Gesellschaft leben und arbeiten und die Lasten tragen, dafür auch an den politischen Entscheidungen beteiligt werden.

Gertrud Moll, Stuttgart

Als angeheiratete Ehefrauen von Deutschen gehören wir nicht zu der Gruppe von „Gästen", die nur die materiellen Vorteile in Deutschland ausnutzen wollen. Trotzdem fühlen wir uns durch Ihren Artikel angegriffen. Wissen Sie, was es bedeutet, aus Liebe zu einem Menschen das Land zu verlassen, in dem man die ersten zwanzig oder dreißig Jahre seines Lebens verbracht hat, und sich woanders hin zu verpflanzen?

Edith Schmidt, Waiblingen
Danielle Augustin, Kernen
Monique Ewald, Vaihingen
Ginette Conseil-Ihle, Weinstadt

Kölner Dom in Istanbul

Die Franzosen haben da ein besonderes Geschick:

Wenn sie etwas nicht wollen, formulieren sie es so, als werde man besonders zuvorkommend behandelt.

Beispiel: Den muslimischen Schulmädchen wird verboten, in der Schule Kopftücher zu tragen. Die Begründung lautet: Man wolle sie nicht benachteiligen gegenüber den Einheimischen.

Raffinierte Kehrtwendung eines europäischen Problems, das auch in Deutschland zunehmend Kirche und Politik beschäftigt – wie gehen wir mit dem Islam und seinen Gläubigen um?

Der Rottenburger Bischof Walter Kasper und Landesbischof Klaus Engelhardt haben „wegen des Grundsatzes der Religionsfreiheit keine Einwände gegen islamischen Unterricht", wenn sich der nicht demokratiefeindlich äußert.

Das ist aber bisher das Problem. Den „integrationshemmenden Koranschulen mit ihren wilden Kursen", meist in türkischer Sprache, will selbst der neue Zentralrat der Muslime in Deutschland (ZDM) nicht das Feld überlassen. Vielmehr wolle man die Koranschulen bekämpfen. Was immer das heißt, und weshalb es bisher nicht geschehen ist – auffällig bei uns ist eine verängstigt-ratlose Haltung diesem Thema gegenüber.

Nun gibt es ja nicht nur fundamentalistische Muslime. Das ist im Gegenteil eine kleine, allerdings oft skrupellose Splittergruppe. Auch bei den Christen kennen wir ja die Gestrengen – in früheren Zeiten bei uns wie im heutigen Irland.

Wie also umgehen mit den Muslimen, die in so großer Zahl mit uns leben, deren Werte uns aber so fremd sind?

Das christkatholische Bayern behandelt das Thema konsequent: Da in diesem Bundesland Religion Pflichtfach ist, ist auch Islam-Unterricht Pflicht. Wer nicht an Religion teilnimmt, ob Christ, Buddhist oder Muslim, muß den Ethikunterricht besuchen.

Die Diener der Kirche sind unschlüssig, ob sie offen … … oder zurückhaltend auf diese Entwicklung reagieren sollen … … die schon längst begonnen hat.

Die Frage ist, wer hat hier die Bringschuld? Tatsächlich kann sich ein demokratisches Land mit christlicher Tradition auf den Standpunkt stellen, weshalb sollen wir Islam-Unterricht anbieten – reicht es nicht, wenn wir ihn dulden?

Aber da knirscht es schon bei der Toleranz: Eine Moschee in Pforzheim oder Berlin ist eben nicht das gleiche wie eine Reihe von Kebab-Buden, die längst fester Bestandteil westeuropäischer Freßmeilen geworden sind.

Eines Tages ist uns ja vielleicht tatsächlich das Freitagsgebet so selbstverständlich wie der Sabbat, der Ramadan so normal wie die Fastenzeit, der Ruf des Muezzin so vertraut wie die Sonntagsglocken.

Aber bis es soweit ist, gelingt Toleranz nur als Zweibahnstraße.

Beide Seiten müssen sich aushalten und aufeinander Rücksicht nehmen. Wer mehr Moscheen in Deutschland fordert, muß gewährleisten, daß in Istanbul ein Kölner Dom stehen kann. Gleiches Recht für alle.

Außerdem müssen die Lehrinhalte der Koranschulen offengelegt, wahrscheinlich geändert werden. Oder ganz simpel: Die Beschriftung an muslimischen Einrichtungen kann nicht nur in arabischer Schrift vorkommen, es muß eine landesübliche Kennung dazugehören.

Gleiches Recht bei der Staatsbürgerschaft

Die Kraft Europas und seiner Kultur liegt in der Fähigkeit zur Kritik, vor allem zur Selbstkritik. Andere Völker sehen in Kritik oft einen böswilligen Angriff, einen Ausdruck von Diskriminierung, von Rassismus, ja von persönlichen Beleidigungen. Das muß man wissen und versuchen, deutlich, aber nicht abschreckend zu sein.

Gleiches Recht auch bei der doppelten Staatsbürgerschaft.

Wer in Deutschland geboren ist, einen deutschen Elternteil hat und zehn Jahre regulär hier lebt, erhält automatisch einen deutschen Paß. Mit 18 Jahren muß sich der junge Mensch dann allerdings für ein Land entscheiden.

Warum darf eigentlich ein Türke mit deutschem Paß in der Türkei nicht erben? Bekäme umgekehrt eine Deutsche einigermaßen unkompliziert einen türkischen Paß? Und wie steht es anderswo mit dem kommunalen Wahlrecht für Ausländer? – Fast überall in Europa schlechter als hierzulande.

Wir wollen und müssen mit Fremden leben. Aber die Bemühung um Verständigung ist Bring- und Holschuld von beiden Seiten. Das ist nicht zuviel verlangt.

Keine Toleranz

Ihr Kommentar hat mir sehr gut gefallen. Noch nie habe ich diese Seite des Problems so behandelt gesehen. Gerne würde ich einmal die Meinung der Muslime dazu hören. Gegen Moscheen in Deutschland bin ich nicht, doch diese Einseitigkeit der Toleranz stört mich sehr.

Magdalene Hüber, Kirchberg/Murr

In den Ländern, in denen der Islam Staatsreligion ist, sind Folter und staatlich organisierte Menschenrechtsverletzungen an der Tagesordnung. Selbstverständlich müssen wir die Religionsfreiheit auch gegenüber Anhängern des islamischen Glaubens respektieren.
Dies kann jedoch nicht bedeuten, mit Steuermitteln eine repressive und frauenfeindliche Glaubensrichtung zu unterstützen.

Stephan Muhlich, Schorndorf

Die Muslime forderten im Iran vom Schah so lange mehr „Demokratie", bis sie an der Macht waren – dann wurden sie zu Despoten. „Islam" bedeutet bekanntlich „Frieden". Jener „Frieden", den die Muslime im Iran, in Algerien, Ägypten, Palästina – und in zunehmendem Maße auch in der Türkei – uns dokumentieren, ist wenig verheißungsvoll. Allein in Algerien sind 30 000 Tote seit 1992 zu verzeichnen.

Ulrich Dudda, Sulzbach/Murr

Weil es wohl in unserer Republik schick und Ausdruck des Zeitgeistes ist, Liberalität und Toleranz allenthalben bis zu deren Verkehrung zu praktizieren, ist die Kolumne geradezu wohltuend und mutmachend.

Manfred Römer, Ebhausen

Was Frau Offenbach zum Thema „Toleranz der Religionen von beiden Seiten" schreibt, ist gut und überfällig.

Eberhard Gramm, Plüderhausen

4. April 1982

Wir Ausländer

Alfred Grosser, der Deutschprofessor in Paris, hat etwas gegen die Presse. Er sagt, sie berichte dann besonders ausführlich, wenn die Deutschen im Ausland kritisiert würden. Wer häufig reist – und in diesen Tagen sind die Zugvögel wieder in allen Himmelsrichtungen unterwegs –, der kennt die Untugenden der Landsleute aus eigener Beobachtung: Wenn feuchtfröhliche Gruppen die immer frische Frage stellen: Warum ist es am Rhein so schön? Gruppen sind fast immer grauslich, dieses Phänomen ist international.

Da steht eine Schlange in einem Schweizer Postamt. Ein zweiter Schalter öffnet. Von hinten rast einer hin und fordert in kräftigem Preußisch seine postlagernden Briefe. Ist er nicht clever, der Fixe? Zwei Einheimische, die vor ihm waren und jetzt warten müssen, schauen sich an und schütteln den Kopf. Ein Einzelfall? Ja, aber nur, weil hier die vielen erlebten Einzelfälle keinen Platz haben.

Oder auf der Straße. Wer läßt in der Schlange einen Platz frei? Es sind noch immer oft die mit dem grünen Nummernschild aus Übersee, selten die mit Kennzeichen D.

Und wenn in einem Tokioter Hotel lautstark geklagt wird, daß die Taxifahrer nicht einmal das Wort Hotel kennen (wüßten wir's auf japanisch?), oder daß man südlich der Alpen gefälligst mit heimischer Währung zahlen wolle – es äußern sich die lieben Landsleute.

Warum schauen sie (die so viel von anderen im Bereich von Handel, Industrie und weltweiter Aktivität schon gelernt haben und lernen) im persönlichen Bereich nicht ein bißchen mehr Geschmeidigkeit, Gelassenheit oder Humor von anderen ab? Oder wenigstens Bescheidenheit, so lange man woanders zu Gast ist?

Die Deutschen reisen viel und gern. Am meisten von allen Europäern. Zusammen lassen wir dort 40,4 Milliarden Mark. Eine gewaltige Zahl. Auf den einzelnen umgerechnet gibt jeder Tourist um die 2000 Mark aus. Das ist nun wieder nicht so berauschend viel, daß man davon irgendeine Art von Selbstwert ableiten könnte. Das heißt, viele von uns sind immer wieder einmal in der

21. August 1994

Liebt uns !

Ferien im fremden Land ist ja auch immer wie in den Spiegel schauen. Und welche Figur macht man da? „Bella figura", auf die die Italiener so viel Wert legen? Oder schaut einen eher der „häßliche Deutsche" an, der keineswegs ausgestorben ist? Oder nähern wir uns dem Ideal der Unverkrampften, wie es Bundespräsident Herzog gerne hätte?

Den Deutschen ist wichtig, wie sie wirken („Was wird das Ausland dazu sagen?"). Wie der Hypochonder auf seinen Herzschlag, so hören wir auf die Zwischentöne von der Normandie bis nach Prag: Wie behandelt man uns im 50. Jahr nach der Invasion, flattiert man uns nur wegen der harten Währung, oder werden wir wirklich geliebt? Wenigstens so wie die schlamperten Italiener, die großnationalen Franzosen oder snobby Britain? Selbst Schweizer, Schweden oder Tschechen haben es da leichter.

Wir wollen geliebt werden. Und dafür machen wir unnötige und untaugliche Handstände.

Die Tatsachen: Wir nehmen mehr Fremde auf als jeder der OECD-Staaten, zu denen auch die USA und Kanada gehören.

Da waren Willy Brandts Kniefall und Roman Herzogs Entschuldigung, es gab und gibt Reparationen nach Israel, Spenden und Katastrophenhilfe in alle Welt, Erfolg in Wirtschaft und Politik. Und all dies quittiert die internationale Gemeinschaft wie Schwarzbrot – es ist da, man braucht es, aber eine Torte sieht anders aus.

Und da ist noch unsere Geschichte. Die ist unvergessen. Denn beim Vergessen gilt nicht unsere Halbwertzeit des Verfalls, sondern die der Opfer. Das gilt, obwohl fast alle anderen Nationen keinesfalls nur lichtvolle Vergangenheiten vorzuweisen haben. Allerdings läßt sich historische Belastung auch herrlich als Wandschirm benutzen, um dahinter einen ganz normalen Neid auf die Konkurrenz zu verstecken.

Das ist zwischen Nationen nicht anders als unter Privatmenschen: Wer über dem Durchschnitt steht, muß wählen, ob er mit dem Neid oder mit dem Mitleid seiner Umgebung leben will.

Situation, selbst „Ausländer“ zu sein. Und wenn man sich schon nicht als Gast fühlt und entsprechend benimmt, so ist man auf jeden Fall die Minderheit. Man hat Sprachprobleme, ist auf andere angewiesen.
Da weiß man, daß man in der Fremde Hilfe braucht, und wie wichtig eine freundliche Geste sein kann.

Wo bleibt diese alljährliche Erfahrung, wenn die Ausländer auf Zeit wieder Herr zu Hause sind? Dann ist es aus mit der Neugier aufs Andersartige. Dann gehört Deutschland den Deutschen, jawoll! Und wo nicht, da fliegen Bomben in Asylantenheime, ohne daß sich jemand groß darüber aufhält. Die Schweiz wird gelobt, die ihr Boot für voll erklärt hat (einige Logenplätze für Begüterte und Dekorierte selbstverständlich ausgenommen).

Nein, so können wir Deutsche das nicht handhaben. Wir müssen uns etwas einfallen lassen, sonst wird die zweite Gastarbeitergeneration unser Generalproblem der nächsten Jahrzehnte werden.

Historische Hypothek für Nachkriegsgenerationen

Die Nachkriegsgenerationen können nicht nur die belegten Brötchen erben. Sie übernehmen auch die historische Hypothek. Ein Land, das für und mit Hitler lebte, muß zehnmal vorsichtiger und aufmerksamer sein als andere. Da kann man nicht sagen, das sei doch alles schon so lange her. Nicht unser Zeitmaß ist interessant, sondern das Gedächtnis derer, die betroffen waren.

Es könnte Deutschland nicht schaden, wenn es – aus freien Stücken – dasjenige Land würde, das sich mit Phantasie und Geduld der Ausländer annimmt. Daß es nicht immer noch mehr werden dürfen, ist längst unstrittig.

Aber unser Verhalten im Ausland und zu Hause den Ausländern gegenüber ist bisher unterdurchschnittlich. Es scheint, als sollte der Römer Tacitus recht behalten, der schon um die Zeitenwende die Deutschen beschrieb als einen „nur sich selbst gleichenden Menschenschlag“.
Heute würde man sagen:
Diese Deutschen macht uns so schnell keiner nach.

Es ist schließlich ein amerikanischer Diplomat, der den Deutschen sagen muß, daß ihr Land „ein großer Erfolg“ ist, aber „es fällt ihnen offenbar schwer, ihr eigenes verdientes Glück wahrzunehmen“.

Die Passagiere im Eilzug Deutschland, so sagt er, hielten sich für eine geschlossene Gesellschaft mit entsprechenden Symptomen: Man tut sich leid. Die Litanei des Jammers ist lang und reicht vom klagenden Bauernstand bis zur überteuerten Wiedervereinigung.

Geliebt wird aber nicht, wer sich selbst nicht liebt. Auch da sind die Deutschen ambivalent. Einer aus der Toskana-Fraktion bekennt seine „häufigen Anfälle von Deutschenfeindlichkeit“.

Und was mißfällt ihm an seinen Landsleuten? „Daß ich ihnen so ähnlich bin.“ Aber genau das mögen nun gerade die besonders, die – bis zu 40 000 täglich – auf Mallorca einfallen. „Das hier ist doch ein richtig deutsches Naherholungsgebiet, man hört keine andere Sprache“, schwärmt die Frau aus dem Siegerland.

Horchen, was das Ausland sagt

Und alle diese auf sich selbst fixierten Deutschen, so befürchten unsere lieben Nachbarn, kaufen „unsere angestammte Heimat“. Das Tessin und die Toskana sowieso, auch das Elsaß und die schönsten Hütten in Österreich. Neuerdings sind wir auf „Raubzug“ in Schweden, wo die Krone im Keller ist, und in Italien aus dem gleichen Grund. Die Tschechen reden so und die Griechen.

So stehen sich Verkrampfung auf der einen und Überschätzung der deutschen Möglichkeiten auf der anderen Seite gegenüber.

Bei der Bewältigung des schwierigen deutschen Gemüts hofft man auf die nächsten Generationen.
Die Jugend geht – wenn's denn so bleibt – mit all dem unbefangener, internationaler um. Diese lockere Gangart läßt sich aber auf Dauer nicht gefallen, viel Ballast von vorgestern angehängt zu bekommen. Dann schlägt sie aus – nach rechts. Das wollen und sollten wir uns nicht leisten.

30. November 1997

Scham hier, Stolz da

„Die Sprache ist dem Menschen gegeben, um seine Gedanken zu verbergen."
Charles de Talleyrand, Staatsmann

Bei der Verleihung des Friedenspreises in der Frankfurter Paulskirche der Laudator Günter Grass: „Ich schäme mich meines Landes."

Ganz anders der Preisträger Yasar Kemal. In einem Telefoninterview wird er vom türkischen Fernsehen beglückwünscht: „Wir sind stolz auf Sie." Er antwortet: „Ich bin auch stolz auf die Türkei."

Das sagt ein Mann, der seinem Land eine bitterarme Herkunft, politische Verfolgung und viele Jahre im Gefängnis „verdankt".

Er geht ins Exil. Aber er kann nicht schreiben ohne sein Land, das er liebt. In der Ferne gehen ihm die Worte, die Bilder und die Geschichten aus.

Türken sind stolz auf ihr Land, auch wenn sie vieles daran zu kritisieren haben.

Die Zeit unmittelbar nach der Preisverleihung – ich habe sie in Istanbul miterlebt – macht klar, wie zwiespältig das türkisch-deutsche Verhältnis noch immer ist. Bei „Cumhuriyet", der linksliberalen Zeitung, wo Kemals Karriere begann, laufen die Telefone heiß.

Ausländische Korrespondenten fragen nach Einschätzungen der Kollegen. Denn der Preisträger ist nicht unumstritten. Seine Kritik vor allem an der ungelösten Kurdenfrage ist oft gallig gewesen und manchmal ungerecht.

Sieht man da Parallelen zu Günter Grass, seinem Laudator? Warum greifen Männer des Wortes zum groben Gerät, obwohl sie doch differenzieren könnten? Günter Grass: „Türken, denen nichts Kriminelles nachgewiesen werden kann, sitzen in Abschiebelagern... eine demokratisch abgesicherte Barbarei." Die Folge solcher Pauschalierung: Alle anderen zwei Millionen Türken in Deutschland werden in Gesamthaftung genommen.

Von Türken lernen: Hart, aber tolerant

Die Türkei ist widersprüchlich, frei und ungebärdig, brutal und mutig. Seltener sind die sanften Töne. Mit pauschalen Urteilen kommt man nicht weiter, auch über Türken in Deutschland nicht.

Schon die Kopftücher, habe ich gelernt, sind so differenziert, daß der Kenner unterscheiden kann – Demonstration oder Provokation.

Den vielen traditionellen Türken sollten wir Toleranz schenken, wo immer möglich. Denn ihre Kraft und Eigenständigkeit (42 000 Unternehmen mit 186 000 Arbeitsplätzen

16. Januar 1994

Feigheit vor dem Freund

„Das Fremde soll man nicht zum Freund herlügen", meint der Schriftsteller Albrecht Goes.

An manches Fremde komme man nie heran. „Ich kann Fremdenangst verstehen, ja."

Das sagt kein Ängstlicher, keiner, der dumpf durch diese Welt dampft. So formuliert einer in freier Rede, der fast dieses ganze Jahrhundert mit rechtem und linkem Wahnsinn erlebt hat. Und viele fühlen sich verstanden, die sich sonst eher zu den Zukurzgekommenen rechnen.

Das Schöne an dem Schlagwort Überfremdung ist ja, daß niemand sagen kann, was es genau meint. Der eine gerät schon in Panik, wenn sich in der Straßenbahn zwei junge Frauen mit Kopftüchern neben ihn setzen.

Der andere regt sich erst auf, wenn in einer Schulklasse mehr als die Hälfte der Kinder nicht Deutsch als Muttersprache sprechen. So weit liegen die Toleranzgrenzen auseinander!

Eine so wabbelige Sachlage läßt sich natürlich trefflich verwerten. Parolen her, die Reihen fest geschlossen.

Überfremdung. Wer ist eigentlich fremd? Die aus dem Nachbarort, mit denen es immer schon Streit gibt? Oder der aus der Schweiz, weil er Ausländer ist? Oder muß es ein fremder Kulturkreis sein, aber wie definiert sich der? Durch Religion etwa?

Bei dem Wort Deutschland solle man nicht länger fremdeln, fordert ein Journalistenkollege. Mag sein, daß wir im Westen zu lange das andere, das Fremde fast angehimmelt haben: exotische Reisen, fremde Sprachen, ausländisches Essen, alles schien attraktiver als

und zehn Prozent Wohneigentum; von 1200 Firmengründern haben ganze acht öffentliche Fördermittel in Anspruch genommen) – sie können Deutschland nur guttun.
Den wenigen hartleibigen Islamisten aber muß um so konsequenter gezeigt werden, daß unser Land nicht bereit ist, sich als Ruheraum politischer Extremisten mißbrauchen zu lassen.

„Keine Kultur kann auf Dauer von eigener Substanz leben“ (Grass). Sie braucht Anstöße von außen. Wir bekommen die auch von türkischen Mitbürgern frei Haus, wenn wir nur bereit sind, ihre Anregungen aufzunehmen.

Da ist in drei Jahrzehnten schon viel geschehen, weil sich die jungen Leute selbstverständlich verstehen- und schätzenlernten. Und die Generation der Eltern? Sollten sie nach der verpaßten Chance, aus dem Ost-West-Gegensatz zu lernen, auch diese Möglichkeit verschenken?

.... SO VERBINDET AUCH DIESE ÜBERARBEITUNG UNSERES WAPPENTIERES EINMAL MEHR DIE GESCHICHTE MIT DER ZUKUNFT.

das eigene Land. Über das Warum dieser schwierigen Beziehung zum Vaterland ist in den letzten Jahrzehnten viel nachgedacht worden. Und nun umgekehrt: Warum nicht deutsch?
Ja sicher, nur nicht mit diesem trotzigen Unterton.

Dabei lauschen wir gleichzeitig gespannt auf die Töne aus den Nachbarländern. Liebt man uns? Kaum. Statt dessen Fingerzeige auf die unverbesserlichen deutschen Ausländerhasser à la Rostock.

Nun liegt der größte Unterschied zwischen Deutschland und anderen reichen Ländern aber nicht in der Zurückweisung von Ausländern, sondern in deren Aufnahme - mehr als doppelt so viele Flüchtlinge wurden aufgenommen wie im restlichen Europa zusammen.

Sind wir überfremdet ?

Seit dem neuen Gesetz hat sich die Zahl der Asylbewerber halbiert, und in einer Umfrage unter rund 3000 Ausländern waren mit Abstand die meisten persönlich zufrieden mit ihrem Einkommen, ihrem Verhältnis zu Deutschen, ihrer Wohnung und ihrer eigenen Sicherheit.

Aber Überfremdung? Diese Wortwahl ist Polemik, die außerdem nach Taktik riecht: die Rechtswähler nicht zu den Reps ziehen zu lassen. Wer nämlich in Bayern wahlberechtigt und rechtsgewirkt ist, wird heftig umworben.
Unbequeme Wahrheiten hält man von diesem Lieblingsfreund fern.
Nur ihm nichts zumuten, ihn statt dessen mit Schlagworten versorgen.

Doch gerade das ist in der Politik ein schlimmer Fehler:
die Feigheit vor dem Freund.

Schlapp am Ausgang

„Politiker sind wie Gletscher. Wenn es heiß wird, ziehen sie sich zurück."
Transparent

Heiß wird die Lage mit den Flüchtlingen. Der deutsche Außenminister Klaus Kinkel spürt die Temperatur. Er beschwor kürzlich seinen kroatischen Kollegen: „Helfen Sie Deutschland, damit wir in der Lage sind, die Flüchtlinge zurückzuführen."

Es sei ein „riesiges Dimensionsproblem", das da den Deutschen zugemutet werde. 140 000 Flüchtlinge aus Albanien, 250 000 aus Bosnien: das sind mehr als in allen anderen westeuropäischen Staaten zusammen.

Gemessen an dieser Zumutung „ist das Echo zu schwach."

Deutliche Worte nach draußen. Aber wie nachhaltig werden die wohl gehört im kaputten Jugoslawien oder bei den kriminellen Schleppern in der Türkei?

Die deutsche Politik muß endlich zeigen: Wer großzügig ist an der Eingangstür, darf nicht schlapp sein am Ausgang.

Das heißt, da es offenbar keinen Mut oder keine Möglichkeit zur Abschiebung gibt, muß der Eingang enger sein.

Dazu kommt der Mißbrauch. Unglaublich, wie leicht das geht. Denn viele Daten – armes High-Tech-Deutschland – können immer noch nicht miteinander abgeglichen werden.

Wie ist da dem Handwerksmeister zumute, der um acht Uhr in die Werkstatt kommt, ein Mitarbeiter ist auf Montage, zwei sitzen da und warten auf Aufträge. Kein Anruf, nichts. Neun Leute hat der Mann schon entlassen, die drei will er halten, in der Hoffnung, daß mal wieder bessere Zeiten kommen.

Aber nebenan tauschen Kollegen Tricks aus, wie man als frisch Eingewanderter auch ganz gut lebt – schwarz und auf Stütze.

Die Unterstützung für Asylbewerber liege 20 Prozent unter dem Sozialhilfesatz und werde nur Menschen mit gültigen Papieren bezahlt. Außerdem: Illegale bekämen keinerlei Unterhalt. Das möchte ein Sozialarbeiter klarstellen.

Viel wichtiger ist eine andere Frage: Warum werden jedes Jahr Tausende neue Asylbewerber alimentiert, obwohl seit langem bekannt ist, daß über 90 Prozent kein Anrecht auf den vom Grund-

Was die meisten Bürger denken

Wie kann eine einigermaßen seriöse Redaktion einem solchen Pamphlet, das sogar die Wahlkampfthesen der „Republikaner" an Ignoranz und Feindseligkeit noch übertrifft, ein Forum bieten?
Frank Armbruster, Stuttgart

Was wir brauchen, ist ein klarer, überparteilicher Richtungsentscheid, wie viele Menschen dieses Land verträgt. Wie viele können wir unterbringen, für wie viele haben wir eigentlich Arbeit, und bei wie vielen reicht unsere soziale Infrastruktur von Schulen bis zu Altersheimen nicht mehr aus, wenn es nicht bei uns nach und nach Slums und Dritte-Welt-Verhältnisse geben soll? Wir brauchen ein Einwanderungsgesetz. Mit Ausländerfeindlichkeit hat das nichts zu tun. Im Gegenteil: Wer keinen Ausländerhaß will, muß gegen eine ungezügelte Einwanderung sein.
Heinz Skrzipietz, Ludwigsburg

Frau Offenbach spricht mutig aus, was die meisten Bürger denken. Sie resignieren vor der Untätigkeit der Politiker, besonders der grünen Ideologen, die tüchtig sind, anderen Menschen in die Tasche zu greifen, um sich dann das Mäntelchen der Barmherzigkeit umzuhängen.
Alfred Hess, Maulbronn

Würde es Ihnen Spaß machen, total verängstigte Männer, Frauen und Kinder auf den Flugplatz zu bringen und denen, die sich vor Folter und Ermordung in ihrem Heimatland fürchten, einen „heißen" Ausgang zu bereiten?
Otto Lempp, Remseck

Sie haben den Nagel auf den Kopf getroffen! Wir sind keine Kuh, die man melken kann.
Waldemar Hoffmann, Grünstadt

Ganz schön mutig! Die Prügel werden nicht lange auf sich warten lassen. Lassen Sie sich aber nicht entmutigen. Meine Sympathie haben Sie.
Lutz Huber, Oberstadt

Eiskalt hat sich die Autorin über Flüchtlings- und Asylbewerberfragen ausge-

gesetz gewollten Schutz haben? Irgendwann ist jede Küche leer.

Diese geliehene Gutherzigkeit: Das Geld anderer Leute großzügig auszugeben

Aber selbst ein gutbestückter Einkaufskorb ist mancher Politikerin lange nicht gut genug. Sachleistungen, erklärt die Grünen-Sprecherin Kerstin Müller, seien „inhuman". „Asylbewerber dürfen nicht schlechter gestellt werden als andere Sozialleistungsempfänger."

Da ist sie wieder, diese geliehene Gutherzigkeit, diese eingefleischte Bereitschaft, das Geld anderer Leute großzügig auszugeben.

Mancher meint auch, ein gutes Herz zu haben. Dabei hat er in der Darwin-Welt von heute nur schwache Nerven. Aber die dürften bald strapaziert werden, wenn die grüne Frau Müller den deutschen Kleinrentnern oder den Familien, die sich knapp über dem Sozialsatz abrackern – und die jahrelang Beitragszahler waren – erklären soll: Weshalb bekommen Asylbewerber statt Lebensmitteln Geld? Und das nicht selten zur Freude der Schleuserbanden, die sonst ja nichts abzuzocken hätten.

Solche Politiker überdehnen nicht nur die Moral, sondern auch die Kasse.

Die Moral hält das vermutlich noch ein wenig aus. Die Kasse schon lange nicht mehr.

WIESO PROBLEM? HUND GEHÖRE PRAKTISCH ZU FAMILIE UND HUND HABE DEUTSCHE STAMMBAUM.

lassen und dabei alle gängigen Vorurteile genährt. Sie tut dies auf Kosten von Menschen, die sich in der Öffentlichkeit nicht dagegen verwahren können und zum Teil in schwierigen Situationen leben müssen.
Ich finde es unverantwortlich, wie der Hinweis auf die „leere Küche" den schäbigen Futterneid gesellschaftsfähig macht!

Gerda Langohr, Maulbronn

Nicht deswegen haben die kriminellen Schlepperbanden Konjunktur, weil es sich so viele Tagediebe bei uns bequem machen wollen, sondern weil es für Menschen, die den Tod fürchten oder Folter erlitten haben, mit unseren neuen Gesetzen keine Möglichkeit mehr gibt, sich zu uns zu retten.
Natürlich gibt es unter den Asylbewerbern auch schwarze Schafe. Aber mit der pauschalen Verdächtigung all derer, die unsere Gerichte ablehnen, übersieht Frau Offenbach die unmenschlichen Härtefälle, die es unter den Abgelehnten leider allzu oft gibt.

Gertrud Ostertag, Göppingen

Mit Ihrem Schüren von undifferenzierten Emotionen haben Sie wieder einmal ein gehöriges Stück dazu beigetragen, Feindbilder zu schaffen und den Ausbruch mental vorzubereiten.

Günther Flößer, Aspach

Leider wird man auch als unbescholtener Bürger sehr schnell als rechtsradikal und ausländerfeindlich bezeichnet, sobald man diese Meinung öffentlich vertritt.

Walter Bauer, Hemmingen

Gratulation zu Ihrem Mut,
die Meinungszensur zu durchbrechen!
Nun werden sich deren Wächter und Political-correctness-Befolger auf Sie stürzen.

Rudolf Brenneis, Esslingen

So heizen Sie die leider schon weit verbreitete Ausländerfeindlichkeit an.
Die Schamgrenze ist überschritten.

Paul Binder, Herrenberg

13. Oktober 1996

Lehre als Lotto

„Die können sollen,
müssen wollen dürfen"
(Graffito - Berlin, Alexanderplatz)

Da läuft schon wieder ein deutscher Exportschlager ins Aus: Die Lehre im dualen System.

Was noch immer im Ausland als vorbildlich gelobt und nachgeahmt wird, bedarf zumindest einer gründlichen Überholung.

Unser Ausbildungssystem war einst der Pluspunkt des Standorts Deutschland. Nun werden die Lehrlinge ihren Unternehmen zu teuer. Die Industrie bildet immer weniger junge Leute aus. Dieselben Firmen, die vor kurzem noch über Facharbeitermangel jammerten, wollen den Facharbeiter heute nicht mehr heranziehen.

Schon heute wird einem ganz schlecht, wenn man diese Hiobsbotschaften liest: „Jeden Monat gehen allein in der Metallindustrie 11 000 Arbeitsplätze verloren.“ Das trifft deshalb ganz extrem die Jugendlichen, weil diese voller Neugier und Elan ins Leben gehen.

Erste Lektion: Lernen wird zugeteilt. Arbeitsplatz ist Glückssache, Lehre als Lotto.

Die Fakten: In den vergangenen zehn Jahren hat sich die Zahl der Auszubildenden in Industrie und Handel um 40 Prozent verringert. Kaum eine Firma, die nicht weiter herunterführe mit der Ausbildung. Es gibt mehr Bewerber als Plätze. Diese Tendenz hält an.

Viele, die nicht ihren Wunschberuf bekamen, lernen weiter, suchen

24. Mai 1998

Schnupper-Kurs

„Als Löwe seid ihr gesprungen, aber als Bettvorleger gelandet."
Joschka Fischer

Was ist los, Leute? „Ich habe ja doch keine Chance, also nutze ich sie.“ Solche Sätze sagen schon 14jährige.

Sarkasmus als Lebensentwurf, Resignation und Angst vor Arbeitslosigkeit hat die neueste Shell-Studie bei Jugendlichen ausgemacht.

Gerade jetzt, da Jobs knapp sind, entscheidet der Grad von Lust und Leidenschaft. An der fehlt es aber oft. Zuerst wird kalkuliert: Lohnt das? Was bringt das? Sieht es gut aus?

Oder die andere Frage: Was soll ich lernen, damit ich später bestimmt eine Arbeit finde und gutes Geld verdiene? Vergeßt es. Den sicheren Weg mit diesem Ansatz gibt es nicht. Jeder muß seinen eigenen finden.

Doch genau das scheint heute das Schwierigste zu sein: sich zu entscheiden. Klar ja zu sagen oder nein, ob im Beruf oder in der Partnerschaft.

Statt dessen ist Schnuppern in Mode gekommen. Schnupperkurse und Schnupperlehren werden gemacht.

Schnuppern als Schwebezustand, um sich nicht entscheiden zu müssen. Doch die meisten Firmen halten von solchen Klassenausflügen in den zoologischen Garten der Arbeitswelt sowieso nicht sehr viel.

,,Voll cool” oder völlig locker geht der Weg zum richtigen Job höchstens in Ausnahmefällen. Wer das Privileg eines Studiums genießt, muß künftig schneller lernen. Dreizehn Schuljahre plus mindestens zehn Semester und dann auch noch einen lukrativen Job im Wunschfach – Milchmädchenrechnung.

Das endet mit der Berufswahl leicht wie bei Joschkas Spruch: im Traum der Löwe, im praktischen Leben ein Bettvorleger.

Also: Ende vom Schnupperkurs. Wenn jemand nach dem Abitur noch immer nicht weiß, wo die aber nächstes Jahr von neuem – eine Bugwelle entsteht.

Der Künzelsauer Unternehmer Reinhold Würth sagt es deutlich: „Wir bilden mehr Lehrlinge aus, als wir brauchen. Bisher konnten zwar alle übernommen werden, aber die Inhalte des Schulstoffs müssen dringend geändert werden."

Was, außer bürokratischer Trägheit, hindert daran? Sprachangebote, Computer-Know-how, neue Lehrberufe in den Bereichen Umwelttechnik, Tourismus und Medien fehlen.

Ob die Gewerkschaften dem Nachwuchs einen Gefallen getan haben mit der Verkürzung der wöchentlichen Arbeitszeit?

Warum nicht an einem Samstagvormittag lernen oder länger im Betrieb „klotzen", wenn die Auftragslage gerade gut ist und jede Hand gebraucht wird?

Das ist ja auch später die Realität, daß die Arbeit kaum mehr zu den Leuten kommt, sondern umgekehrt. Ja, Kaffee kochen, Post eintüten oder Botengänge gehören auch zum Berufsanfänger – nicht nur das Sinnvolle.

Da fehlt es bei manchen Jugendlichen. Zu sehr sind sie Hätschelkinder der Wohlstandszeit, die nun zu Ende geht. Anstatt sich dreimal umzudrehen, haben sie gelernt, ihre Ansprüche zu formulieren. Nicht „schon mal anfangen", sondern Zensuren kalkulieren. Nur nicht zuviel Einsatz, man könnte als Streber gelten. Zu vielen fehlt es nach Schulschluß an „inhaltlicher und sozialer Kompetenz". Im Klartext: Sie können nicht fehlerfrei schreiben und rechnen, auch beim Benehmen hapert es.

In dieser schwierigen Lage hat sich das Gesellschaftsspiel eingerillt: Jeder schiebt die Schuld auf den anderen – die Betriebe auf die Schule, die auf die Eltern, die mit den Jungen nicht fertig würden. Ende der Debatte.

Was fehlt den Hätschelkindern der Wohlstandszeit ?

Viel steht auf dem Spiel. Zu viele bockige, träge oder enttäuschte Jugendliche sind das soziale Problem der Zukunft. Egoistische Unternehmer oder einfallslose Behörden begünstigen diese Entwicklung. Als neue Wirklichkeit in Deutschland halten wir sie alle zusammen nicht aus.

Der Graffiti-Sprayer von Berlin hat recht: Viele Junge wollen etwas leisten. Aber dann müssen sie auch dürfen.

berufliche Reise hingeht, wenn sich Studenten in Universitäten erst mal hineinschnuppern, dann stimmt etwas nicht.

Besser: Die Jugendlichen selbst, ihre Eltern – diese vor allem –, aber auch Lehrer müssen schon Vierzehn- bis Siebzehnjährige auf ihre Neigungen, Talente, im besten Fall auf berufliche Faszinationen hin abfragen, fordern – dann fördern.

Einen Berufswunsch mit 18 statt mit 28 zu haben, ein passioniertes Praktikum statt schnödes Schnuppern: Das ist nicht geraubte Jugend. Das ist geschenktes (Berufs-)Leben.

„Hilfe, die wollen alle meinen Arbeitsplatz!"

1. Juni 1997

Nicht bitte, nicht danke

„Nehmen Sie die Menschen,
wie sie sind. Es gibt keine besseren."
Konrad Adenauer

Er mag ja recht haben, der erste Kanzler. Aber muß man sich damit abfinden – auch bei jungen Leuten, die einen Ausbildungsplatz suchen, aber keinen finden, weil sie „nicht genügen"?

Man muß nicht, und man darf nicht! Denn es sieht finster aus mit der Ausbildungsreife der 15- bis 25jährigen.

Der Direktor einer renommierten Bank: ,,Wir haben Mühe, unsere 50 Ausbildungsplätze qualifiziert zu besetzen – und das bei mehr als 400 Bewerbern! Was fehlt? Soziale Kompetenz, sprachliches Ausdrucksvermögen, Durchhaltekraft." Es fehlt am Einfachsten, an der Lebensbefähigung.

„Viele können einem nicht in die Augen schauen, kaum bitte und danke sagen. Die Umgangsformen sind jämmerlich – fast unterschiedslos bei Hauptschülern oder Schülern der gymnasialen Oberstufe. Bei denen kommt noch die Überheblichkeit dazu."

Dem Personalchef merkt man fast Verzweiflung an. Man gehe schon lange nicht mehr nach Schulnoten. Man prüfe den sozialen Bereich – Fehlanzeige.

Diese Bilanz ist ein Schlag ins Gesicht all derer, die sich in diesen Wochen mit unkonventionellen Aktionen um Ausbildungsplätze bemühen – Verbände, Ämter, Medien, Rotary-Clubs, Politiker. Sie rennen ins Leere, weil nicht über die eigentliche Misere geredet wird: Nicht die schwindenden Lehrstellen sind das Problem. Es sind die schlechten Bewerber.

Bäcker, Banker, Metzger, Masseur, Schmied, Kaminbauer, Koch – Berufe mit Chancen und freien Plätzen gibt es. Aber bei allen braucht es Leistung und Ausdauer, Belastbarkeit und Zuverlässigkeit. An der vor allem hapert es.

Schule: Warum fehlt das Fach Schrift? Die Ausrede heißt: Hauptsache, man kann erkennen, was gemeint ist. Würde beim Computer auch reichen, wenn man eben mal erkennen kann, was gemeint ist?

Oder Auswendiglernen. Aus der Mode. Weshalb? Konzentration, Selbstvertrauen, Unabhängigkeit

25. Januar 1981

Den Rücken zum Staat

„Mein Gott, diese Jugend von heute!" So ein Stoßseufzer ist der sicherste Beweis, daß man nicht mehr dazugehört. Wer so jammert, hat altershalber abgekoppelt.

Anstelle des Versuchs zu verstehen, steht das Verurteilen. Maßstab für das Urteil ist dabei die eigene vergoldete Vergangenheit. Gewiß eine untaugliche Meßlatte für die Höhenunterschiede zwischen den Generationen.

Wir fahren ja gerade mal wieder auf eine Talsohle zu in der Beziehung zwischen Alt und Jung. Da wird mit Pflastersteinen kaputt geschlagen, „was uns kaputt macht". Und dabei sind die Väter und Mütter doch so stolz, daß alles so proper möbliert ist.

„Grönland, Eiszeit" nennen die revoltierenden Jungen mit Sprachphantasie ihre gelackte Umwelt; die ist ihnen so kalt, daß sie den Parka fester zurren – für die nächste Demonstration.

Es seien die aggressiven Jugendlichen, die ihre Zukunft besser bewältigen, haben Münsteraner Wissenschaftler herausgefunden. Auffällig müsse man in den Entwicklungsjahren sein und widerborstig, jedenfalls nicht angepaßt, meint der Psychologieprofessor Schurian. Wenn die Jugendlichen also aufsässig sind und dies auch sein sollen – wo ist das Neue, wo das Problem? Ist die Mehrzahl der Jungen wirklich rebellisch? Das Institut für Jugendforschung will erfragt haben, daß 88 Prozent lieber in unserem Wirtschaftssystem leben als anderswo. Daß 90 Prozent im großen und ganzen mit der Bundesrepublik zufrieden sind. Wird da also einer kleinen Gruppe lautstarker Aktivisten zuviel Aufmerksamkeit geschenkt, werden sie fälschlich als repräsentativ eingeschätzt?

Es sieht viel eher danach aus, daß hier eine Generation bequemer Bourgeois heranwächst. Denen fällt bei Klassenkampf Kaschmir ein, weil Popper und Proleten Intimfeinde sind.

In der Sprache der Sozialwissenschaftler heißt das: politisches kann man kaum besser einüben. „Das Elternhaus leistet zuwenig, oder es gibt die falsche Orientierung", beobachtet der Fachmann.

So werde eine Zusatzausbildung nach der anderen finanziert, um sich vor der Berufsentscheidung zu drücken. Geld als Verwöhnaroma.

Nicht zu wenig Lehrstellen, zu schlechte Bewerber

Die Generation der Erben zahlt einen hohen Preis:

Sie kommt nicht in die Gänge. Veränderung begänne im Alltag: Erlebnis Wald statt Erlebnispark, Vorlesen statt Walkman, rangehen statt „ran" sehen.

Eltern könnten nicht nur von Erfolgen, auch von Niederlagen erzählen und wie sie überwunden wurden. Spüren lassen, wie gut es tut, wenn man den eigenen Frustpunkt überwindet.

Aber auch die Betriebe, letztes Glied in der Bildungskette, dürften ein besseres Vorbild abgeben. Wie wirkt es auf einen Berufsanfänger, wenn auf die Hälfte seiner 30 Bewerbungen keine Antwort kommt? Auch hier sitzen gedankliche Rüpel.

Es ist nicht leicht, in dieser kommerz- und verführungsbestimmten Zeit, Eltern, Lehrer und jung zu sein. Da liegt die Flucht in den „Spaß total" nahe.

Die Gesellschaft redet sich raus mit Wertewandel. Das ist keiner, das ist Werteschwund. Den aber sollten wir uns nicht leisten.

Der Stich ins Wespennest:
Wochenlange Reaktionen ohne Ende.
Nicht nur Briefe.
Einladungen zu kollektiven Einstellungsgesprächen (Marke „chorus line"),
Einblick in Bewerbungsunterlagen (Muttersprache deutsch?),
Betriebsbesichtigungen, etwa bei Allgaier, Uhingen, dem Unternehmen des Arbeitgeberpräsidenten Hundt:
„Was wir für unsere Lehrlinge tun, was wir aber auch verlangen müssen."
Ergebnis: Ratlos.
Ein Königreich für eine Idee.

Desinteresse, Rückzug in die Privatheit, ausgeprägte individuelle Leistungsbereitschaft zum persönlichen Nutzen. In dem Punkt haben die Jungen gut gelernt, sie sind getreue Abbilder der Altvorderen.

Schließlich bekommen sie solche Sätze vorgesetzt: „Mit einem Mofa ändert sich vor allem der soziale Status gegenüber den ‚nur radfahrenden' Freunden. Bei manchen Jugendlichen kann die Besitzlosigkeit zu Minderwertigkeitsgefühlen und Entwicklungsstörungen führen." Aus einer Honda-Reklame? Keinesfalls. Sätze aus der offiziellen Zeitschrift des schleswig-holsteinischen Kultusministeriums.

Beide, die wenigen Revolutionäre, die Rabatz machen, und die properen Popper, die sich für sich selbst interessieren, stehen mit dem Rükken zum Staat. Der interessiert sie nicht, der wird schon funktionieren.

Junge Generationen sind meist mit ihren Aktivitäten und Alternativen angeeckt. Jugendliche sind unbescheiden und vergröbernd, sie dürfen fordernd und undiplomatisch sein. Das wäre weder neu noch schädlich.

Die Jungen wollen beides: das Fett der Alten und die Freiheit der Jugend.

Neu indessen ist das pausenlose Mäkeln, das Jammern bei vielen Jungen: Man habe zu wenig Chancen; der Staat, die Gesellschaft, alles überhaupt sei schlecht.

Man will beides gleichzeitig: das Fett der Alten und die Freiheit der Jungen. Solches Lamentieren hat für mich greisenhafte Züge. Da weht nirgends der rauhe, aber frische Wind des Risikos. So gesehen sind manche Ältere jünger.

23. September 1990

Der Aus-Knopf fehlt

Der Deutschen zweitliebstes Kind hat einen entscheidenden Geburtsfehler: der Aus-Knopf fehlt.
Ein Auto kann man stehen lassen, den Fernseher abschalten – aber das Telefon?

Das hat Zuwachsraten! Die Leute reden wie die Weltmeister:
„... bitte legen Sie nicht auf, Sie werden gleich bedient." Danke für den Trost, auch wenn er nur vom Band kommt. Die Freundin bedauert ebenfalls, von ihrem Band natürlich: „Es ist leider wieder mal niemand zu Hause. Bitte legen Sie ... Zum Trost ein Witz ..."

Der Automat als Alleinunterhalter. So weit sind wir schon.

Anrufbeantworter nennt sich das epidemisch verbreitete Ding, als ob damit Anrufe beantwortet würden.

Alibiphon, dieser lateinisch-griechische Bastard, ist da ehrlicher. Der Teilnehmer ist anderswo.
Mit Glück ruft er zurück. Spricht aber auch aufs Band.

Aufschlußreich im Lande der akustischen Umweltverschmutzung ist auch die Art, wie man am Hörer durchs Unternehmen geleitet wird. „Please hold the line", bittet die Deutsche Bundespost und untermalt ihr Englisch für Anfänger mit einem slawischen Tanz von Dvořák Die Rundfunkanstalten (we try to connect you) hängen noch ein bißchen Reklame für „Ihr Programm" dran, der SWF bemüht Mozarts „Bald prangt, den Morgen zu verkünden" meist in elektronischer Quetschversion, und in einem Landratsamt geht's von Luzern auf

18. April 1993

Kürzer bitte !

Zeichen der Zeit: Videoclips, Häppchen, Fastfood, Kurzmeldung, HipHop, exundhopp, Schnell-schnell, die Zeit verrinnt im Sauseschritt, wir rennen mit.

Eigentlich müßte die Kolumne jetzt zu Ende sein. Das Thema ist bekannt. Danke, das genügt.
Keine Zeit, keine Zeit.

Ist nicht sowieso die Abkürzung der intelligentere Weg? Liegt nicht die Würze in der Kürze?

„Stay hungry", sagen die Amerikaner und meinen, daß der gedankliche Appetithappen anregender sei als die massenhafte Sättigungsbeilage. Knapp und kurz ist keß, lang ist langweilig. So bündelt sich unser Lebensgefühl, materialisiert in Fernbedienung, Mikrowelle, Sofortbildkamera und Schnellkaffee.

Lauter lustvolle Happen, zweifellos. Aber so ganz wohl scheint den Genießern nicht zu sein. Auf die Frage nach der größten eigenen Schwäche antworten die meisten Prominenten: Ungeduld.

Wir können nicht warten, immer weniger aushalten. Und wir haben aus diesem Unvermögen auch noch eine Zeitgeist-Philosophie gemacht. Dem Schnellen gehört die Welt, auf jeden Fall aber die Zeit.

Nur zum Teil. Denn das Schöne, so befand Professor Joachim Kaiser, könne man nicht abkürzen. Wagners Parzifal ist „nicht auf den Punkt" zu bringen und Literatur nicht auf computer-taugliche Ja-Nein-Entscheidungen. Jeder kennt solche Beispiele: Einen Roman zu lesen braucht eine Woche, ein Mensch neun Monate, ein Garten mindestens ein Jahr – schneller ist das nicht zu haben. Und ob ein Mini-Mozart oder ein Spar-Glass den Musikverstand auf die Schnelle erweitern, läßt sich bezweifeln.

Das Besondere braucht seine Zeit.

Wir brauchen Zeit zum Zuhören und zum Staunen, Zeit zum Aushalten von Trauer und Schmerz, Zeit zum Erleben. Und es muß das eigene Zeitmaß sein, nicht eines, das vorgegeben immer kürzer wird. Paradox dabei: Der Raser auf der

Weggis zua. Musikalische Visitenkarten nach dem Geschmack der Chefetage.

Alle Macht am Telefon

Diese buntscheckige Telefon-Art vertuscht nur unvollkommen, wie lange man wartend in der Leitung hängt. Andererseits stockt jedes Gespräch, wenn ein Anruf kommt: an einem Schalter mit Warteschlange, am Informationsstand oder auf dem Polizeirevier – zuerst wird das Telefon bedient. Alle Macht dem Fernsprecher.

Sicher: Man könnte es ja auch klingeln lassen. Könnte. Aber wer hat diese Nerven? Stell dir vor, es war Hollywood und keiner ging dran.

Der Mensch von heute muß erreichbar sein. Das ist sein Statussymbol. Telefonieren im Auto hat längst die Manager-Attitüde verloren. Die neue Seuche des tragbaren Telefons: Ich rufe zum Beispiel Reinhold Messner in Südtirol an. Die Stimme der Sekretärin ist verzerrt, ich halte das für einen Ausdruck italienischer Technikbegabung. Nein, sie ist beim Heuen auf der Alm unterm Schloß, und das Tragbare hat Aussetzer.

In der New Yorker Metropolitan Opera ist das Mitführen von Mobiltelefonen bereits ausdrücklich untersagt, wogegen beim standesgemäßen Souper das Ding in Aktion tritt.

Aber was ist, wenn niemand?
Das ist unvorstellbar. Das darf nun nicht sein! Der wesentliche Mensch, der die Grenze zur Ubiquität, zur gottähnlichen Allgegenwart erreicht, muß doch gefragt sein. Andernfalls reagiert er mit schwersten Entzugserscheinungen.

Diese Süchtigen, die sich in Amerika schon in der Notgemeinschaft der „Anonymen Telefoniker" zusammengeschlossen haben, brauchen dieses Schnarren oder das penetrante Tütelütt wie andere ihren Schuß. Wenn sich länger als fünfzehn Minuten nichts tut, fühlen sie sich vergessen und ausgestoßen.

Für mich als Telefonmuffel, dessen Abneigung sich bis zur Fernsprechphobie auswachsen kann, ist der Triumph erreicht, wenn mein Fax-Gerät als „Aktivity Report" des Tages von sich gibt:
ALL EMPTY. Dann bin ich ein wenig versöhnt mit diesem herrlich praktischen Telefon.

Und ob Ihnen diese Kolumne jetzt gefallen hat oder nicht – greifen Sie bitte nicht „ganz spontan" zum Telefon am heiligen Sonntagmorgen. Ihre Meinung ist herzlich willkommen – als Brief.

Straße wird bestraft, der Raser in Gedanken gilt als Cleverle. Dabei ist das richtige Zeitmaß nicht leicht zu finden.

Der Schnellschuß, die rasche Auffassung, die kurze Durchlaufzeit sind beliebte Größen. Aber was ist kurz?

Kurz definiert sich durch lang. Zeit ist relativ. Selbst das international berühmteste Kürzel, der Notruf SOS, wird nur durch den Wechsel von kurz – lang – kurz erkennbar. Der Rhythmus macht's. Also brauchen wir neben der modischen Kürze wieder die „Entdeckung der Langsamkeit". In dem gleichnamigen Buch gibt es Riesen an Ehrgeiz, die Zeitzwerge werden, sobald sich etwas hinzieht. Diesem Plädoyer für den Rhythmus, der lang und kurz wieder ins richtige Verhältnis bringt, hilft auch ein Blick auf andere Kulturen. „Mañana", sagen die Südländer und weisen darauf hin, daß morgen auch noch ein Tag ist.
„Zeit", sagen die Afrikaner, „ist das einzige, was wir haben."
„Die Eile", sagen die Orientalen, „ist vom Teufel."
„Keine Zeit" zu haben, gilt uns Europäern als Ausweis des Erfolgs. Wer hat recht?

Die erlesensten Augenblicke sind die im Auge des Hurrikans. Die Zeit scheint stillzustehen in diesen seltenen Momenten der Freude oder des Leids.

So war es in der Novembernacht, als die Mauer fiel. So mag es bei einer folgenreichen wissenschaftlichen Entdeckung sein, bei der Geburt eines Kindes, beim Tod eines Freundes, im einsamen Moment, in dem sich die Schönheit der Natur offenbart – dies alles sind jene „Ewigkeiten in einem einzigen Augenblick", wie sie George Bernhard Shaw genannt hat.

Der Stolz unserer Tage jedoch gilt der Geschwindigkeit. Wir haben sie zum Idol gemacht, als wäre sie das Ziel und der Höhepunkt der Entwicklung der Menschheit.

Die sportliche Hundertstelsekunde, der Crash-test, der Hochgeschwindigkeitszug, das Überschallflugzeug sind die Insignien dieser imposanten Raserei.

Nie war jemand schneller von Ort zu Ort.
„Aber die Seele", sagt der Indianer, „die Seele geht zu Fuß."

26. Juli 1981

Von Schlaumeiern und Schlimmeren

Wer hört eigentlich zu, wenn vom Sparen die Rede ist? Beim Thema Staatsverschuldung sind viele Ohren auf Durchmarsch geschaltet. Zum Glück nicht alle. Denn es trifft uns doch alle am Portemonnaie. Erste Anzeichen gibt es.

Manche gewaltigen Gesetze und Kürzungen wären überflüssig, wenn zunächst einmal nur die Mißbräuche abgestellt würden. Und zwar nicht nur die, die unerlaubt sind, sondern auch die, die wegen Gesetzeslücken möglich wurden.

Ein namhafter baden-württembergischer Politiker nannte mir Fälle: Vom steuerhinterziehenden Strauchdieb bis zum angeberischen Schlaumeier ist alles vertreten. Mit Methoden, die einem das Messer in der Tasche aufgehen lassen. Trick Nr. 1: Eine Sekretärin ist zehn Jahre im Beruf. In ihr reift der löbliche Gedanke, daß sie zu Höherem streben sollte. Sie läßt sich zur Fremdsprachen-Korrespondentin ausbilden. Aber nicht etwa mit eigener Investition, vielmehr mit 80 Prozent ihres bisherigen Nettoeinkommens – von der Arbeitsverwaltung. Lernen de luxe, Fortbildung mit Komfort.

Da geht das Messer in der Tasche auf.

Oder die Gattin eines Fabrikanten läßt sich zur Reitlehrerin „umschulen". Die Kosten trägt die Allgemeinheit, versteht sich. Solche oder ähnliche Auswüchse mögen sich in fetten Jahren vertanzt haben, heute nehmen sie sich grotesk aus. Sie sind vor allem nicht mehr finanzierbar.

Nun sollen aber weder Fortbildungswillige noch Umschüler abgewertet werden. Gerade deshalb muß das wenige Geld an die Richtigen gehen.

Ein mittlerer Unternehmer hat in seinem Betrieb mit über hundert Beschäftigten auch seine Frau angestellt. Nach einiger Zeit meldet er sie arbeitslos. Sie bezieht ein Jahr lang Arbeitslosenunterstützung. Währenddessen weist ihr das Arbeitsamt eine Stelle im örtlichen Bürgermeisteramt nach. Man kennt sich in dem kleinen Ort, und schon liegt vom Bürgermeister eine Bescheinigung vor, daß er die Frau nicht brauchen kann. Die Unterstützung läuft weiter.

Keine Skrupel, den Staat auszunehmen

Selten ist ein Thema auf so leidenschaftliches Interesse gestoßen. Die Redaktion hat sich deshalb entschlossen, die Leser in größerem Rahmen zu Wort kommen zu lassen, als dies sonst üblich ist.

Der Artikel ist eigentlich ein offenes Geheimnis. Nur sollte man nicht scheuen, krasse Fälle mit vollem Namen zu nennen. Leider hat Frau Offenbach die Ursache dieses - man kann es ruhig sagen - ethischen Zerfalles unserer Gesellschaft auch nicht annähernd analysiert. *Walter Haaf, Stuttgart*

Die angeführten Beispiele ließen sich beliebig vermehren nach dem Grundsatz: "Es steht mir ja zu." Gesetzlich formal ja; aber moralisch?
Dieser Gesichtspunkt ist in dem im letzten Jahrzehnt besonders gezüchteten Anspruchsdenken verloren gegangen, und gerade diese Haltung ist es, die zu größter Sorge Anlaß gibt.
K. Neugebauer, Ludwigshafen

Vergessen Sie nicht, daß es heute eine zunehmend größere Freizeitindustrie gibt, die auch Reitlehrer braucht. Versagt hätte hier allenfalls das örtliche Arbeitsamt, das der Fabrikantenfrau eine solche Berufswahl doch erst einmal als förderungswürdig anerkennen mußte. Ohne genaueste Prüfung dieses Falles kann doch nicht einfach eine mißbräuchliche Förderung unterstellt werden!
W.-A. Melhorn, Stuttgart

Ich bin zwar kein Unternehmer, der sich zum Reitlehrer umschulen läßt, sondern „nur" ein Student, habe aber trotzdem keine Skrupel, den Staat auszunehmen, wo es nur geht! Ich bin nämlich zu beschränkt, einzusehen,

Manche Zahnärzte stellen ihre Frauen gegenseitig ein, sie melden sie arbeitslos und erklären sie beim Kollegen für unbrauchbar.

Die Deutschen sind nicht faul, aber – wie bei der Schwarzarbeit – auch längst keine ehrbaren Kaufleute mehr. Viele mögen sich von diesen Fällen nicht getroffen fühlen, sie für Auswüchse halten. Aber ein Stück von der Wohlfahrts- und Selbstbedienungsmentalität hat vermutlich auf uns alle abgefärbt. Führen wir uns nicht auf wie die Termiten, die das Haus von innen hohlfressen, das über ihnen beim nächsten Sturm zusammenkracht?

Langfristig schadet man sich selber. Ich nenne solche Leute Klippschul-Staatsbürger. Sie sind zu beschränkt, um zu begreifen, daß sie selbst der Staat sind. Unseren Oberschlauen ist es zu verdanken, wenn wir am Ende alle die Dummen sind.

daß ich der Staat sein soll. Ich bin zu gescheit, mir einreden zu lassen, daß ich mich mit diesem Staat identifizieren soll! Schreiben Sie lieber einen Artikel, wie viele Leute ihr ihnen zustehendes Geld nicht beanspruchen: aus Unwissenheit und Angst vor einer gnadenlosen Bürokratie!

H.-Jürgen See, Mannheim

8. Mai 1994

Vorsicht: Dicker Hund

Das wollten wir doch schon lange wissen, wo der Hund begraben liegt. Es ist nur einer von vielen, dafür aber ein dicker, zu besichtigen in Bonn.

Es lädt ein das Ministerium für Ernährung, Landwirtschaft und Forsten. Es geht um den besten Freund des Menschen (manche sagen: den besseren Menschen), den Hund. Da sollte uns nichts zu teuer sein. Was braucht ein deutscher Hund?

Wenn es nach der Bonner Bürokratie geht, braucht er eine „konstitutive Neufassung der Hundehaltungsverordnung", denn die alte ist – o Schreck – schon zwanzig Jahre alt. Da verändert sich offenbar Entscheidendes für ein Hundeleben.

Wenn wir also wirklich nichts Dringenderes brauchen, dann soll sich ein Beamter hinsetzen, die Verordnung schreiben, sie gegenzeichnen lassen. Fertig. Weit gefehlt!

Bürokratiewahnsinn an die Kette !

Nicht weniger als 28 Verbände und zwölf Ministerien werden geladen, darunter das Kanzleramt, die Ministerien für Familie, Verteidigung und Bauwesen. Was die mit Hunden zu tun haben? Es darf gerätselt werden.

Aufschluß gibt die 25seitige (!) Akte. Dort erfahren wir, daß der „canis lupus f. familiaris" (deshalb Familienministerium) Anspruch hat auf eine „allseitig-wärmegedämmte Schutzhütte", deren Boden in der engeren Umgebung griffig beschaffen sein muß. Die Größe geht aus der Tabelle in der Anlage hervor: von 55 x 55 x 60 bis 150 x 90 x 100 cm. Das Ganze soll „die Lichtstärke von 50 Lux tagsüber nicht unterschreiten". Die Wohnfläche im Zwinger beträgt 4–10 qm (betr. Ministerium für Bauwesen). § 8: „Ein wöchentlicher Fastentag ist zulässig" (Gesundheitsministerium).

Wer kümmert sich in Bonn eigentlich um die Menschen und deren Hütten mit geeignetem Boden und genügend Licht?

Wo ist die Verordnung, die Sozialkontakte vorschreibt für Kinder und alte Menschen, ehe man – Gipfel beamteter Regelungswut – die Streicheleinheiten für Hunde festlegt?

Nämlich: nach § 2 „täglich zwei Stunden, für Hunde in der Gruppe eine halbe Stunde... durch Spielen, Körper- und Lautkontakt".

30. September 1984

Sittenwidrig

Je besser der Freund, desto offener kann man ihm auch mal die Meinung sagen.

Was sind die Schweizer? Unsere Freunde. Das habe ich bisher so gesehen. Derzeit wird dieser Eindruck jedoch akut gedämpft.

Denn: Der Freund bittet mich zur Kasse.

Dreißig SFr Eintritt ins gelobte Alpenland, Abnützungsgebühr für Granit, Gneis und eidgenössischen Asphalt – so einen Freundschaftsdienst lasse ich mir gefallen!

Es war eben schon immer etwas teurer, einen besonderen Geschmack zu haben, sage ich mir. Die berühmten Schweizer Alpenstraßen sind ein Hochgenuß, wiewohl man sich gelegentlich fragt, ob es wirklich so viele sein müssen.

Die Schweizer Freunde kassieren ab.

Sie haben die besseren Straßen, den solideren Service, bessere Schokolade, bessere Toiletten, bessere Berge – alles etwas teurer, aber vom Besten. Oder doch mindestens so: Man konnte blind buchen, bekam eine ordentliche Ware, wenn auch zu einem etwas höheren Preis.

Jetzt wird das anders. Die eidgenössischen Freunde haben sich entschlossen, für die einzelne Leistung einzeln abzukassieren. Das Referendum der sieben Millionen Gerechten sagt, die durchreisenden Ausländer hätten ab 1. Januar 1985 einen Straßenzoll zu entrichten. Ich möchte einen Schweizer Slogan abwandeln: Reise in Europa, rase durch die Schweiz.

Es wäre ja auch denkbar, das neutrale Herz des Kontinents zu umfahren. Mindestens bis die Kleinkarierten und die Pfennigfuchser Gelegenheit hatten, neu zu überlegen und zu entscheiden. Nach dem Motto: Schön ist es auch anderswo ...

Und nach Süden kommt man auch über Österreich und Frankreich.

Hier hat die Bürokratie wieder einmal ungehinderten Auslauf. Von „lean administration", jener schlanken Verwaltung, noch nie etwas gehört. Hier wedelt der Schwanz mit dem Hund.

Vielleicht sollte man dem Landwirtschaftsminister empfehlen, seine Mitarbeiter an die Kette zu nehmen. An eine ganz bestimmte natürlich, denn deren „Glieder müssen der Größe und Zugkraft nach angepaßt sein und 3,2 Millimeter nicht überschreiten" (§ 6 Abs. 2). Noch Fragen?

Dafür wäre dann vielleicht die Deutsche Forschungsgemeinschaft zuständig oder die Generalverwaltung der Max-Planck-Gesellschaft, die ebenfalls geladen sind, den Entwurf zu diskutieren. Oder betrifft es eher den Industrieverband Körperpflege- und Waschmittel e. V.?

Mehr Widersinn auf einem Haufen ist jedenfalls kaum möglich.

Wie kann man es nur anstellen, diese bürokratische Wildnis wenigstens auf Reservatgröße schrumpfen zu lassen? Ich fürchte, es gibt wenig Mittel, solange des Kanzlers Lieblingsspruch lautet: Die Hunde bellen, die Karawane zieht weiter.

Sie zieht von Behörde zu Behörde, die – man staune – in Sachen Hund sogar „befristete Ausnahmen zulassen" kann (§ 9).

Das ist dann wohl die Bonsai-Form jenes politischen Gestaltungsspielraums, auf den man in Bonn so stolz ist. Denn „die Verordnung hat keine finanziellen Auswirkungen auf die öffentlichen Haushalte" (Finanzministerium), „Auswirkungen auf die Umwelt sind nicht zu erwarten" (Umweltministerium). Und schließlich:
„Zur Anpassung an die Anforderungen dieser Verordnung werden Übergangszeiten festgelegt."

Auf deutsch heißt das: Es kommen noch mehr Variationen von diesem Hunde-Wahnsinn auf uns zu. Vorsicht, bissiger Bürokrat!

Oder mit Goethe im „Faust":
„Es möcht kein Hund so länger leben!"

Oder im Ernst:
Wie gut zu wissen, daß es immer noch Beamte mit hart erarbeitetem Pensionsanspruch gibt, die wir dringend brauchen.

Daß nicht alle Schweizer so denken wie jene, die neidvoll den Reisenden einen Obolus abgenommen wissen wollen, sieht man an den Hoteliers. Viele von ihnen rechnen den Gästen bereits die dreißig Franken an, weil sie merken, daß der Image-Schaden bei weitem alles übersteigt, was an Geldwert eingenommen wird. Diese Rückerstattung ist gut gemeint, aber unwürdig. Wichtiger wäre, den Widersinn des Wegezolls in einer immer internationaler werdenden Welt schnell rückgängig zu machen. Was soll denn dieser Muff von Kleinstaaterei und Ausländerneid?

Derweilen sinnen unsere Landsleute (denn die sind zu Teilen nicht weitsichtiger) auf Vergeltung.
Die Kurzsichtigen unter ihnen wollen von Durchreisenden ebenfalls Gebühren verlangen. Zu kurz gesprungen, sagt dazu selbst die Bundesregierung, Nein, Wegegeld sollte bei den Deutschen nicht in Frage kommen. Nur dann dürfen wir uns über schlechte Sitten bei anderen Freunden beschweren. Das dann allerdings kräftig.

Auf Sitte hält sie ja ausgeprägt, die Schweiz. Ob nun welscher Seximport verpönt oder ausländische Autofahrer auf der Straße von inländischen geschulmeistert werden, Hatz auf Sittenwidriges überall.

Wie dann dieser mehrheitliche Fehltritt, Freunde?

Tierschutz vorn

Es geht in Ordnung, daß die Bedürfnisse des Hundes gesetzlich geregelt werden, aber der Aufwand hierfür ist nicht mehr nachvollziehbar. Und wie steht es um andere Haus- und Nutztiere?

Helmut Fischer, Besigheim

So viel „Widersinn auf einem Haufen" hätte sie besser nicht geschrieben. Auch sie glaubt offenbar, sich bei den Leuten einreihen zu müssen, die sich, wenn Tieren Gutes widerfahren soll, sofort ereifern, wer sich denn um die Menschen kümmere. In Bonn mehrere Ministerien! Wie unsinnig also, einen Landwirtschaftsminister zu attackieren, der sich auf seine Tierschutzpflicht besinnt und verordnet, wie Hunde zu halten sind.

Lore Frenzel, Kaiserslautern

Es muß Gesetze und Verordnungen für Tierhaltung geben, denn Tiere können sich nicht so leicht wehren. Tiere, insbesondere Hunde, werden tagtäglich gequält und ihr Leben lang an der Kette gehalten oder in dunklen Verliesen. Ob diese Menschen, die so etwas tun, gut zu Menschen sind, bezweifle ich.

Michael Rozanski, Landau-Mörzheim

20. Februar 1994

Wetter-Wahn

Die These: Je weniger wir vom Wetter abhängig sind, weil wir Heizungen und Klimaanlagen, Wintermäntel und Pelzstiefel haben, desto mehr wird das Wetter zum Kult. Der Wetterbericht ist Medienpflichtstoff Nummer eins.

Die Vermutung: Beim Wetter-Wahn handelt es sich um ein Pseudo-Drama. Denn eigentlich ist das Wetter wurscht. Man muß es ja doch nehmen, wie es kommt.

Zunächst ein Plädoyer für die Präzision der Wetterfrösche. Die Zunft der Meteorologen hat nicht nur einen für sie ärgerlichen Spitznamen, ihre Fähigkeit der Vorausschau wird auch weithin unterschätzt. In Wahrheit ist es erstaunlich, mit welcher Genauigkeit in einem so schwierigen Gebiet wie Südwestdeutschland die Prognosen eintreffen.

Zum Beweis: Am Wochenende wird für Montag der erste Schnee angekündigt, er fällt auch in der Nacht. Montagfrüh kommt es trotzdem regelmäßig zum Verkehrschaos. Das ist die irrationale Kehrseite der sonstigen Überbewertung von Wetter.

Welche Popularität hat die Rheinfähre bei Plittersdorf! Wer hat sie je benutzt? Aber wenn sie – ach, wieder einmal – eingestellt ist, erfahren wir es prompt zur vollen Stunde.

Dann folgen die Auflaßzeiten der Brieftauben sowie der Segelflugwetterbericht.

Was müssen das für exklusive Leute sein, frage ich mich, denen man schon am frühen Sonntagmorgen im Radio den Südost und Hektopascal nachsagt? Es folgt die Pollenflug-Vorhersage: „Mit einer größeren Konzentration von Süßgräser- und Birkenpollen ist zu rechnen." Danke für den Hinweis.

Nur, was machen die armen Allergiker mit dieser Weisheit? Wandern sie aus nach Alaska, um Ananas zu züchten? Oder schließen sie sich wahlweise im Kühlschrank ein?

Oder das Bio-Wetter für Wetterfühlige. „Vom Wetter in Mittel- und Ostdeutschland sind Menschen mit

10. Juli 1983

Das Wetter und wir

Das Wetter ist – außer dem Altern – die einzige Gerechtigkeit auf der Welt.

Es trifft uns alle, wenn auch nicht gleich hart oder gleich gut ausgerüstet.

Die täglichen Wettermeldungen gehören zum meistgelesenen, meistgehörten, am meisten wahrgenommenen Stoff in den Medien.

Intensives Interesse hindert aber nicht, daß das Wetter subjektiv wahrgenommen wird. Sehr persönlich ist sogar das Wetter, welches wir schon hatten, die Wettererinnerung also.

Fragt man nach den Ferien verschiedene Leute: „Wie war bei euch das Wetter?", so gibt es oft höchst unterschiedliche Antworten. Gut für den Glücklichen, gemischt für den Vielbeschäftigten, grau erschien's dem Pessimisten – sie alle lebten unter demselben Himmel.

Noch wetterwendischer als das Wetter sind wir selbst. Und ungerecht obendrein. Wie weiland der Bote die schlechte Nachricht, die er brachte, mit dem Leben bezahlte, werden bei uns die Meteorologen für die Wetterlage beschimpft.

Ein Schweizer Bauer stellt sein zur Unzeit gemähtes Heu mit 4452 Franken in Rechnung. – „Ohne Ihre Fehlprognose wären wir nicht verreist – Bundesbahnrechnung anbei." – „Die Schwalben, Würmer und anderes Getier sind zuverlässiger als Ihre sogenannten Prognosen." Vorwürfe jeder Art steigern sich in der Offenbacher Wetter-Zentrale bis zur Morddrohung.

Anscheinend braucht es Prügelknaben für den letzten Rest Unwägbarkeit in unserer geordneten Welt.

Sprachlich machen wir die Meteorologen herunter wie kaum einen anderen Berufsstand. „Internationale Wetterfrösche quaken in Genf" hieß eine Zeitungsschlagzeile. Tatsächlich trafen sich Wissenschaftler aus der ganzen Welt, um Form und Nutzen von Wettervoraussagen zu diskutieren.

Ihre Bemühungen stehen schon sprichwörtlich ironisch für die Unwahrheit: „so sicher wie die Wettervorhersage". Dabei liegt ihre Trefferquote mit 80 bis 86 Prozent jedenfalls höher als die der Wirtschaftsexperten. Aber denen wird wundersamerweise immer noch geglaubt.

Kreislaufschwäche und Depressionen besonders gefährdet.?

Machen die jetzt alle rüber? Oder singen sie mit Rudi Carrell: „Wann wird es endlich wieder Sommer ... und Schuld daran ist nur die SPD?“

So ein Pseudo-Service befriedigt allenfalls Hypochonder. Sie wissen nun schon einen Tag vorher, welche Krankheit sie sich einbilden dürfen.

Die Stürme haben Mädchennamen bekommen, aber das macht sie auch nicht sanfter. Die Kerle heißen wie Hochs.

Das Ozonloch existiert. Aber wie groß, wie gefährlich ist es wirklich?

Vor allem Fragen und kaum übereinstimmende Antworten.

So ist das mit dem Klima und dem Wetter: immer noch weithin unbeeinflußbar, was uns stets auch einen Seufzer der Erleichterung entringt. Wenigstens daran kann niemand drehen.

Im umgekehrten Verhältnis zur Unwesentlichkeit des Wetters (lediglich für Zuckerrübenanbauer und Weingärtner geht es um die Existenz) steht die Popularität der Präsentatoren. Führend ist eine junge Schweizer Truppe, die seit zehn Jahren mit flotten Formulierungen aus Wolkenkuckucksheim richtig gutes Geld macht.

Vor uns aber ereignet sich allabendlich das kleine Ritual der Dankbarkeit: Die horriblen Nachrichten samt Hintergründen sind verrauscht, der Moderator bemüht seine Pointe zur Nacht. Es kommt wie ein Ersatz-Amen – das erlösende Wort: das Wetter.

Alles Humor

Recht haben Sie. Wetterfrösche und ihre Prognosen, alles goldrichtig. Wer richtet sich aber nach ihnen? Lieber hinein in Stau und Unfall! Sehr geschickt setzt Susanne Offenbach dann alles auf Humor: „Und schuld daran ist nur die SPD“.

Paul Jensch, Ulm

Ich kann und will den Haselnußpollen zwar das Fliegen nicht verbieten, und ich bin auch nicht in der Lage, das Ozonloch zu stopfen. Aber ich bin doch den Zeitungen und dem Rundfunk für Hinweise auf Pollenflug und Ozonwerte sehr dankbar. Dadurch bin ich in der Lage, an den betreffenden Tagen dem Gröbsten auszuweichen. Deshalb sollte man auf keinen Fall auf die Wetterhinweise verzichten.

Helmut Renz, Stuttgart

Die Fachleute selbst sind ihren Vorhersagen gegenüber nicht unkritisch. Schließlich müssen sie ihre Leistungen wie eine Ware verkaufen, an Wirtschaft und Landwirtschaft, Autoclubs und Zirkusunternehmen, Gerüstbaufirmen und Kliniken. Aber auch vergangene Wetterlagen liegen haargenau und blitzschnell zur Auskunft bereit – für Romanciers wie für Rechtsanwälte oder Versicherungen.

Weltweit kosten die 100 000 Wetterbeobachter im Jahr geschätzte zwei Milliarden Dollar. In diesem Preis sind auch die neuesten Satelliten enthalten, die in 36 000 Kilometer Höhe, mit leistungsfähigsten Computern ausgerüstet, die Meeresgebiete beobachten.

Ein Fortschritt, der Naturkatastrophen nicht verhindern, aber frühzeitig vor ihnen warnen kann.

Wir indessen halten es für angebracht, mit Bauernregeln zu kokettieren („Kräht der Hahn auf dem Mist, ändert sich's Wetter, oder es bleibt, wie's ist“) oder die Wetterleute mit Laubfröschen zu vergleichen.

Aber nachdem es gelungen ist, diese nahezu auszurotten, mag es immerhin ein Zeichen nostalgischen Respekts sein, nach der nackten Amphibie auf der Leiter wenigstens benannt zu sein.

...und wie ist das Wetter bei euch?

21. März 1982

Hänschen peep einmal

Der Titel hört sich an wie ein wohlbekanntes Versteckspiel der Kinder. Die Väter haben ihn ausgeliehen: Hans peept; das heißt, er schaut verstohlen hin.
Und zwar zur Peep-Show, jener Groschen-Glotze, die mittlerweile zu städtischen Bahnhöfen gehört wie die Schwarzfahrer – ungern gesehen, aber unausrottbar.

Unausrottbar? Sollten die Billig-Etablissements, kaum aus Amerika importiert, schon wieder geschlossen werden?

Die deutsche Lustszene horcht auf, seit das Bundesverwaltungsgericht in Berlin ein Urteil gegen die Peep-Shows gefällt hat. Sie seien, weil sie den dort auftretenden Frauen eine entwürdigende, objekthafte Rolle zuwiesen, „nicht genehmigungsfähig". Sie verletzten die Menschenwürde.

Die Peep- und Porno-Branche horcht wohl auch deshalb auf, weil sie das nicht gewöhnt ist, daß ihr freies Feld umgegraben, daß ihr überhaupt etwas verboten wird.

Denn gewöhnlich wird Gewinn gemacht in erogenen Zonen.
Zwar genehmigen die Gemeinden durchschnittlich nur zwei von zwei Dutzend Anträgen. Wer aber die „Singspielgenehmigung" einmal hat, der tritt mühelos ein in den Klub der Personaldarbieter mit „gewerbsmäßiger Zurschaustellung von Personen". Für fünf Mark fünf Minuten gierige Blicke ausschließlich von draußen nach drinnen, Lust als bloße Einbahnstraße, als Billigbefriedigung zwischen zwei Terminen, vor oder nach der Arbeit. Fünfhundertfach pro Tag.

Das ist widerlich und unwürdig, keine Frage.

Die Kritiker: Die Diskussion um die Freigabe der Pornographie, vor zehn Jahren begonnen, ernte nun ihre bitteren Früchte. Die Liberalistischen von einst, voran die

25. September 1988

PorNO ?

Wenn es um Pornographie gehe, seien Frauen befangen,
Männer dagegen kompetent.

Schenken wir uns die besondere pornographische Zuständigkeit der Geschlechter. Wichtiger ist, daß die Pornographie 13 Jahre nach ihrer eingeschränkten Liberalisierung wieder ins politische Gerede gekommen ist.

Alice Schwarzer: Pornographie sei vom Übel, so sehr, daß von PorNO am Ende nur ein klares NO übrigbleibt.

Wie das denn? Als die Apo-Generation Freiheiten, Freiräume, Freizügigkeiten – besonders moralischer und sexueller Art – freikämpfen wollte, wurde das Sexualstrafrecht liberalisiert, der Abtreibungsparagraph 218 weiter gefaßt, die Ehescheidung erleichtert; auch das Pornographieverbot gemildert.
Und heute – alles vergebens?
Kommando zurück?

Es gibt diese Stimmen. Es gibt Leute wie Alice Schwarzer,
die sagen: Wir haben uns geirrt. Wir sind den falschen Weg gegangen. Wir sind am Ende unseres Lateins.

Wahr ist zweifellos, daß gewalttätige Pornographie immer größere Verbreitung findet (selbst auf Schulhöfen wird sie massenhaft gehandelt). Und die Auswüchse, bei denen Frauen als Menschen minderer Klasse, als Lustobjekte mißbraucht und gefoltert werden, nehmen immer widerwärtigere Formen an.
Die Anklägerinnen gehen noch weiter: Porno wirke enthemmend, bereite sogar der Vergewaltigung von Frauen und Mädchen den Weg.

Aber es gibt auch Gegenargumente, Gegenrechnungen: Abnahme der Vergewaltigungen in den letzten Jahren um 20 Prozent. Statt 7000 mal, man denke, „nur" noch ungefähre 5600 mal.

Der Chef der Bundesprüfstelle für jugendgefährdende Schriften meint, die eingeschränkte Freigabe von Pornographie habe sich bewährt. Nur die Möglichkeiten, gegenüber den harten, menschenverachtenden Pornos durchzugreifen, müßten effektiver werden.

Auch die bedächtige Familienministerin Süssmuth zögert:

Feministinnen, hätten damals freie Liebe gefordert und riefen heute nach Verboten. Das alles sei vorhersehbar gewesen.

Solche Auswüchse waren aber vor zehn Jahren nicht vorhersehbar. Das ist die Klugheit der Räte nach dem Rathaus. Zur Erinnerung:

Damals begann gerade die Diskussion um die Pille. Und was wurde da nicht alles prophezeit – von allgemeiner Hurerei über grassierende Geschlechtskrankheiten bis zum Untergang des Abendlandes.

Heute wird soviel geheiratet, über Treue, Zweisam- und Zärtlichkeit nachgedacht wie schon lange nicht mehr. Und – die größere sexuelle Freizügigkeit und Offenheit hat eben auch sehr viel an Kenntnis und Wertschätzung der Geschlechter und beileibe nicht nur Mißbrauch bewirkt. Präsident Heinemann hatte schon recht: Der Staat ist nicht der Tugendwächter.

Werbung mit Mädchen – indiskutabel

Er hat in den Schlafzimmern der Nation nichts verloren. Das heißt ja nicht, daß nicht ganz entschieden gegen Auswüchse vorgegangen werden kann und soll.

Der Gärtner stutzt der Pflanze die geilen Triebe, er wird deshalb nicht gleich den ganzen Baum abhacken.

Die Peep-Shows gehören sicher zu den entbehrlichen Einrichtungen. Darüber wird man sich schnell einigen können.

Gefährlicher dagegen, weil sie im appetitlichen Gewand des Harmlosen daherkommt, ist eine bestimmte Sorte Werbung. Nämlich die, die zum Beispiel Regenmäntel fünf züchtigen Mannequins anzieht. Dazwischen ein kleines Mädchen, das ziemlich sicher unter seiner Regenhaut nackt ist.

Die ganze Phantasie soll sich mit der Frage beschäftigen: Ist sie oder ist sie nicht?

Kindersex als Kleiderverkäufer – da hört der Spaß auf.
Bei Hänschen peept's wohl.

„Zu einem totalen (neuen) Verbot kann ich nicht ja sagen." Das aber will Alice Schwarzer.

Sie hat mit ihren Redaktionsschwestern von „Emma" einen Gesetzestext formuliert. „Wer Frauen oder Mädchen durch Herstellung, Verbreitung und Öffentlichmachung von Pornographie in ihrem Recht auf Würde und Freiheit, körperliche Unversehrtheit oder Leben verletzt, ist zum Ersatz des daraus entstehenden Schadens und zur Unterlassung verpflichtet."

Ginge das durch, wäre jedenfalls eins völlig sicher: Der Numerus clausus für Jurastudenten könnte ab sofort aufgehoben werden.

Also Pornos verbieten? Den Staat wieder zum Hüter von Moral und Anstand machen, Polizisten wieder in Buchhandlungen und Galerien schnüffeln schicken? Und dann das alte Dilemma, daß dem einen Zeitgenossen ein Akt als Kunst, dem anderen als Schweinkram gilt. Harte Pornos können heute schon verboten werden, aber die Grenzfälle?

Aktbilder – Kunst oder Schweinkram ?

Bedrückend ist die zunehmende Gewaltbereitschaft, die harte Pornos darstellen. Wenn eine Sache, die mit Sympathie, womöglich sogar mit Zuneigung und Liebe zu tun hat, derart verkommt, muß das tiefere Gründe haben, die mit Verboten nicht zu greifen sind.

Zu jedem Menschen gehören Aggressionen, die aber oft verteufelt oder verdrängt werden. Im Alltag wäre persönlicher Protest ein Mittel gegen Pornographie:
Beim Sechstagerennen hat der Protest gegen die widerlichen Kaschemmen geholfen, Taxifahrer mit lästiger Werbung kann man wegschicken.

Dem Zeitschriftenhändler darf man ruhig die Meinung sagen.
So etwas hilft vielleicht.

Entrüstetes Wegschauen nützt auf keinen Fall.

13. November 1983

Ein gutes Jahr

Goldener Oktober, Jahrhundertsommer – das sind die Attribute für dieses Jahr, das nun endgültig seine Buntheit ablegt und Nebelgrau aufnimmt.

Es war, es ist eines der schönsten seit langem.

Ob nun seit hundert oder weniger Jahren, das mögen die Meteorologen auszählen. Wir können es pauschal nehmen als Ereignis, wie es nur wenige gibt.

Mein Verdacht ist aber, daß manche von uns solche besonderen Ereignisse nicht genügend schätzen. Ist der Sommer schön, dann ist es zu heiß; ist der Oktober golden, so ist er zu trocken. Fällt die Ernte reichlich aus, wie im letzten Jahr, dann verdirbt das die Preise; brechen die Bäume einmal nicht gerade unter der Last der Früchte zusammen, muß man über den Mangel jammern.

So gesehen gibt es immer einen vermeintlichen Grund zum Lamentieren. Mäkelnde Unbescheidenheit als Mode, die man trägt.

Wer heutzutage auf die Allerweltsfrage „Wie geht's"? mit „Ausgezeichnet" antwortet, muß fast schon ein schlechtes Gewissen bekommen, angesichts der Larmoyanz, die eingerissen ist. Klagen als Angewohnheit.

Diejenigen werden mich eine unerträgliche Schönfärberin nennen, die jetzt an Krisen und Katastrophen denken, die uns jedes Jahr bereithält. Kriege, Invasionen und Erdbeben, Raketen- und Bildungsdiskussionen haben die Meinungslager bis zum Siedepunkt aufgeheizt. Da gibt es nichts zu lachen und auch nichts zu danken, wie es scheint. Aber darf man sich – abgesehen davon, daß es niemand durchhalten kann – von den Sorgen der Welt so bedrücken lassen, daß man selbst nicht mehr die Schönheiten um sich herum wahrnimmt?

Oder liegt hier einfach Gleichgültigkeit vor, dieses Zerrinnenlassen von Tagen und Bildern – eines wie das andere vergeht, ohne Spuren zu hinterlassen?

Müssen wir nicht dafür sorgen, daß wir beeindruckt werden, uns beeindrucken lassen? Und zwar

26. Juli 1998

Handy & Co.

„Niemand kann zwei Herren dienen."
Mt 6,24

Ach, wenn es doch nur zwei Herren wären, denen die zeitgerechte Automobilistin dienen dürfte!
Wer heutzutage Freude am Auto hat, sollte sich von TP, ASR, ESP oder Nav-Menü nicht schrecken lassen. Im Gegenteil.

Wer ein Autoradio, Navigationssystem, Telefon und Checktaste sein eigen nennt, dem wird es nie wieder langweilig im Auto. Will die Ampel partout nicht auf Grün springen oder steht man gar im Stau – dann gleicht das Auto einem elektronischen Fitneß-Studio. Ein Personenkraftwagen der gehobenen Sorte ist heutzutage ein ausgiebiger Elektronik-Spielplatz. Allerdings einer der Gefahrenklasse 1 mit *.

Es ist schon bestechend:
Zum Sound der Hifi-Anlage gleitet die Maschine im dichten Verkehr, dezent gibt eine sympathische Stimme Richtungsanweisungen, ein kurzer Blick aufs Display mit dem Pfeil: demnächst links abbiegen.

Da klingelt das Telefon, ein Termin muß verschoben werden. Gut, daß man das unterwegs erfährt, das erspart ... Vollbremsung.

Da hätte man doch fast den Gegenverkehr ... aber es flackert ASR und zeigt an, daß man Spur gehalten hat. Schleudern ist nicht mehr.

Komfort-Kommunikation gehört zu den beliebtesten Extras im Auto. Verkehrsexperten finden das nicht immer komisch. „Verkehrsblindzeiten" nennen sie die Sekunden zwischen dem Ablesen der Tankuhr (1,5 Blicke à 1,04 Sekunden), Wegweisung an der Autobahn beachten, Digitaluhr ablesen und Radio justieren. Mit Navigationssystem und Telefon kommen da leicht 45 Sekunden zusammen.

In dieser Zeit legt eine Limousine bei Tempo 120 fast zwei Kilometer zurück. Von diesen registriert der Fahrer rund 750 Meter nur unterbewußt. So weit die objektiven Gefahren.

Und der Nutzen? Gib mir den Rap oder die Rhapsody in Blue. Das Radio beschwingt und zaubert ein Lächeln auf's Gesicht.

nicht nur von Katastrophen, sondern auch von Schönem; daß wir die Umstände aktiv schätzen, unter denen wir leben – und wenn es „nur" ein makelloser Sommer ist?

Menschen, die persönliches Leid erfuhren in diesem Jahr, lesen so einen Text gewiß auch anders als die relativ Unbehelligten. Eine überwältigende Kulisse macht eigenen Schmerz manchmal eher noch schwerer erträglich.

„Wie geht's ?" „Ausgezeichnet !"

Aber auch, wer sich über die Tage schleicht, weil es für ihn wenig zu jubeln gibt, mag getröstet werden vom Gleichmaß sommerlicher oder herbstlicher Tage. Einer so schön wie der andere, reichten sie eindrucksvoll bis weit in den November hinein.

Ich will Wetter nicht überbewerten. Aber wenn es so zuverlässig ist wie selten in unseren Breiten, dann kann das auch auf die Gemütslage durchscheinen. Sollte es jedenfalls. „Dies ist ein Herbsttag, wie ich keinen sah!"

Gelassenheit könnte man lernen von dieser Jahreszeit; Genießenkönnen sollte man abschauen von manchem Sommerabend, der uns das Genießen so nahe legte.

Das eigene Leben und das anderer zu pflegen und zu kultivieren – zu solchen Gedanken könnte uns dieser Sommer und Herbst angeregt haben. Wie singt Reinhard Mey? „Ich glaub´, es war ein gutes Jahr."

Nicht so pessimistisch

Was ist Larmoyanz? Wir „Alte" verstandet des nemme, und de „Jonge" wohl au net!

Helmut F. O. Müller, Blaustein

Ich möchte Ihnen heute endlich einmal persönlich sagen, wie sehr ich mich auf Ihre sonntäglichen Gedanken freue. „Ein gutes Jahr", wie wahr und fein empfunden! Nicht wahr, man muß gar nicht so unglücklich und pessimistisch sein, wenn man nur Sinne und Herz für all das Schöne offenbehält.

Heltondis Landen-Dorsch, Forst/Weinstraße

Bravo und Dank, Kompliment und Zustimmung zum „Guten Jahr". Ihre Plü.

Elisabet Plünnecke, Stuttgart

Das Display mit Check ist hilfreich. Und erst das Navigationssystem! Wer je die entspannende Wirkung dieser freundlichen Stimme im Straßengewirr gehört hat, wird ihr verfallen sein. Ende der Kartenzeit auf den Knien.

Mit Handy, Display und Navigationssystem. Aber ...

Bleibt das Handy. Eine der besten Erfindungen seit Alexander Bell. Diese Bewertung, ich weiß, ist gesellschaftlich unkorrekt. Es ist chic, sich über die Angeber zu mokieren, die das Ding im Restaurant bimmeln lassen.

Aber schlecht benehmen kann man sich überall. Warum soll man im Zug nicht telefonieren? Herrscht da vielleicht Sprechverbot? Oder an der Straßenecke? Nur im Auto, da müßte das Ding so verboten sein wie im Flugzeug.

Wer die starken Stenze beobachtet, wie sie linkshändig lenken, rechts das Teil mit hochgezogener Schulter einklemmen, als seien sie spastisch, mit der Hand das Radio leiser stellen, und brüllen, weil der Empfang schlecht ist, dann wünscht man sich weit weg von den Lümmeln der Landstraße.

Eigentlich ist es ganz einfach, und andere Länder machen es vor: Telefonieren nur mit Freisprecheinrichtung (wie in Dänemark, der Schweiz, Italien). Navigation programmieren nur im stehenden Fahrzeug möglich, Elektronik abhängig geschaltet, so daß wichtige Mitteilungen Vorrang haben.

Bleibt da überhaupt noch Aufmerksamkeit für den Verkehr? Das ist ja das Problem.

Da darf man gerne bei den viel zu vielen Schildern beginnen. Die Stadt Selm im Münsterland hat von 1100 Schildern über Nacht sechshundert verhüllt wie Christo – und keiner hat etwas vermißt. 400 wurden sofort demontiert.

Das ist der beste Beitrag zum konzentrierten Autofahren. Außer der eigenen Aufmerksamkeit natürlich, die so oft überschätzt wird.

Für die Polizei wird es freilich jetzt komplizierter:

Wer Schlangenlinien fährt, ist nicht unbedingt besoffen. Jedenfalls nicht notwendigerweise von Alkohol, vielleicht nur von Elektronik.

31. Dezember 1995

Lust auf Zukunft

Sie ist auch nicht mehr, was sie mal war – die Zukunft.

Früher konnte sich der Großvater mit einem neuen Haus bis ins dritte Glied verschulden und dabei sicher sein, daß sein Enkel dies auch gutheißen und fortführen werde.

Wer heute in die Zukunft investiert, kann nicht einmal sicher sein, daß er selbst das dereinst noch für richtig halten wird, geschweige denn für fortführenswert.

Das Zeitkarussell dreht sich schneller. So schnell, daß vielen schwindlig wird. Zukunftsangst macht sich breit.

Was kann man tun? Die Decke über den Kopf ziehen oder diesen in den Sand stecken? Man könnte sich eine Prognose pendeln lassen oder Esoterikbücher kaufen (diese Abteilung ist seit Jahren der Renner).

Vom magischen Datum der Jahrtausendwende trennen uns heute genau lächerliche vier Jahre. Das spielt eine Rolle: So eine runde Zahl trifft mitten in den Bauch, da schaltet der Kopf vorübergehend ab. Endzeitstimmung.

Tatsächlich ist Zukunft keine naive Verheißung mehr. Der Begriff ist durch inflationären Gebrauch zerschlissen.

Also: Zuversicht statt Zögerlichkeit, tun statt unterlassen. Derzeit wirkt das Land wie in einer Art Winterstarre. Selbst die Partei, die sich „als politische Kraft mit Gestaltungswillen" versteht, formuliert: „Wir wollen, wir müssen, wir werden..." Hier klingt die CDU wie der verblichene Sozialismus. Da beschwörte man auch die Zukunft, anstatt die Gegenwart anzupacken: Man wollte nur immer, aber man machte (oder konnte) nicht.

Beispiel Arbeitsplätze: „Die Arbeitskosten müssen runter durch weniger Steuern, einen Umbau des Sozialstaates, durch Leistungsanreize und weniger Reglementierung." Ja, sie müssen. Aber sie sind es nicht. Worauf wartet diese Regierung?

Und: Wie ausgedünnt von Arbeitsplätzen muß dieses Land noch werden, bis die Gewerkschaften die Zeitenwende begreifen?

Die sogenannte Massengesellschaft zerfällt. Die modernen Medien lösen sozial, kulturell und wohl auch politisch die großen Einheiten

22. Oktober 1989

Zum Fressen gern

Meine alte Lehrerin ist immer ausgerastet (damals nannte man das nur noch nicht so), wenn sie mit ihrer Horde Mädchen beim Schulausflug auf eine Eisbude stieß: Schlürfend, schmatzend, schleckend und kleckernd sollte es weitergehen. Das hat sie abgelehnt.

Eis ja, aber dann Pause. Eis auf der Straße, Kaugummi im Museum waren ihr ein Graus.

Wie mag die alte Dame heute leiden! Der Magen muß sich ihr umdrehen. Die Fußgängerzonen zur Mittagszeit gleichen Mampfmeilen. Menü für zwei Fäuste mit aufgesperrtem Rachen und dem Zischen einer Coladose – schmatz, trief, rülps! Fastfood heißt die Freßmode im Gehen. Pizzastände, Pommesbuden, Hamburgertheken und fast alle Bäcker- und Metzgerläden rücken die schnelle Stulle rüber. Das Softeis tropft aufs Trottoir – Gipfel der Gastronomie!

Was sparen die Menschen, die im Gehen essen? Zwölf Minuten und dreißig Sekunden? Und was machen sie damit?

Ich habe eher den Eindruck, es handelt sich um die Sucht nach unverbindlicher Geselligkeit. Man is(s)t unter Leuten, aber nicht so distanziert wie im Restaurant. Und man tut mehrere Dinge gleichzeitig – auch so eine Seuche: essen und gehen, essen und fernsehen, essen und reden. Und so tut man dem Gewalt an, was mit Sorgfalt zubereitet und in Ruhe einverleibt werden will, dem Essen.

Gastlichkeit im Gehen – eine öde Sache

Die promovierte Form dieser Unart ist das Arbeitsessen. Entweder ich arbeite, oder ich esse. Arbeitet man wirklich, was meist auch mit reden verbunden ist, so bleibt mir der Bissen im Halse stecken oder gleich auf dem Teller. Esse ich, so will ich genießen, was da kommt.

auf: Volkskirche, Volkspartei, Einheitsgewerkschaft drohen an ihrer plumpen Eigengesetzlichkeit zu erstarren – und schließlich zu scheitern. Kleinere Interessengruppen bilden sich. Maßanzug statt Konfektion, heißt das künftige Muster.

Das bedeutet für den einzelnen mehr Verantwortung. Nicht „die" Familie, „der" Verband nimmt sie wahr, sondern jeder einzelne, ein Klub, eine Arbeitsgruppe, eine Region schließen sich (auf Zeit) zusammen.

Als Gutenberg den Buchdruck erfunden hatte, war das das Ende der feudalen Welt. Seit Satelliten die Informationen rund um die Erde tragen, werden es totalitäre Regime schwer haben. Aber auch unser System verliert ohne das Gegenlicht des Ost-West-Vergleichs an Leuchtkraft.

Den „Systemen" geht es wie den Massenorganisationen: Sie müssen sich, wollen sie überhaupt überleben, von neuem begründen – die alten Gründe gelten nichts mehr.

Halten sich Chancen und Risiken die Waage ?

Welchen Lebensbereich man auch betrachtet, die Chancen und die Krisen halten sich die Waage. Der Christenmensch könnte sich von einer Predigt ermuntert fühlen:

Der Engel habe schließlich nicht gesagt: „Ich verkünde euch ein großes Problem." Er sagte: „Ich verkündige euch eine große Freude!" Für alle anderen gilt: Alles verändert sich. Die Zukunft aber – die verlockende, die beängstigende –, sie bleibt.

Vom magischen Datum der Jahrtausendwende trennnen uns nicht „genau lächerliche vier Jahre". Es sind noch fünf Jahre , bis die Jahrtausendwende erreicht ist. Das erste Jahrhundert einer Zeitrechnung umfaßt die Jahre 1 bis einschließlich 100, das zweite die Jahre 101 bis 200 usw.
Das 20. Jahrhundert der Zeitrechnung n. Chr. hat demnach mit dem 1. 1. 1901 begonnen und wird mit dem 31. 12. 2000 enden.

Martin Bültge, Besigheim

Die „verkündete große Freude" ist doch ein leibhaftiger Mensch gewesen. Dazu einer, dessen Gesinnung für die Zukunft durchaus beachtenswert ist. Der Phantasie, dem Können, dem festen Willen des Menschen werden dadurch keine Grenzen gesetzt, wohl aber wird eine Richtung gewiesen.

Aloisia Polk, Korntal-Münchingen

Dem Bauch und der Seele möge es bekömmlich sein. Warum kann man nicht erst arbeiten und dann essen – zur Belohnung, zur Entspannung? In Frankreich, in Italien ist das so. Bei uns gibt es Notizblock und Termintabellen zwischen Porzellan und Silberbesteck. Banausen!

Ein simpler Snobist ist, wer das tägliche Brot und seine vielfältigen Variationen mißachtet. Erntedank hat mit Denken kaum etwas zu tun.

Im Syltsommer diesen Jahres trafen sich die feinen Flaneure an den Stehtischchen eines bestimmten Bistros. Man nippte vom Feinsten und schüttete den Schampus in die Blumenkübel wie Weihwasser. Küßchen, Küßchen – nächste Markise, nächstes Häppchen. In diesen Kreisen werden Abmagerungskuren gehandelt wie Börsenkurse – Hollywood-Diät out, Buchinger in. Eßzwang, Erbrechen und Magersucht grassieren gerade unter höheren Töchtern. Wie weit ist es von dort bis zu den Refektorien jener Ordensleute, die beim Essen zu schweigen hatten!

Auch wenn man es nicht so streng sieht, sollten sich Tischgespräche dem Sinn der Zusammenkunft unterordnen – dem Essen.

Wie aber darf man sich Gastlichkeit gar im Gehen vorstellen, möglichst noch mit Musik auf den Ohren? Walkmeal mit Walkman. Eine verdammt öde Sache.

Diesem Trend gegenüber steht die seit Jahren steigende modische Verfressenheit. Restauranttester und Zeitschmecker sind die Hätschelkinder der Society, Kneipiers und Köche knicken vor ihnen in die Knie.

Und was bringen sie hervor, die Kenner der Kochtöpfe? Daß man in Kloten tagesfrische Schokoladentrüffel kauft oder auf dem Boulevard Saint-Germain Pralinen in Goldblechkästen mit Klimakammer (Preis rund tausend Mark).

Juwelen für den Gaumen oder Plastikpampe in den Bauch – was ein Glück, daß wir das alles haben und noch ein bißchen dazwischen.

Freiheit, ich hab dich zum Fressen gern!

7. April 1996

Lack ab !

Die Schrift war an die Wand gesprüht: „Ostermarsch sucht Friedenshase". Das mag zwar aktuell sein, sonderlich originell ist es nicht. Teuer kam die Sache auf jeden Fall, denn Sprühlack und Sandstein gehen eine innige Verbindung ein.

So ist das allerorten: Allein der Etat der städtischen Tiefbauämter für die Farbentfernung reicht jedes Jahr von 150 000 Mark in der Provinz bis zu 60 Millionen in Berlin, der Sprayer-Kapitale.

Besonders betroffen ist die Bahn. Denn in Sprayer-Kreisen gilt eine fahrende S-Bahn so viel wie ein Indianer in voller Kriegsbemalung. Dafür tarnt sich eine „Monster-Crew" schon mal mit geklauten Jacken von Bahnarbeitern und schlägt sich lange Nächte mit harter Arbeit um die Ohren. Wen die Polizei in flagranti erwischt, darf sich auf satte fünfstellige Rechnungen gefaßt machen.

Und das alles für ein paar zackige Buchstaben, dunkel umrandet, ein Gebiß dazwischen, eine Faust mit Pistole, selten konkrete Texte – aber fast immer eine Signatur. Die Szene kennt sich, ihre Helden sind anonym und bekannt zugleich.

Schmierereien! So schimpfen viele, die mit Zug oder Straßenbahn fahren. Sie finden die Muster scheußlich (oft sind sie auch einfach schlecht und ungekonnt), vor allem aber ärgert sie die Sachbeschädigung. „Da könnte ja jeder kommen und mein Haus anmalen, wie es ihm paßt."

Aber das ist ja das Auffallende: Omas klein Häuschen wird eben nicht beschmiert. Eher öde Mauern, gewalttätige Brückenpfeiler und menschenverachtende Maulwurfsgänge, die sich als Unterführungen tarnen – die sind ebenso wie Ruinen Lieblingswände für Graffiti-Sprayer.

Graffiti witzeln über mißlungene Bauten. Sie beleben Städte, wo sie am häßlichsten sind.

Am verhüllten Reichstag von Christo hat es nicht ein einziges Graffito gegeben, auch an kühnen Baukonstruktionen sind sie eher selten oder dort, wo menschliches Maß die Dinge dominiert.

Es ist doch eher so: Graffiti beleben die Städte dort, wo sie am

25. Dezember 1983

Zumutung !

Wie steht es mit der Neugier und der Geduld, auch Ungewohntes aufzunehmen, anzuhören und verstehen zu wollen? Im Bereich der Kunst lausig.

Dabei muß man zunächst feststellen, daß die Künste noch nie so viele Chancen hatten wie heute. Öffentliche Förderung und privates Kaufinteresse, Ausstellungen, Aufführungen – die Kulturkalender sind erfreulich umfangreich und vielfältig. Offenbar finden diese Aktionen und Angebote auch ihr Publikum, sonst wären sie nicht.

Aber was passiert, wenn Kunst im öffentlichen Raum aufgestellt wird? Sobald sie sich geringfügig vom Gewohnten abhebt, beginnt augenblicklich ein Gezeter ohnegleichen. Fast jede Stadt hat da ihre Erfahrungen, fast jedes Zeitungsarchiv seine prallvollen Aktenordner. Volkes Stimme – Gottes Stimme?

Man nehme den Theaterneubau in Karlsruhe, Moores Liegende und das Calder-Mobile in Stuttgart oder – der Ärger hat Tradition – Lehmbrucks „Knieende", die bereits 1927 aus den Augen der empörten Duisburger entfernt wurde.

Von heute her gesehen ist diese Plastik so harmlos wie die Kopenhagener Meerjungfrau. Aber damals schrie die Volksseele auf: dekadent, überspannt, entartete Kunst.

Die Ausdrücke, mit denen heutige Bildwerke weggeschimpft werden, sind ähnlich differenziert: „Monströs, primitiv, von hündischer Dekadenz!"

Auffallend an der verbreiteten Erregung (vom Künstler nicht selten beabsichtigt) ist die Schärfe der Aggression. Werden hier womöglich eigene Unzufriedenheiten auf das Kunstwerk übertragen? Meinen am Ende Künstler und Betrachter das gleiche, nämlich, daß ein mangelhafter Zustand angeprangert werden muß?

Nur: Der Künstler drückt es mit seinen Mitteln aus, und der Betrachter möchte die Misere nicht dauernd vor Augen haben. Er sucht „das Schöne, Wahre, Gute" und das hat, nach noch immer landläufigem Mißverständnis, die Kunst zu bieten.

Diese aber, je wahrer sie ist, entzieht sich solcher Erwartung. Es kann auch nicht ihre Aufgabe sein, dafür zu sorgen, daß der Bürger und der Politiker ihre Ruhe häßlichsten sind. Sie ironisieren die Betonwüsten und witzeln über mißlungene Bauten.

Unvergessen sind die schlaksigen Figuren, die Gitterfenster umarmen, vom ersten Sprayer Harald Naegeli aus Zürich. Er hat jetzt in Wismar sechzig Sprühbilder aufgebracht, die bereits unter Denkmalschutz stehen. In der Schweiz sucht ihn der Staatsanwalt.

So verschieden können die Ansichten sein: Die Stadt Rüsselsheim läßt sich eine Unterführung, besprüht von Helge Steinmann von der Frankfurter Agentur „Oxygen", 20 000 Mark kosten.

Das heißt, die Illegalen sollen eingebunden, die Qualität gesteigert werden. Das haben auch BMW, Mercedes, Rosenthal, Fernsehshows und das Kanzlerfest begriffen: Die Sprache der Sprüher ist eine Kunstsprache dieser Zeit.

Sprayer müssen schnell sein wie Aquarellisten oder Freskenmaler. Sie haben nur einen Wurf frei. Dann sitzt die Sache – oder eben nicht. Es gibt unter ihnen einige begabte Hunde und viele Stümper.

Aber warum sollte die Schablonen-Seligkeit des Malermeisters auf seiner Fassade oder die Reklamebemalung auf der Straßenbahn weniger optische Umweltverschmutzung sein als Graffiti? Sie sind es nicht. Trotzdem sind sie Sachbeschädigung.

Und dabei muß es – vom Grundsatz her – bleiben. Wer vor dem Verursacherprinzip Reißaus nimmt oder wer den nächtlichen Kick braucht, um die Gesellschaft zu provozieren, der muß nun mal mit Strafe rechnen.

Aber die Gesellschaft darf sich auch fragen, was für provozierende Bauten sie uns zumutet. Viele Städte und Gemeinden geben ihre selbst erkannten Häßlichkeiten bereits zum legalen Sprühen frei, und einen Bildband mit den gelungensten „pieces" gibt es auch schon. Immerhin hat auch Keith Haring im Untergrund begonnen; heute sind seine Originale unbezahlbar.

Wer die Schmuddelkunst trotzdem nicht schön findet:
In Schweden wurde ein Anstrich entwickelt, mit dem man Lack abwischen, notfalls ablecken kann. Seine Grundsubstanz ist ganz süß: Zuckerwasser.

haben oder sich nur ja nicht in ein geistiges Wagnis zu stürzen brauchen. Eher das Gegenteil.

Das heißt nun nicht, daß gleich ein Kulturbanause sei, dem nicht vor jedem neuen wilden Gewische heilige Schauer über den Rücken laufen. Auch die Tatsache, daß heutzutage besonders viel Kunst produziert wird, bedeutet nicht, daß dies alles von epochemachender Qualität sei. Aber es ist eben auch nicht nur teurer Schrott.

Nehmen wir diese unumstrittenen Reiterstandbilder mit kriegerischen Despoten drauf – können die nicht genauso anmaßend sein?

Wer bestimmt, was wir uns künstlerisch zumuten sollten und warum? Wenn man Fachleuten glauben will, gibt es auf diesem Gebiet so viel zu lernen wie auf dem der sogenannten exakten Wissenschaften. Es gibt Maßstäbe für Kunst. Die muß man sich zwar nicht zu eigen machen, aber vielleicht wenigstens einmal zur Kenntnis nehmen.

Solch erklärenden Brückenschlag versuchen Museen, Künstlerinitiativen und Medien.

Es geht nicht darum, daß jeder alles gut finden soll. Sondern darum, daß er das, was ihm nicht paßt, zunächst einmal toleriert.

Toleranz meint aber nicht nur Dulden und Schweigen, sondern aktiv um Verständnis bemüht sein. Viel verlangt? Ja.

Aber wir verlangen ja auch viel von den Künstlern:
Nicht weniger als gültige Aussagen zu unserer Zeit.

SEIT ICH WIE DIE SPRAYER SCHREIBE, SIND MEINE ROMANE ESSENTIELL UND WERDEN AUCH NOCH GELESEN.

26. Juli 1992

Kultur-Kühe

Heilige Kühe sind in unseren Breiten zum Schlachten freigegeben. Nicht, weil man hierzulande besonders blutrünstig wäre. Es fehlt am Geld, sie weiter durchzufüttern.

Sparen kann man entweder überall, nach dem Prinzip FdH, oder nach Schwerpunkten – manches ganz streichen, um sich anderes noch leisten zu können.

Beispiel Kultur: Sie ist ein schönes Kind des Wohlstands, gut genährt und prächtig gediehen in den fetten Jahren. Zu keiner Zeit hat es so vielfache Förderung gegeben – für Orchester und Solisten, für alte Instrumente und junge Stipendiaten, für Theaterensembles und Clownerien, für Büchereien und Bildungsurlaub, für Kunststücke in Tradition und Experimentelles. Kaum eine Initiative blieb unbezuschußt; wir wollten es so, und wir hatten es ja.

Jetzt, da es eng wird, muß sich zeigen, was uns Kultur wirklich wert ist. Die Diskussion „Kunscht oder Krombire" (Kunst oder Kartoffeln) wird aufleben, und es werden jene Mahner der mageren Jahre auf den Plan treten, die darauf hinweisen, daß auch in übelsten Perioden die Menschen mit leeren Bäuchen und einem Brikett als Eintrittskarte der Musica, der edlen Trösterin, lauschten.

**Wer Geld gibt,
muß über Qualität reden.**

Gewiß, so war das. Aber heute stellt sich das Problem anders, wir müssen nicht aufbauen, sondern abspecken. Die Ansprüche müssen runter.

Da wird es spannend. Wer entscheidet? Bisher waren Künstler

12. August 1984

Banken sind unsere Dome

Sie wären einen genauen Blick wert: die Postkarten der eigenen Stadt. Wie präsentiert sich der Ort, in dem ich lebe? Der eigene Platz aus der Touristenperspektive.

Bunt ist er, zumeist mit blauem Himmel, vor allem aber historisch. Eine Kirche, ein Fachwerkhaus sollte schon dabei sein, sonst fehlt die Schokoladenseite. Historisches ist schön, das haben wir gelernt. Wahrscheinlich ist es vor allem schön, weil es unstrittig ist.

Die Verantwortung dafür liegt bei früheren Generationen. Das beruhigt, das macht sicher.

Und unsere Sachen? Haben wir seit der letzten Zerstörung nichts zustande gebracht, was sich herzeigen ließe? Was werden unsere Enkel von den Bauwerken der siebziger und achtziger Jahre für restaurierungswürdig finden?

Und – falls es so etwas gibt – warum zeigen wir es nicht schon heute auf unseren Ansichtskarten? (Ausnahmen: Fernsehturm, Olympiadach.)

Ich habe natürlich auch nichts gegen Restaurierung historischer Substanz. In den sechziger Jahren ist vor lauter „Abreißen – Bungalow bauen" sicher eine Menge gesündigt worden. Nur, jetzt sind wir zwanzig Jahre weiter. Aber sind wir auch zwanzig Jahre klüger?

Es kann nicht darum gehen, mit Biedermeiersinn auch noch das letzte Backhaus wiederherzustellen, während zum Beispiel in den Städten die Leute schlangenweise in die Röhren gestopft werden, die Unterführungen heißen – Zumutungen an die Lebensqualität.

Hier geht es nicht mehr um Denkmal-, sondern allmählich um Menschenschutz. Diese Maulwurfsmentalität gehört auf den Tisch bei städtebaulich engagierten Gruppen. Ebenso wie jene Hochhäuser, von denen selbst in stadtfernen Dörfern noch jeder Schultes eines gebaut haben muß.

Ein Kollege in Ludwigshafen muß sich besinnen, als ich ihn nach gelungenen Zeugnissen zeitgenössischer Baukunst frage. „Unsere Stadt ist erst 125 Jahre alt. Aber die Landeszentralbank, über die schimpfen die Leute zwar schrecklich, aber mir gefällt sie."

Ist sie auf einer Postkarte? Natürlich nicht. „Das würde ich auch nie wie Unberührbare. Keiner – außer der Kunstkritik – hatte sich mit ihnen zu befassen.

Und das Publikum? Ach ja, die auch noch. Eine fast lästige Dreingabe. Nach dem Motto: „Kunde droht mit Auftrag“ gelten populäre Kunststücke weithin als minderwertig. Populismus ist ein Schimpfwort in der Kunst- wie in der Politszene.

Wenn Kunst nicht nur nach Brot geht, sondern auch die Auseinandersetzung sucht, dann darf es nicht unanständig sein, wenn sich auch Politik einmischt. Ich meine, sie sollte es sogar.

Wer öffentliches Geld verteilt, muß sagen, an wen und warum. Der bequeme Weg ist, bei allen den gleichen Prozentsatz zu streichen. Das klingt gerecht, ist aber Unsinn. Denn für ein kleines Theater, das aber sehr progressiv ist, kann so etwas das Aus bedeuten, wohingegen ein orchestraler Traditionselefant kaum gepiekst wird.

Also Mut zur Meinung. Das bedeutet auch Verzicht. Nicht jedes Pflänzchen muß gepäppelt werden, vor allem dann nicht, wenn sein Wirkungsgrad gegen Null geht.

Wo sind die verschiedenartigen, strittigen, aufregenden Köpfe? Ist die Erfahrung nicht eher diese: Subvention fördert Ecken und Kanten nicht?

Schon das Ausschreibungs- und Stipendienkarussell läuft nur bei einer gewissen Paßform rund. Sperrige Naturen suchen andere Pfade. Künstler- und Unternehmergeist haben die Ungewißheit als Elixier. Pensionsansprüche nagen an der Substanz. Langlebige Staatsknete zeitigt ähnliche Folgen.

Damit ich nicht falsch verstanden werde: Der Staat soll sich keinesfalls aus der Kunstförderung verabschieden. Aber über Prioritäten darf diskutiert werden.

Raus also aus der kulturellen Kochkiste auf den Markt der Auseinandersetzung. Dort muß man sich nicht anbiedern, aber verständlich machen. Ist das zuviel verlangt?

verschicken, wenn da Filiale der Landeszentralbank draufstünde“, meint ein anderer. Beim World Trade Center hätte er diese Bedenken nicht.

Alternative Ansichtskarten – fotografieren Sie markante zeitgenössische Bauten Ihrer Umgebung!
Die Redaktion sammelt und veröffentlicht sie.

Ob es uns paßt oder nicht: Die Dome unserer Tage sind die Banken. Profitlich handeln sie übrigens beide. Weshalb also die Verklemmung?

Auch wenn es unbequem ist: Es gibt eben beides, Kirchenkitsch und Klassebauten der Kapitalisten, Museumsmuff und Fabriken von Format.

Vor lauter Unsicherheit haben sich aber zu viele angewöhnt, nur noch Vergangenes schön zu finden: Der verbliebene Rest Altertümlichkeit als der Sitz der Seele.

Wir müßten den Mut finden, auch gelungene und erhaltenswerte Zeugnisse unserer Zeit vorzustellen (und bis zum Beweis des Gegenteils bin ich nicht bereit, zu glauben, daß es keine gibt). Die Geistesgegenwart unserer Leser, mit Bild belegt, möchte die Redaktion zusammenstellen – eine Galerie alternativer, nämlich moderner Ansichtskarten könnte da zusammenkommen.

Schauen Sie sich also in Ihrer Gegend um – kennen Sie eigentlich Ihre Kläranlage im Gegenlicht?

Dieses Thema war mein größter Flop und der der Redaktion dazu.
Was hatten wir uns das schön ausgedacht:
Mal etwas ganz anderes!
So kam es dann auch – ganz anders.

Auf die „Aktion" meldete sich 1 (in Worten: ein) Architekt.
Und der war in der Sache befangen.
So unkalkulierbar sind Sie, die Leserinnen und Leser. Mal meint man, den Nerv der Zeit getroffen zu haben – Funkstille.
Ein anderes Thema scheint zunächst eher harmlos – Sturm im Wasserglas.
Oh, wie gut, daß niemand weiß ...

---

30. September 1996

Service-Wüste D

Knicks und Diener, die „schöne Hand“ und das „gute Buch“ – sie sind längst aus dem Wörterbuch des pädagogisch Wertvollen gestrichen.

Aber wie wäre es mit „bitte“ und „danke“? Wie mit Aufstehen, wenn Ältere Saal oder Bahn betreten?

Wie wär´s mit Sich Vorstellen, wenn man in eine Firma kommt oder in ein Haus einzieht?

Solche Sekundärtugenden haben Seltenheitswert. Wo sie geübt werden, sind sie allerdings ungeahntes gesellschaftliches „Schmiermittel“. Und dies einmal nicht als Korruption verstanden.

Vollkommene Raritäten sind solche Zeitgenossen: Wenn die zum Beispiel an der Spitze einer Reisegruppe an die Rezeption kommen, nehmen sie auf keinen Fall für sich das beste Zimmer.

Der Firnis von Zivilisation ist hauchdünn. Dazu kommt der Denkfehler der Sozialisten:

Dienen sei dem Menschen – dem überall gleichen – unziemlich. Das Gegenteil ist richtig: Wären wir doch alle mehr Diener als vermeintliche Herren! Deshalb ist sie ein Dauerbrenner mit Unterhaltungswert und Kopfschüttel-Qualität: die Service-Wüste Deutschland.

Aber manches hat sich auch spürbar verbessert: Die Post – früher

Kollege kommt gleich

4. November 1979

Ganz schön bauernschlau

Das vertrug das Schnaufen nicht: Die Bürger stöhnen unter der Steuerlast, und die Bauern lachen sich ins Fäustchen. Sie zahlen dem Fiskus fast nichts.

Es ist ja auch wirklich nicht einzusehen, weshalb ein Wirt oder Betriebswirt oder Volkswirt zahlen muß, nur der Landwirt nicht. Ob dieses Bauernprivileg sogar gegen das Grundgesetz verstößt, darüber sollen demnächst die obersten Verfassungsrichter entscheiden.
Ganz schön bauernschlau ist das: Wenn Buchführung verlangt wird,

im Befehlston: „Müss'n Se neu verpacken, entspricht nicht der Vorschrift." Heute bietet man ein ganzes Regal voller passender Verpackungen an.

Aber – gleich Wasser in den Wein: Im Kerngeschäft hapert es noch gewaltig. So kann man im Ausland ein Telegramm aufgeben, das zwar sofort übermittelt, in Deutschland aber erst mit dem Briefträger zugestellt wird. Am Wochenende heißt das: überhaupt nicht.

Aber wofür braucht der Kunde ein Telegramm, wenn nicht für eilige Mitteilungen außerhalb normaler Zustellzeiten?

Bei der Bahn ist der Kunde inzwischen Gast. Die Mitarbeiter verhalten sich nicht mehr wie Hoheiten in Uniform. Sie sind höfliche Helfer der Reisenden.

In München kann einer sein Fahrrad waschen lassen, während er im Biergarten ein Kühles zieht.

Auf den Flughäfen Frankfurt und Düsseldorf können Dienstmänner vorbestellt werden, die auch das Auto parken oder den Ankommenden bis zum Hotel begleiten.

In der Schweiz beobachtet: Die Boutiquenbesitzerin kommt gerne nach 22 Uhr noch ins Hotel und liefert die Kleiderauswahl zum gemütlichen Probieren ab.

Denkfehler: Dienen sei dem Menschen, dem stolzen, unziemlich.

Der Umsatz belohnt ihren Einsatz. Sie ist selbstverständlich dann da, wenn die Kunden es wollen – nicht umgekehrt.

Die gewohnten Spielregeln kommen aller Orten unter Druck. Es muß umgebaut, vor allem aber umgedacht werden, und das ist das Schwierigste.

Deutschen Handwerkern (Beispiel: Sanitär/Heizung) trauen 92 Prozent der Kunden Kompetenz zu. Aber Service – pünktlich, verfügbar, sauber –, da hat jeder dritte Einwände: „Viel Unordnung und Schmutz – und das bei den Preisen!"

Eine Badewanne wird eingebaut, in den Hohlräumen bleiben Cola-Dosen, Bretter und Bauschutt liegen – ein „übliches Bild".

Aber es gibt auch die Ausnahmen. Der Handwerker mit dem Blumenstrauß: „Gutes Eingewöhnen. Und wie sind Sie mit unserer Arbeit zufrieden?"

Eine Reklamation als Chance. Dahin müssen wir kommen.

Bisher geht es immer noch wie beim Walzer linksrum: Wer nicht tanzen kann, schimpft auf die Kapelle.

können über eine halbe Million Agrarier weder lesen noch schreiben. Dann lassen sie sich schätzen wie weiland bei Augustus.

Klar, daß sie dabei einen flotten Schnitt machen, genau wie bei den Subventionen. Unterstützt wird Aussiedeln wie Dableiben, Milchvieh an- und abschaffen, Maschinen kaufen und abstoßen – ein Salto sociale mit doppeltem Netz und goldenem Boden.

Wenn die Landluft tatsächlich so gesund wäre – auch für die Finanzen –, dann zöge es mehr Leute hinaus. Aber wer will schon auf deutschen Dörfern leben mit Straßenkreuzugen von städtischen Ausmaßen, mit Bauernhäusern auf Schrumpfvilla gequält, mit Siloarchitektur und dem Duft von Intensivhaltung? Heute ist Landleben zwar nicht mehr so hart, aber es bindet bedingungslos. Das Vieh kennt keinen Sonntag, und wenn andere Ferien auf dem Bauernhof machen, hat das Landvolk Ernteeinsatz.

Die Bauern schonen sich nicht – für ihre Privilegien.

Die Brautschau wird zur Suche nach der Stecknadel im Heuhaufen, weil immer mehr Frauen noch andere Erwartungen in ihr Leben haben, als mit dem Hahn aufzustehen und in drei Berufen zu rackern. Deshalb: Wer so ein Leben auf sich nimmt, soll auch mehr dafür bekommen; auch in Mark und Pfennig. Denn diese Gesellschaft mißt nun mal den Wert der Arbeit mit Geld. Die Bauern schonen sich nicht.

Über ihre Arbeit hinaus nehmen sie für sich in Anspruch, auch Werte zu erhalten wie Heimat, Tradition oder Bindung an die Natur.

Solche Vorsätze finde ich wichtig, auch wenn die Realität in der ländlichen Landschaft oft bitter anders aussieht. Für ihren Einsatz möge den Bauern niemand ihr gutes Geld neiden. Auch wenn dazu Subventionen nötig sind.

Fallen muß eine ungerechte Steuerbegünstigung, damit die unbestreitbare Leistung der Landwirte nicht verstellt wird. Das sollte ihr eigenes Interesse sein.

16. Mai 1993

Gen Se weg damit !

Reizwort: Gentechnik. Der Geist, der aus der Flasche entweicht; der Zauberlehrling, der die Kräfte, die er entfesselte, nicht mehr beherrscht; Horrorfilme von mutierten Killerorganismen und Rieseninsekten, aus Genlabors entsprungen und gegen jedes Antibiotikum resistent – so „präzise" etwa sind Vorstellungen von der Arbeit mit den Trägern der Erbinformation.

Dabei ist die Forschung an Genen eine der wichtigsten Aufgaben für die Zukunft. Es geht um die Welternährung und die Weltgesundheit auf einer übervölkerten Erde.

Da wir uns aber weit weg von diesen Problemen glauben, meint sich die verwöhnte Industriegesellschaft, zumal in Deutschland, eine Wertediskussion leisten zu können von dem Gewicht: Wir wollen Mitbestimmung am Arbeitsplatz, auch wenn es bald keinen mehr gibt.

Gentechnologische Entwicklung des humanen Insulins, das Interferon gegen Viruserkrankungen, Therapie gegen Herzinfarkte oder Medikamente, die Dialysepatienten das Leben erleichtern – das sind vorzeigbare Erfolge und Nutzen dieses chemischen Bereichs.

US-Wissenschaftler in Bethesda und Ärzte in Schanghai forschen mit Gentherapie bei Erbleiden, Kollegen in München und Berlin behandeln Patienten mit gefährlich hohem Cholesterinspiegel. Solche Versuche gelten als unstrittig, weil den meist jungen Patienten anders gar nicht geholfen werden könnte. Wenn aber genmanipulierte Rüben, Kartoffeln oder Petunien bekannt und gar noch ins Freiland entlassen werden, gibt es dumpfe Ängste und Feldbesetzungen.

Da wundert es wenig, wenn Zeitgenossen das Genthema wegschieben nach dem Motto: Gen Se weg damit. Ich weiß wenig, aber ich bin für alle Fälle mal dagegen.

Darf man Mutter Natur ins Handwerk pfuschen ?

Also muß Wissen her, um den Nutzen und die Gefahren der Gentechnologie beurteilen zu können. Es geht um nachwachsende Rohstoffe, etwa Genkartoffeln für die Papier- und Klebstoffherstellung. Molekulararchäologie untersucht

21. Februar 1993

Gummi-Brezel

Meist beginnen die Dinge ja harmlos: Es fällt auf, daß die Adressen für gute Brezelbäcker gehandelt werden wie Geheimtips für Schlemmerlokale. Warum? Weil die süddeutscheste aller Spezialitäten abgeschlafft und verhunzt ist. Wir erleben das Klonen der Laugenbrezel zum Gummibärchen.

Nun könnte man sagen, bei 87 Brotsorten wird eben ein anderes Getreideprodukt gegessen. Kein Problem.

Aber was sich hier zeigt, ist der gedanken- und lieblose Umgang mit Lebensmitteln. Und das ist mindestens eine Kulturschande, oft genug sogar eine gefährliche. So wurde allein von der Chemischen Landesuntersuchungsanstalt Freiburg im Jahr 1991 jede fünfte Lebensmittelprobe beanstandet. Das Urteil reichte von mangelhaft bis gesundheitsschädlich. Vor allem Wurst, Fleisch und Lachs in Vakuumverpackung waren noch vor Ablauf des Haltbarkeitsdatums nicht mehr einwandfrei. Da darf man also fragen: Waren sie es je überhaupt?

Ähnlich bei Kühltransporten: 22 Prozent hatten ihre Ladung nicht genügend gekühlt oder lange vor Ladenöffnung ungekühlt auf der Laderampe abgestellt. Da freuen sich die Salmonellen. Die könnten sich nur dann weniger verbreiten, wenn Eier statt in rustikalen Weidenkörben mit Heu und Stroh frisch im Kühlregal eingelagert würden. Außerdem müßte klar und deutlich das Legedatum daraufstehen statt irgendeiner völlig unbedeutenden Verpackungszeit. Warum wehrt sich die Eierlobby seit Jahren so vehement gegen diese selbstverständliche Forderung? Weil man bis zum letzten Dotter die Dinger vermarkten will – ohne Rücksicht auf Verluste.

In Altenheimen sind Menschen durch Salmonellenvergiftung gestorben. Wer aber beweist, daß es die Eier waren? So fragen die Händler zynisch.

An der Universität Hohenheim ist man skeptisch: Vielleicht gibt es „überhaupt kein Masthuhn mehr, das frei von Salmonellen ist".

das Erbgut von Mumien ebenso wie eine ausgestorbene Pferdeart Afrikas oder den längst verschwundenen Beutelwolf Australiens.

Ein enorm breites Spektrum, von der Medizin bis zur Vorgeschichte.

Und Mutter Natur? Sollte man ihr nicht das Feld überlassen, anstatt ihr gefährlich ins Handwerk zu pfuschen?

Aber was ist natürlich? Schließlich wird immer schon die Umwelt nach den Bedürfnissen der wachsenden Menschheit verändert. Soll man mit „natürlichen“ Mißernten leben, anstatt sie zu verhindern?

Gentechnik findet statt, wenn nicht bei uns, dann nebenan. Wer hier nicht produzieren darf, geht nach Straßburg, Kufstein oder Utrecht. Hochqualifizierter wissenschaftlicher Nachwuchs setzt sich in die USA ab.

Was wir brauchen: Bei 90 Prozent der in Deutschland angemeldeten Arbeiten der niedrigen Gefahrengruppe schnell ein vereinfachtes Genehmigungsverfahren. Für alle höheren Gefahrengruppen eine „TA Gentechnik“, damit einheitlich überwacht werden kann.

Vor allem aber eine sachliche und unabhängige Aufklärung der Öffentlichkeit.

Dazu gehört allerdings auch ein Publikum, das zuhört, anstatt sich die Ohren zuzuhalten.

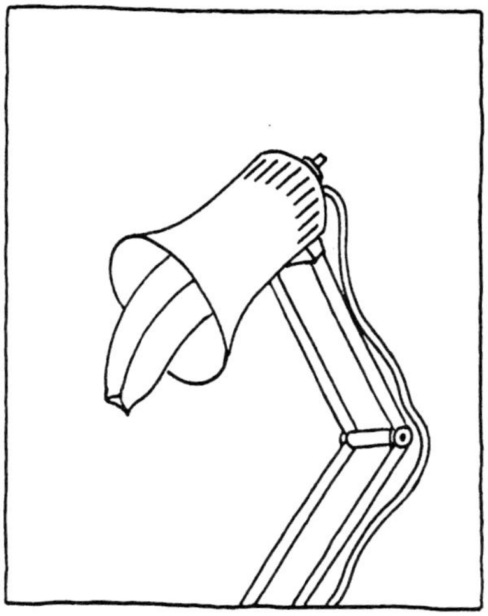

WAS MICH AN DEN NEUEN ENERGIESPARLAMPEN ÄRGERT, IST DAS ETWAS FAHLE LICHT.

Hauptrisikofaktor seien minderwertiges Hühnerfutter und überehrgeizige Zuchtmethoden. Muß es das Mega-Ei mit Doppel-Dotter sein?

„Die Verbraucher sind völlig verunsichert“, klagt die Geflügelwirtschaft. Ja, was denn sonst?

Exotische Gerichte – gut. Aber die heimischen ?

Man verweist auf zunehmende Fernreisen, bei denen in exotischen Ländern die obskursten Gerichte genußvoll verzehrt würden. Mag sein. Aber das hier ist die Methode: Haltet den Dieb! Wer selber jede Menge Dreck am Stecken hat, sollte sich erst um diesen kümmern, ehe er auf eine Schar von Touristen zeigt. Meine Tomaten, die ich über die Weihnachtsferien vergaß, sind heute noch so prallrot wie im Advent. Schillers fauliger Apfel im Schreibtisch gehört ebenso der Geschichte an wie die keimenden Kartoffeln um diese Jahreszeit.

Bestrahlte oder gentechnisch veränderte Lebensmittel sind eine Freude fürs Auge, manchmal für den Gaumen. Was sie aber mit der Restgröße Mensch anstellen, ist nicht klar.

Selbst Industrievertreter geben zu, daß es bislang keine Prüfverfahren gibt, um Gesundheitsrisiken gentechnisch hergestellter Lebensmittel auszuschließen.

Wir werden also weiterhin beunruhigt fordern: Kennzeichnungspflicht für alle gentechnisch hergestellten oder mit Strahlung behandelten Lebensmittel! Aber diese Kennzeichnung wird, zumal im offenen Europa, hartleibig verweigert: Ungeschminkt erklärt ein Industrievertreter: „Wenn wir das kennzeichnen, kauft das keiner.“

Gut möglich. Aber dann müssen die Verbraucher eben noch hartnäckiger auf Information bestehen. Und sie sollten jene Anbieter bevorzugen, die von sich aus die Behandlung ihrer Ware offenlegen.

Die Aufklärung müssen die Hersteller leisten. Die Verbraucher haben nur die Wahl zwischen Zahlen oder Verzichten.

Also, jetzt ist die Zeit: Fröhliches Fasten!

24. Juli 1994

Chaos und Kunden

Man weiß kaum, wo anfangen. Das Kapitel Kundendienst in Deutschland ist ein solches Wespennest, daß es schon brummt, bevor man hineinsticht.

Die Redakteurin für Verbraucherfragen muß ihre Sprechstunde auf Anrufbeantworter umstellen, sonst kommt sie zu nichts anderem als der Dokumentation von Defiziten.

Schon wieder einen Trend verschlafen

Die Lage: „Kunde droht mit Auftrag" anstatt „Was kann ich für Sie tun?" Am besten nehme man eine Woche Urlaub, um denen zu Diensten zu sein, deren Dienste man braucht – und bezahlt.

Der Kaminfeger hat seinen Zettel schon an die Tür geklebt, gleich mit der Freundlichkeit, man habe zu haften, falls er vergeblich komme.

Eine Heizkostenfirma droht: „Wenn Sie nicht da sind, schätzen wir Ihren Verbrauch."

Das Möbelhaus ist nicht in der Lage festzulegen, wann der Lkw die Bettstelle liefert, „so zwischen elf und 16 Uhr vielleicht". Das wäre der nächste Urlaubstag.

Ein voller Erfolg ist der Versuch, die Hausgeräte zweier namhafter deutscher Anbieter reparieren zu lassen. Waschmaschine kaputt, es eilt. Besetzt, besetzt – wieder besetzt. Endlich Erfolg, es ist Nachmittag. „Ja, wir haben nur eine Telefonnummer." Weshalb? „Wir können nur so viele Anrufe annehmen, wie wir auch Kapazität zur Reparatur haben."

So ist das: Der Hersteller bestimmt, wieviel von seiner Ware er zu reparieren bereit ist. Das erinnert an den König, dem sein Volk nicht paßt. Er soll sich ein neues wählen.

Was ist los im Staate, in dem die Konjunktur lahmt, jede Menge Stellen gestrichen werden, in den Köpfen aber die alte Arroganz wuchert?

Dabei hat der Dienstleistungssektor die größte Wachstumschance.

Im internationalen Vergleich allerdings haben wir diesen Trend auch schon wieder halb verschlafen: In Deutschland verdienen gerade 58 Prozent ihr Geld mit dem Dienst am Kunden, in Holland und Großbritannien sind es 70, in den USA 72 Prozent.

In manchen Branchen mit akuten Absatzproblemen allerdings kommt

Nicht der Kunde wird zufriedengestellt, sondern der Paragraph

Die Zielsetzung mancher Unternehmen ist nicht mehr, den Kunden zufriedenzustellen, sondern ein Regelwerk von Paragraphen, Vorschriften und Verordnungen zu erstellen, so daß abgewickelt werden kann. Wenn Telekom der Oma eine Telefonrechnung über 15 000 Mark stellt, so ist diese zu bezahlen, egal, ob diese Frau nach Hawaii telefoniert hat oder nicht.

Dieter Wezel, Baalborn

Sie sprechen mir aus der Seele. Seit 30 Jahren bin ich in der „Friseur"-Dienstleistung. Mit Selbstvertrauen Dienstleistungen zu bieten, macht Freude. Aber: Seit drei Jahren suche ich Mitarbeiter für meinen Salon. Trotz aller Anstrengungen bekomme ich keine. Begründung: Zu weit draußen, zu klein, nach außen kein großartiges Ambiente. Nach den Vorteilen wird nicht gefragt: Tolle Kundschaft, sehr gute Atmosphäre, anregende Gesprächsthemen, gegenseitiger Respekt und Anerkennung, selbständiges Arbeiten im Team und bei guter Leistung entsprechende Bezahlung.

Sigrid Winterhalter, Stuttgart

Es ist doch Sache des Kunden, sich vor dem Kauf einer Ware zu erkundigen, ob der Kundendienst ordentlich ausgeführt wird und ob Anfahrtskosten zu bezahlen sind. Jeder Kunde kann sich die Betreuung für sein Gerät vor dem Kauf wählen.

Edwin Huss, Filderstadt

Ursachen sind vor allem die überzogene Technisierung, die Sparsucht beim Personal und der ungeheure Druck auf den verbleibenden Mitarbeitern. So ist es offenbar unmöglich, ein einfaches Ersatzteil für eine Waschmaschine oder ein Auto zu bekommen, ohne daß zuvor riesige Nummern gewälzt und in den Computer eingespeist werden. Den Mitarbeitern wird gezeigt, was sie für gefährdete Würstchen sind. Denn es gibt zahlreiche Unternehmen, die hohe Gewinne einfahren und die trotzdem rigoros Personal abbauen. Alles erdacht von einem Heer von Controllern und Leitenden, die Kunden oft nur aus der Statistik kennen.

Bruno Bader, Neuhausen a. d. F.

Es ist ein guter alter Brauch, da wo man repariert, da kauft man auch. Der Handwerker, der hauptsächlich mit vom Kundendienst lebt und seine Kunden auch nach dem Kauf noch

der Service auf Touren. Beispiel Auto. Jahrelang gab es Klagen über lumpige Reparaturen. Die galten als Schicksal.

Seit der Absatz lahmt, wird den Vertragswerkstätten auf die Finger gesehen, gibt es am Hamburger Flughafen für mercedesfahrende Geschäftsleute den Service: Vor dem Flug Auto in die Inspektion, abends fertig.

Je ähnlicher sich die Produkte werden – auch im Preis – desto entscheidender ist der Mensch und seine Hinwendung zum Kunden.

Das klingt wie der Lernsatz aus einem Verkaufsseminar. Ist es auch. Nur wird er noch viel zu selten befolgt. Vor allem nicht in den höheren Etagen von Banken und Versicherungen, wo ein aufstrebendes Talent jahrelang Karriere machen kann, ohne auch nur einmal einem Kunden zu begegnen.

Bodenhaftung fehlt, Kundendienst kann nicht klappen.

Wer kann sich eigentlich die mindestens zwei Dutzend Nummern samt Geheimcodes merken, die man angeblich stets – auch in Streßsituationen – im Kopf haben sollte, damit man Konten sperren oder Geld abheben kann?

Ein Königreich für den, der dieses Gestrüpp rodet oder wenigstens so lichtet, daß man selbstgewählte Ziffern haben kann.

Das alles kann dauern, wenn sich die Kunden weiter abfinden, anstatt Druck zu machen.

In solchen Büros hängt gern die derzeit gängige Gebrauchslyrik:

„Wo wir sind, ist Chaos.
Aber wir können nicht überall sein."
Wenn das keine Hoffnung gibt!

kennt und betreut, wird täglich mit Angeboten der Supermärkte und Handelsketten ausgebootet.

Rose Leitenberger, Filderstadt

Der Leistungsgedanke, als unverzichtbare Voraussetzung zur Existenzsicherung, ist „out". Bei Verlust des Arbeitsplatzes fängt unser soziales Netz alle gleich komfortabel auf, die wirklich Schwachen, aber leider auch die viel zu vielen Unwilligen.

Eugen R. Fischer, Böblingen

ICH HAB' IHNEN DOCH GESAGT – DAS BESTE GERÄT, DAS WIR JE GEBAUT HABEN.

7. August 1983

Laßt die Hüllen fallen !

Die Hüllen, die hier fallen sollen, sind um attraktive Gegenstände geschlungen: um Blumen und Bücher, um Schallplatten und Geschenke.

Eine Unsitte verbreitet sich mit seuchenartiger Schnelligkeit. Da werden liebgemeinte Blumengebinden in Folien verpackt, wie sie sonst nur ältliche Damen bevorzugen, um ihre Frisur vor einem Schauer zu schützen. Der Käufer muß für diese floristische Klarsicht-Errungenschaft ein Aufgeld bezahlen. Das verleitet immer mehr Schenker, die kostbare Verpackung gleich mit zu überreichen. Ich möchte lieber Blumen bekommen als Papier. So geht es wahrscheinlich auch Künstlerinnen, denen man nach ihrem Auftritt ein knisterndes Krachmachpaket in den Arm legt. Außer auf zugigen Flughäfen sollte dieser Schutz vor Transportschäden nirgends auftreten.

Warum setzen wir Geschenke freiwillig ins Glashaus? Will man sich distanzieren oder gar eine besondere Art von Jungfräulichkeit vorführen? Die ist bei Büchern besonders grotesk. Sozusagen mit Präservativ. Die sind deshalb eingeschweißt, geschützt. Wovor? Vor interessierten Blicken oder nur vor den Fettfingern der Käufer? In meiner Buchhandlung gibt es Ansichtsexemplare. Was gekauft wird, kommt immer neu vom Lager.

Was wäre aber dabei, wenn derjenige, der ein Buch verschenkt, schon einmal hineingeschaut, womöglich sogar darin gelesen hätte? So ein Exemplar wäre mir jedenfalls wertvoller als der blinde Kauf nach der Bestsellerliste.

Die Verpackungsindustrie indessen spekuliert auf unser Packprestige. Je aufgeblasener die Hülle, desto wichtiger werde der Inhalt

14. Juni 1981

Löcher im Ladenschluß

Ein Gesetz existiert fast 30 Jahre, ist aber immer noch heftig umstritten! Zwar glätten sich zuweilen die Wogen – sei's aus Gewohnheit oder Resignation –, dann bricht der Streit von Neuem los über die leidige Lex Ladenschluß.

Kaum ein Gesetz füllt in den Zeitungsarchiven so viele Ordner, hat im elektronischen Suchbaum so viele Verästelungen wie dieses schwer verdauliche Werk, und auch diese Kolumne beschäftigt sich im Lauf der Jahre bereits zum dritten Mal damit.

„Dann laßt doch am besten diese Beschäftigung bleiben, das wäre uns sowieso das liebste", würde ein bekannter Einzelhändler sagen. Die Journalisten sind ihm zu einseitig auf der Seite der Verbraucher, sie sähen zu wenig die Probleme, wie sie wirklich sind. Zum Beispiel seines: Im unmittelbaren Dunstkreis eines großen Konkurrenten einen feinen Laden zu betreiben, da brauche es qualifiziertes Personal, das man nicht von der Straße weg engagieren könne.

Und das nur, weil ein paar zu vernachlässigende Damen ihren Einkauf partout in die Abendstunden verlegen wollen.

Ein geändertes Ladenschlußgesetz, so meint er, begünstige ohnehin die Großen. Dem widerspricht allerdings ein Satz des alten Josef Neckermann, der seinen Dienst mit dem Stoßgebet beendet haben soll: „Gott erhalte mir das Ladenschlußgesetz." Er wird seine geldwerten Gründe gehabt haben.

Mit diesem Gesetz, das über drei Jahrzehnte nicht akzeptiert wird, kann etwas nicht stimmen. Es dient eben nicht – wie das Gesetze in einer Demokratie aber sollten – der Mehrheit. Es scheint vielmehr einer Minderheit zu nützen, die sich aber zusehends uneinig ist.

Abends einkaufen – Dauerbrenner der Nation

Deshalb kommt der fatale Ladenschluß auch derzeit wieder ins Gerede. Aber jetzt sprechen Leute mit, die das vor wenigen Jahren wohl selbst noch nicht von sich gedacht hätten. SPD wie CDU signalisieren, daß Gesetze nicht für die Ewigkeit, sondern für Menschen und deren genommen. Bei Cellophan-Ostereiern mit Riesenschleifen und ähnlichen Gespenster-Arrangements zum Muttertag oder zu Weihnachten kann man die Erfahrung machen: Der Packprotz von Pralinen zum Beispiel steht in umgekehrtem Verhältnis zu ihrer Qualität.

Packprotz oder Präservativ

Wer sagt denn, daß jedes profane Küchengerät und jedes Heimwerkerutensil in einem undurchdringlichen Plastikpanzer plaziert sein muß wie Schneewittchen im gläsernen Sarg?

Der Verpackungskünstler Christo hat Gebäude, Landschaften und ganze Inseln verhüllt. Es muß jedoch darauf hingewiesen werden, daß hier ein berechtigter Anspruch auf Kunst besteht.

„Unwahr ist", schreibt ein sarkastischer Zeitgenosse, „daß Christo als Krönung seines Lebenswerkes nur noch Lebensmittelpakete verpacken und in die Hungergebiete der Dritten Welt versenden" wird.

So ist das ja mit vielen aufgedonnerten Hüllen – sie machen selten Sinn. Man kann sie getrost fallen lassen.

Bedürfnisse gemacht werden. Was sind nun die Bedürfnisse?

Marktforscher der Gesellschaft für Konsumforschung in Nürnberg haben schon seit längerem einen „nachhaltigen Wertewandel in der Bevölkerung" festgestellt. Der Stimmungsumschwung heißt: Nicht immer noch mehr haben wollen, sondern „Genügsamkeit und Realismus werden regelrecht zum Prestige".

Da die langlebigen Güter angeschafft sind, will man vor allem an Lebensmitteln, Schuhen und Bekleidung sparen. Allerdings möchte die Mehrheit der Menschen, auch der jungen Leute, auf ihren Lebensstandard nicht verzichten.

Die Gegner einer Ladenschlußgesetzänderung könnten frohlocken: Wenn sowieso weniger gekauft wird, dann kann das ja auch in noch kürzerer Zeit geschehen – sozusagen die 35-Stunden-Woche im Laden. Mir scheint das Umgekehrte eher einleuchtend: Wenn jemand mehr Zeit, aber weniger Geld hat, möchte er beim Geldausgeben etwas erleben. Er will in Ruhe wählen und nicht nur im Zeitraffer-Tempo Geld gegen Ware tauschen. Wann ist dafür die beste Zeit? Jedenfalls nicht stur zwischen acht und achtzehn Uhr – darauf nehme ich heute schon fast jede Wette an.

Und noch ein – gar nicht so futuristischer – Gesichtspunkt scheint die Politiker wankend zu machen: Was ist, wenn demnächst per Bildschirmtext rund um die Uhr gekauft wird? Dann ist der kundenfreundliche Service das einzige, was der bekannte Einzelhändler einem Konkurrenz-Kaufhaus vielleicht voraus hat – aber auch nur zu kundenfreundlichen Zeiten.

21. September 1997

Tunix im Land

Frage an Brecht: Was machen Sie gerade? „Ich habe viel Mühe. Ich bereite den nächsten Irrtum vor."

Dieses Land verkommt. Wieso? Es sieht doch ganz proper aus. Ja, nach Art der Termitenhügel. Außen ordentlich bis zum Schluß. Aber innen ausgehöhlt. Gute Sitten verkommen.

Zum Beispiel: Statt Treu und Glauben regieren Notare und Juristen.

Da will ein junges Paar eine Wohnung kaufen, mehrfache Gespräche, man hat es eilig, bestellt schon Umbauten, mit denen der Architekt beginnt. Sein Vertrauen auf „Ja – gerne – sofort": ein Reinfall. Und er fragt sich nach mehreren Erfahrungen dieser Art: „Wo bleibt die gute Gepflogenheit – ‚ein Mann, ein Wort'? Wie kann man arbeiten und leben, wenn auf das Mündliche kein Verlaß ist?"

Hier hat das sonst so segensreiche Fax einen Riesennachteil: Die Papiermenge quillt ungeheuer auf. Schnell noch schriftlich – man weiß ja nie.

Da ist es, dieses schleichende Gift Mißtrauen, das Vertrauen vernichtet. Für Anwälte und Notare freilich ist das wie die Genehmigung zum Gelddrucken, eine wunderbare Jobvermehrung. Warum eigentlich steigt das Honorar eines Notars mit dem Wert des Objekts, das er beurkundet? Auch wenn er damit gar nicht mehr Arbeit hat?

Ärgerliche Beobachtungen im Verbraucheralltag

Oder – bereiten wir sorgsam den nächsten Irrtum vor: die heilige Vielfalt. Seit Jahren ist uns eine der wenigen sinnvollen europäischen Gemeinsamkeiten angekündigt – die einheitlichen Steckdosen. Die versammelte Elektrizitätsbranche verweigert sich aber. Der Wasserkocher aus Deutschland paßt nicht in Italien, die italienische

16. November 1997

Auf einmal geht's

„Um die deutsche Regulierungswut kennenzulernen, reicht schon der Versuch, ein simples Einfamilienhaus zu bauen."
Roman Herzog, Bundespräsident

Recht hat er, der Herr Bundespräsident. Dabei wird ihm persönlich das meiste abgenommen von einem Bauministerium, das schließlich am besten weiß, was einer Villa Hammerschmidt oder dem Schloß Bellevue guttut. Das hat man beim Schürmann-Bau gelernt.

Für den Rest unserer Nation heißt die Totschlagsvokabel DIN. Wer ist diese DIN, daß sich nach ihr alles richtet? Egal, ob es funktioniert, was es kostet, wie es aussieht – ist es die Deutsche Norm, ist es in Ordnung.

Die Folge: Riesige Regelwerke, massenhaft Vorschriften – aber Mut und Kreativität bleiben am Ende auf der Strecke.

Wer setzt den Preis aus für abgeschaffte Vorschriften? Kann es sein, daß die allseits erwünschten Existenzgründer als erste Tugend das Spießrutenlaufen bei Behörden, Ämtern oder Banken lernen müssen?

Freiräume sind das knappste Gut, das es derzeit im Lande gibt. Aber Ordnung muß sein. Zum Beispiel diese: Ein Landesamt schickt seine Mitarbeiter drei Tage lang zu einem teuren Computerkurs. Computer gibt es in diesem Amt aber keine. Zwei Jahre später wird das kostspielige Wissen aufgefrischt. Geräte, um es anzuwenden – immer noch keine. Selbst private PC dürfen im Dienst nicht benützt werden. Begründung: Die brauchen ja Strom!

Kein Wunder, daß Mißmut im Lande ist. Doch siehe da: Kaum kommt der frische Wind der Konkurrenz auf, ändert sich die Szene.

Was war die Telefonauskunft für ein Horror: Unerreichbar (ewig besetzt), unfreundlich, gegängelt („die Adresse dürfen wir nicht sagen").

Und jetzt: höflich, bemüht, fast immer zur Stelle. Oder die Post: Einst ein Hoheitsgebiet mit Gnadenakt der Bedienung, mutiert zum süßen Serviceunternehmen mit Schokopaket.

Oder der Nahverkehr: Er informiert seine Kunden, die bisher ein „Beförderungsfaktor" waren, auf aktuellen Leuchttafeln, entschuldigt sich bei Verspätungen. Auf einmal geht's. ICE-Züge mit Kaffee und Zeitung am

Bohrmaschine schweigt im Nachbarland Schweiz. Der Weltstecker funktioniert auch auf gutes Zureden nicht oder allenfalls nach dem Prinzip von Versuch und Irrtum. Ist es gewinnsüchtiger Vorsatz oder Unfähigkeit einer kleinkarierten Branche?

Wer Zubehör für eine elektrische Schreibmaschine braucht, weiß, daß es ein ganzes Buch gibt für all die Farb- und Korrekturbänder pro Typ und Jahrgang und Herkunftsland. Teuer sind sie alle, kompatibel ist da nichts, so wenig wie bei Staubsaugertüten oder Kreditkartennummern.

Die waren ja angeblich bombensicher, bis immer mehr Banken für ausgeräumte Konten zahlen mußten. Bis dahin hatte es hochmütig geheißen: Geheimnummer keinesfalls aufschreiben! Aber wer soll sich all die Nummern merken? Nun auf einmal geht es. Der Nummernsalat soll einem frei wählbaren Code weichen.

Wohin man schaut in diesem Land – Löcher. Erst wenn öffentlicher Druck kommt oder wenn ein Unglück geschieht, geschieht etwas. So sei eben der Mensch?

Nein, so bequem sind wir geworden. Reden uns raus wie die Weltmeister, aber in der Disziplin Einsehen und Ändern hapert's ziemlich. Die Tunix-Riege ist die erfolgreichste im Land.

Das ist ganz wörtlich zu nehmen, wenn man die Belegung des Internet als Maßstab nimmt. Um zehn Uhr (Vesperpause), ab zwölf Uhr (Mittag) und gegen 16 Uhr (Feierabend) ist dort und auf den Leitungen des Telefonbanking Hochbetrieb. Der vernetzte Angestellte nutzt den Anschluß des Betriebs für seine Surftour. Dieses Drohnenverhalten erinnert an einen Spruch aus dem niedergegangenen Sozialismus: Am Freitag ab eins macht jeder seins.

So hat das einst bekämpfte System doch noch einen posthumen Sieg davongetragen: Es hat sich beim Klassenfeind eingenistet.

Aber wir sind keine Termiten und sollten uns in einem ausgehöhlten Staat nicht wohlfühlen. Viel braucht es dafür nicht. Nur dies:
Wir müßten es ändern wollen.

Platz, Bahnhöfe als helle Erlebnisräume statt grauer Abschußrampen – Privatisierung bringt vieles Verhockte in Gang. Sie ist kein Patentrezept, aber als Rostumwandler unverzichtbar.

Frischer Wind zu Lande und in der Luft

Und die Konkurrenz klärt die Machtverhältnisse. So können sogar Ärzte auf einmal Termine einteilen, die bisher nach dem Muster verfuhren: Warum heißt das Wartezimmer eigentlich Wartezimmer? Luft für Verbesserung erkennt auch die Lufthansa. Sie hat beim Personal wohl derart gespart, daß Passagiere handgreiflich wurden. Überbuchungen, ewiges Schlangestehen – es gibt mittlerweile eine Menge Dinge, die schöner sind als Fliegen.

Das scheint die Konkurrenz Deutsche BA herauszufordern: Ende des Hautcreme-Lächelns („alles perlt ab"). Statt dessen gilt der Ehrgeiz Witzen über den Wolken. Es wird nicht mehr „mit den Sicherheitsinstruktionen (nach DIN) vertraut" gemacht. Die Stewardeß verwöhnt ihre ungläubig lächelnden Gäste mit Pointen: „Und jetzt kommt der Augenblick, auf den Sie schon so lange gewartet haben, ich erkläre Ihnen die Sicherheits..."

Selbst Verbote – so verbrämt – werden beachtet: „Das heimliche Rauchen in Gruppen ist auf der Bordtoilette nicht gestattet."

Beachtlich, was in diesem Land auf einmal geht. Gebt uns mehr davon!

WISSEN SIE JETZT AUCH, WAS BEI DENEN WARTUNGSVERTRAG BEDEUTET?

14. März 1995

Lachen steckt an

Gähnen steckt an und lachen. Warum? Ist noch nicht erforscht, es gibt nur Vermutungen.

Lachen, heißt es, sei sublimiertes Zähnefletschen. Anlachen, auslachen, zubeißen? Und dann noch ansteckend!

Sehr groß kann die Ansteckungsgefahr aber nicht sein, denn sonst wäre Lachen verbreiteter.

Oder ist uns das Lachen vergangen? Haben die Deutschen nichts zu lachen?

Leute, die in den Medien arbeiten, wissen: Das Leichte ist das Schwerste.

Über alles könnte man sprechen, wenn es nur leicht, humorvoll oder wenigstens ironisch verpackt wäre. Aber wer kann das schon? Die Fakten kommen hölzern, die Meinungen knallhart daher. Säbel statt Florett.

Eine Parlamentsdebatte – selten so gelacht.

Eine Sonntagspredigt – ein einziges Quentchen Humor vielleicht aus Anlaß der Frohen Botschaft? Schulstunden – Quelle jugendlicher Lebensfreude? Zum Lachen.

Höchstenfalls ein Lächeln von der Netten im Fernsehen oder der Frau in der Bank, vom Aushilfskellner. Lichtblicke mit Lachfältchen.

Auch die Witze sind nicht mehr, was sie waren. Kohl-Witze gibt es keine (was Wunder), Honi-Witze sind out.

27. November 1995

Wir wollen Spaaaaß !

Was machen Sie jetzt mit dem angebrochenen Sonntag?

Klar doch: Ins Spaßbad, ins Erlebnishaus mit Erlebnisgastronomie. Was es da gibt? Schleifchen am Löffel, Animation zur Vorspeise?

Vielleicht all das, und wenn es gewünscht wird, rieselt leise der Kunstschnee.

There's no business but show business – und schon sind aus der lockeren Unterhaltungsnummer ein Wirtschaftsfaktor, ein Standortvorteil geworden. Und so ist es ja auch.

Während ringsum die harten Fakten Arbeitsplatzabbau, Rationalisierung und Gürtel enger schnallen heißen, blühen im Unterhaltungsgewerbe die Orchideen auf.

„Miss Saigon" zum Beispiel, das Musical nach dem Vorbild von Madame Butterfly, zieht wie ein Staubsauger Zehntausende an Stuttgarts Peripherie, wo nach dem Willen ihres kommerziellen Vaters, Rolf Deyhle, der Schwarzwald beginnt.

Einer, der vom Amüsement auch viel versteht, Neil Postman („Wir amüsieren uns zu Tode"), meint, daß „unsere Kultur ihr Wesen verändert hat; daß es mit jedem Tag schwieriger wird, zu erkennen, wo das Schaugeschäft aufhört und etwas anderes anfängt".

Zum Beispiel die Information, die wir ohne Unterhaltung nicht mehr zu ertragen scheinen.

„Infotainment" heißt diese fatale Mischung. Als sei es nicht schon schwierig genug, die Bosnien-Bilder vom nachfolgenden Krimi zu unterscheiden, müssen Präsentation und Moderatorin noch ihren Teil „...tainment" in die Info hineinmixen; Hauptsache schnell, kurz, witzig.

Das Ruhige, Schwierige, Grau-in-Graue, die feinen Zwischentöne halten nur noch wenige durch.

Und wenn es einen solchen Beitrag gibt, wird der noch von einer witzigen Werbung unterbrochen. Beides gut. Aber im Mix ist klar, wer Punktsieger bleibt.

Und wo bleiben Kunst und Kultur, diese Werte, die uns so teuer sind und zu stehen kommen?

Hamburgs Thalia-Intendant Jürgen Flimm beklagt, „daß wir seit

Da muß man sich an sozialistische Restbestände halten:

Kenn' Se den? „Der einstmals privilegierte DDR-Staatskünstler Willi Sitte soll jetzt Westkarriere machen." „So?" „Dann aber lieber von Unsitte gezeichnet, als von Sitte gemalt."

Worüber lachen wir (noch)? Der neue Fernseh-Unterhaltungs-Stern Harald Schmidt sollte es wissen. „Über mich."

Klar, aber Schmidt-Schnauze II ist zu helle, als daß er nicht spürte, wo das Gummiband allmählich überdehnt wird. Etwa bei der versteckten Kamera. Schließlich ist heutzutage fast überall eine versteckt. Oder was ist Reality-TV anderes als ein zynisches „Verstehen Sie Spaß?" Und wehe, wer keinen versteht.

Die schlichte Schadenfreude jedenfalls reicht nicht mehr. Was ist die nächste Härte?

Tabus verletzen – das ist ein Quell steter Freude.
Aber woher nehmen? So viele Tabus haben wir nicht mehr.

Das Leichte ist das Schwerste

Seit Vertraulichkeit und Diskretion nur noch in Form des schweizerischen Bankgeheimnisses fortleben, das für eine alte Sitte eidgenössischer Hirten gehalten wird, brauchen wir schärfere Würze. Selbstironie, du rare Kunst!

Unterhaltung kann bei uns Lichtjahre von Lachen entfernt sein, ohne daß es unangenehm auffiele. Deswegen werden zu Recht unsere Unterhaltungskünstler so horrend honoriert.

Fußballer, Showmaster (auch -innen) ernähren ihre Zunft.

Bei Kabarettisten ist das schon magerer, das wäre ja auch gelacht.

Deshalb zum Schluß den aktuellen Kalauer, von einem, der einfach gerne lacht:

Die Autos in Deutschland sind woraus? Aus Stahl. In Schweden: aus Edelstahl. In Polen: aus Diebstahl. Tatä, tatä ...

Aber wie sagte der Schriftsteller Christoph Heim zur derzeitigen Ost-West-Debatte: „Für mich läuft das alles unter Komik zur Zeit." Für wen nicht?

langer Zeit aus dem Zentrum der Unterhaltungsindustrie herausgerückt sind".

Außer Andrew Lloyd Webber (dem Autor von Cats und Jesus Christ Superstar) wisse niemand genau, was das Publikum wolle.

Seinem Kollegen Frank Baumbauer vom Deutschen Schauspielhaus ebenda „ist eine gute Vorstellung vor 300 Leuten lieber als eine schlechte, die gut besucht ist".
Und wie wäre eine gute vor allen 1300 Leuten, die in sein Theater reinpassen?

Wahr ist doch, daß viele Theaterleiter ihre Häuser leergespielt haben, daß die Menschen reihenweise schon in der Pause jene Tempel verlassen, die sie im Jahr mit 50 bis 100 Millionen Mark subventionieren.

„Wir haben jedenfalls keine Lust, uns rote Nasen aufzusetzen und die Clowns zu mimen", meint Baumbauer. Als ob das die Alternative wäre.

Den kleinen inneren Schweinehund sollten wir unter Artenschutz stellen.

Da versucht Claus Peymann in Wien einen anderen Weg. Er kündigt Skandal und Schweinerei in der „Raststätte" an. Als die ausbleiben, weiß der kluge Mann:
Nicht die Premiere, das Publikum sei durchgefallen. Danke für die Blumen.

Aber das wußte Bert Brecht schon besser, der meinte, wenn den Herrschern ihr Volk nicht passe, sollten sie halt ein neues wählen. Eines der wichtigsten deutschen Idiome, die ein Ausländer zu lernen hatte, hieß: Spaß beiseite.

Vorbei, Leute! Das neue Paßwort heißt: Wir wollen Spaaaaß!

Lernen muß Spaß machen und arbeiten, lieben und leben sowieso. Den kleinen inneren Schweinehund, den Generationen vor uns überwunden haben, sollten wir unter Artenschutz stellen.

Denn wer erstklassige Unterhaltung machen will, braucht das Gegenteil von Spaß, nämlich Ernst und Disziplin. Das Leichte ist immer noch das Schwerste.

12. April 1998

Schluß mit lustig !

„Die wichtigste Redensart der Deutschen heißt: Spaß beiseite."
Sudhir Kakar, indischer Autor

Lachen steckt an, zum Glück. Das ahnt das Kind in den Windeln, das kennen die kichernden Schüler, das weiß die gutgelaunte Tagungstruppe, die ein ungehöriger Witz verbindet. Ein Augenkontakt, und man prustet los, ohne Halt bis zu den Tränen.

Lachen steckt an, sogar das künstliche. Der Lachsack verfehlt seine Wirkung nie, ein anhaltender Lacher im Radio – und die Mundwinkel zieht es nach oben, gegen alle Schwerkraft des Leibes und der Seele.

Warum aber können wir – entgegen der Redensart – den Spaß nicht beiseite schieben? Warum steckt Lachen an, so trist die Zeiten auch seien?

Vielleicht einfach, weil Lachen gesund ist. Denn, verehrter indischer Kollege, auch das sagt der deutsche Volksmund: Lachen ist die beste Medizin.

Und weil die Sache so ansteckend ist, fragt man sich, weshalb die Wissenschaft diese segensreiche Epidemie nicht schon lange erforscht. Immerhin, es gab einen Kongreß in Basel über das junge Wissenschaftsgebiet. Überliefert ist nicht, ob sich da alle die Bäuche gehalten haben. Wahrscheinlicher schoben sie den Spaß beiseite, angefangen bei der Taufe. Ein reputierlicher Name muß sein, der nach Wissenschaft tönt: „Gelotologie".

Nie gehört? Macht nichts. Er kommt vom griechischen gelos für Gelächter. Einer der Organisatoren, der Psychotherapeut Michael Titze aus Tuttlingen, ist überzeugt von den positiven Wirkungen des Frohsinns. Er therapiert seit Jahren mit Hilfe des Humors. Wie er das macht?

Vielleicht richtet er sich nach der Methode von Salvador Dali. „Die Menschen sind dankbar, wenn man

8. März 1992

Wie im Leben

Sie haben es ja wirklich nicht leicht, die Jecken. Sie wollen locker sein, einmal aus dem Alltag heraustreten. Aber wen, bitte, wollen sie denn noch überbieten?

Kesser können auch die Mariechen nicht sein als das, was jetzt auf der Chaussee schwänzelt: knallkurz und sturzbunt die Mädels, die Knaben cool, aber wenn's zum Fußballplatz geht, behängt wie die Weihnachtsbäume.

Nein, Karneval, du hast nichts mehr zu bieten. Raus aus den Klamotten, rein ins Ringelhemd und die Sau rauslassen. Gähn.

Was ist denn an Fasching, was sonst nicht sein darf? Halber freier Tag vielleicht als der so beliebte deutsche soziale Besitzstand. Aber sonst? Die Libertinage hat die maskierte Welt entzaubert. Wo nichts sie zum Narren hält." Wir haben uns dafür den 1. April reserviert – die Herausforderung für jede Zeitungsredaktion: Affenfrühstück mit Orang-Utan-Gymnastik in einem Zoo in Australien. (Es meldeten sich so viele gläubige Interessenten, daß die Idee verwirklicht werden soll.)

Oder die Putz-Nachhilfe in Stuttgart. (Der kuriose Kehrwochenkurs war nicht ganz so erfolgreich.)

Oder: Humorberater im Hospital, Marke „Gib dem Trübsinn keine Chance". (Im Ernst, den gibt es wirklich.) Er fragt die Patienten bei der Einweisung ins Krankenhaus, worüber sie und wann das letzte Mal gelacht haben.

Einigermaßen lächerlich: Deutsche Autoren im Test. Sie wurden gefragt, ob sie wohl einen Literaturpreis annähmen? Ergebnis der satirischen „Titanic"-Umfrage: Je eitler, desto eilfertiger. Ulrich Wickert zum Beispiel.

Ein herzhaftes Lachen ist die beste Therapie gegen Gemütsverdüsterung.

Einer drohte sogar eine einstweilige Verfügung an, falls seine Reaktion veröffentlicht würde. Laßt uns ein Humorschutzgebiet einrichten. Schluß mit lustig.

Dabei leben wir in Blödelland. Comedy auf allen Kanälen. Karierte Hosen, bunte Brille, genannt Boning oder „die Doofen" – und schon brüllt die Blase auf den billigen Plätzen mit den „Fun"-T-Shirts.

Nichts ist so unterschiedlich wie der Lacherfolg. Witzeerzähler wissen das.

Manta, Blondinen, Ostfriesen waren Brüller. „Hattu Möhrchen?" Da lachte der Hase. Dem Trauerkloß sei folgende „visagistische" Übung empfohlen:

Mundwinkel hoch, auch wenn einem nicht zum Lachen zumute ist. Das ist das Einzigartige am Lachen: Es richtet sich nicht nur nach Lust und Laune.

Lachen hat ein eigenes Leben. Wir müssen es uns nur schenken lassen.

verboten ist, machen Küßchen und Grapschen keinen besonderen Spaß. Am Ende lauert Aids ganzjährig.

Aber der Schmuck jeder Vereinsfeier, die griffige Prinzengarde? Sie wirkt wie die Rache der sozialistischen Regierungen nach dem Untergang der 1.-Mai-Feiern. Vielleicht hat man ja in Erfurt, wo zum ersten Mal nach 40 Jahren wieder ein Umzug stattfinden durfte, die früher „unerlaubte Zusammenrottung" genossen.

Standing ovations wie beim Parteitag mit schwarzen Herren und Ballkleid-Damen, die – o Mut – ein glitzerndes Stirnband eingeflochten oder eine Strähne blau gesprüht haben. Alle schön und niemand garstig – eben auch wie im richtigen Leben. Und auf das Kommando eines angetrunkenen Dirigenten wird sich auf und nieder gesetzt. Jede Ähnlichkeit mit zivilen Veranstaltungen wäre zufällig.

Daß Bonn ganzjährig voller Narren sei, hat selbst der Kanzler eingeräumt. Dann laßt es doch gut sein mit der Rummelei. Sie befreit niemanden von etwas, das er sich nicht auch sonst herausnehmen könnte.

Karneval ist endgültig überflüssig.

Der Stuttgarter Oberbürgermeister Rommel, der ja zu jeder Gelegenheit – nicht nur zur närrischen – dichtet, räumt ein, daß sein Poem völlig sinnlos sei. „Aber damit erfüllt es die Anforderungen moderner Literatur." So ein Pech: Selbst die wildeste Lockerungsübung hat Feuilleton-Rang.

Der Kollegin, die zur Faschings-Berichterstattung die Redaktion verläßt, raten die Redakteure: „Schrei nicht so laut, du könntest die einzige sein."

Wobei man wieder sieht, daß die Presse an allem schuld ist. Karneval ist anstrengend, er geht auf die Nerven (der Profis) und ist überflüssig (für den Rest der Welt).

Für die Frauen allemal, auf deren Kosten gelacht wird – Herrenwitze und Büttenreden strotzen von Büstenhaltern. Tatä, tatä, tatä.

Alles Weibliche bis zur Abtreibung taugt zur Pointe. Die Frauen buhen inzwischen, die Fernsehkameras zeigen mißmutige Gesichter.

Merke: Das Leben selbst ist lustiger als fast alles, was das Leben auf die Schippe nimmt.

3. August 1997

Ver-schmitzt

Jeder ist seines Glückes ...
(Sprichwort)

Erinnerung an meine wilhelminische Großmutter und ihren Stoßseufzer: „Wenn einer namens Schmidt der erste Mann im Staate werden kann, dann ist es mit der Monarchie endgültig vorbei." Ist es.

Und der Schmidt, Helmut, Bundeskanzler, hat seine Sache trotzdem gutgemacht. Man hat ihn Schmidt-Schnauze genannt.
Denn er wollte und konnte reden. Seinerzeit sogar vor 6000 versammelten Schmidts, die sich zum Schmidt-Treffen in der Essener Grugahalle eingefunden hatten.
Ein Politiker braucht Mehrheiten, nicht Monarchen. Deshalb sind ihm die Schmidts so recht, denn sie sind viele.

Wie viele? Bei der letzten Zählung (1970): 591 000, seither sind die ostdeutschen Schmitts dazugekommen. Nur Meiers gibt es mehr.

An der Universität Siegen studiert man das Phänomen Sch. vom süddeutsch-gedehnten Schmied oder dem rheinischen Schmitz bis zum preußisch-scharfen Schmitt.

Studiert also sind sie jetzt, sprichwortreif waren sie schon lange.
Da ist der bucklige Hephaistos (er hat sich im Olymp die schönste Göttin, Venus, erobert!), dieser Schmied nahm sein Glück unter den Hammer. Ihm sollen wir nacheifern: „Jeder ist seines Glückes Sch..."
Überzeugender ist da schon die Version: „Du sollst das Eisen Schmidtgen, so lange es noch heiß ist."
Schmied-Abarten gibt es reichlich wie Schmittke oder Schmidtchen Schleicher, der mit den e-lastischen Beinen. Weitere Schmidt-Lieder waren bisher nicht bekannt.

Bis der Popsong kam: „Schitt, Frau Schmitt!" Aus war's mit dem Frieden. Peinlich: Die Lehrerin Schmitt gibt es wirklich. Ist sie jetzt sauer?

In Zeiten der Massenmedien, der Massenhysterie, des Massen-

21. Mai 1989

Null ist Null

Feste zu feiern, wie sie fallen, raten die Lebenskünstler. Sie wünschen Fest- und Feiertage – je mehr, desto lieber.

Bonn, so strahlt es von der Briefmarke, wird 2000 Jahre alt. Unser hübsches Bundeshauptstädtchen ist älter als die Christenheit. Wenn das kein Grund zum Feiern ist!

Folgerichtig steht der Rhein in Flammen – Freude, schöner Götterfunken!

Wie dünn dagegen ein anderes deutsches Datum: An ihren leicht angegrauten Haaren herbeigezogen, feiert die zweite Republik ihr Erscheinen auf der Weltbühne – Deutschland (West) wird 40.

Also wirklich, was soll die Zahl? Einem Schwaben, der jenseits der 40 angeblich den Vorzug hat, gescheit zu werden („die anderen nicht in Ewigkeit"), kann über diesen Scherz kaum mehr schmunzeln.

Wir Bundesbürger dagegen sollen in amtlich verordneter Ehrfurcht verharren – einer Null wegen!

Verfassungsfest, Festreden, Redenrummel – eher will ich vollends als Festmuffel in Verruf geraten, als diese Vierzigfeier ernst nehmen müssen.

Der Schweizer Kabarettist Franz Hohler hat ein Buch „Vierzig vorbei" herausgebracht. Vielleicht kann das jemand der jungen Bundesrepublik schenken. Es hilft gegen Minderwertigkeitskomplexe und Midlife crisis. Etwas so Kurzlebiges wie ein Mensch mag 40 feiern, ein Staat wartet besser in Ehren bis zu einem wirklich runden Geburtstag.
Null allein ist noch kein Thema. Auf die Zahl davor kommt es an.

Woher dieser Gedenktagsspleen? Ich meine, er ist vor allem die Selbstbeweihräucherung vieler „Verantwortungsträger"; manchmal die Gedankenträgheit von Redakteuren, die sich dem Trott des Terminkalenders anvertrauen: Ist's ein Jubiläum, ist's ein Thema.

Den Jubeldienst kann man abonnieren, man muß nicht einmal selbst Buch führen.

Wider den Gedenktagsspleen

Charlie Chaplin wäre hundert geworden und Adolf Hitler.
Welches Datum taugt zur Aufarbeitung deutscher Geschichte?
Viel eher wohl der Jahrestag des

geschmacks ist es bevölkerungspolitisch korrekt, die Schmidt-Story zu schreiben. Denn den Gegenstand Sch. gibt es massenhaft.

Als Autor käme Harald Schmidt in Frage. Der allerdings schurigelt jeden und schießt gegen alle, nur nicht gegen Sch.

Überall findet sich ein Schmidt.

Arno Schmidt hat keine seiner punktgenauen literarischen Landungen im Kreise Schmidt geboten. Und Joseph Schmidt tenörte über alles – außer seinen Namen. Aber wie, bitte, sollte man den auch singen? Sechs Konsonanten und ein verlorenes i – da entweicht höchstens ein Zischer.

Zum Trost: Berühmte Schmidts gibt es reichlich. Brockhauswürdig sind 44, dazu je acht Schmitt und Schmitz. Der frankophile Carlo Schmid steht als Nachkriegspolitiker ganz vorn. Auch dabei ist eine Auguste, Kämpferin für Frauenrechte, mit lexikalischen Ehren.

Zum Phänomen Schmidt gehört auch die Schamhaftigkeit. Manche Schmidts sind nicht stolz auf Schmidt. Sie koppeln. Schmitt-Rottluff, der Maler. Schmidt-Jorzig, der Justizminister – schade für den schönen Schmidt.

Zählten wir all die englischen Smiths und Smithoneons, die holländischen Smids und schweizerischen Schmidlins dazu, wir hätten eine Schmidtflation.

Überfalls auf Polen als der Geburtstag eines verstorbenen Verbrechers. Die Video-Kunst, lernt man, gibt es seit 25, das Meissener Zwiebelmuster seit 250 Jahren.

George Washington, der erste amerikanische Präsident, legte seinen Amtseid vor 200 Jahren ab, die 500. Konferenz zur Abrüstung chemischer Waffen trat in Genf zusammen. Was ist viel, was ist wenig?

Warum soll man welcher Null gedenken? Und warum nicht der magischen Zahl 3 oder 7?

Und was macht man im United Kingdom, wo mit der Zwölferreihe gerechnet wird?

Am 20. 5. 1979 – vor zehn Jahren – erschien Sonntag Aktuell zum ersten Mal. Noch ein Jubiläum, das keines ist. Denn auch die „taz“ erblickte seinerzeit mühsam das Licht der staunenden Öffentlichkeit. Eine namhafte Zeitung hält es hingegen für wichtig, des 100. Jahres des „Argentinischen Tageblatts“ zu gedenken, welches mit „germanischer Thatkraft“ trutzig bis heute überdauert hat.

Ein Geburtstag von Kindern will gefeiert werden und der hochbetagter Menschen. Bei Staaten und Institutionen darf man zurückhaltender sein.

Was unterscheidet den ehrwürdigen Hamburger Hafen von einer eitlen Lady? Sein Geburtstag wurde zurück-, ihrer wird oft genug vordatiert. Dem Hafen soll im Jahre 1189 der damalige Kaiser Friedrich II. Barbarossa einen „Freibrief“ ausgestellt haben. Die Urkunde existiert. Doch die ist ein Produkt des Jahres 1265 und wurde zurückdatiert. Es ist also nicht einmal Verlaß auf die Nullen.

Die lassen angeblich keinen kalt. Vermutlich muß man einfach selber denken und gedenken, wann immer es einem danach ist.

Freilich gibt es Eselsbrücken – runde Zahlen gehören dazu und Schnapszahlen. Aber die sollte man nicht überbewerten und zu Pflichtterminen hochstilisieren, die keine sind.

Für Gedenktagsgläubige, die es ohne Anlässe nicht aushalten: 1990 ist Simbabwe zehn Jahre unabhängig. Freue sich, wer sich vorfreuen mag.

25. Februar 1996

Beruf: Soldat

Es ging um Millimeter: Die Jungs der unruhigen siebziger Jahre wollten von ihrer Mähne nicht lassen. Den schneidigen Offizieren war das wie Spitzgras. Aber man mußte sich einigen – Haarnetzerlaß hieß der Kompromiß beim Kommiß.

Oder die Easy-going-achtziger-Jahre. Da schleppten die Wehrpflichtigen den lockeren Zeitgeist in die Kasernen, brachten aber auf dem Rückweg im Wochenendgepäck jene Argumente für Landesverteidigung nach Hause, die ihren 68er-Eltern nie eingefallen wären. Genutzt hat das beiden Seiten.

In vierzig Jahren sind auf diese Weise Bürger in Uniform vor allem Bürger geblieben – mit einigem Gemeinschaftsgeist, der eben nur in Gemeinschaft gelernt werden kann.

Das galt auch für Unternehmen. Sie mußten sich darauf einstellen, daß ihre aufstrebenden Talente nicht gleich zu Verfügung standen: Der „Bund“ mußte einkalkuliert werden. Dabei haben nicht alle jungen Männer mit den Zähnen geknirscht über das „verlorene Jahr“. Vielen war die Parkmöglichkeit willkommen zur Berufsfindung.

Der Zivildienst schließlich mit seinen Rechtfertigungsritualen, die lange Zeit kompliziert waren, ist heute unverzichtbarer Bestandteil dieser Gesellschaft. Er ist kein „Ersatz“-Dienst mehr. Er bringt vor allem neue, oft heilsam-harte Erfahrungen der Wirklichkeit für die Wunschkinder-Generation.

Die Einberufung gleicht einer negativen Lotterie.

Warum also sollte man über eine Armee der Wehrpflichtigen diskutieren, womöglich zugunsten einer Berufsarmee? Entstünde nicht eine geschlossene Gesellschaft hinter Kasernenmauern, die nur darauf wartet, daß es „los“ geht? Sind nicht gerade die Deutschen in ihrer Geschichte besonders anfällig gewesen für Militarismus mit der strammen Standardfrage: „Ham Se jedient?“

Vielleicht ist das eine Gefahr. Eine Gelegenheit wäre, nur die

Als Mörder beschimpft

Es erscheint mir wirklich abenteuerlich, wie leichtfertig mit unserer äußeren Sicherheit, die von der Bundeswehr gesichert wird, umgegangen wird. Streitkräfteplanung ist ein sensibler Prozeß, der über einen langen Zeitraum hinweg Gültigkeit hat. Fehleinschätzung oder leichtfertiger Umgang hat unter Umständen nur mit großen Anstrengungen – im schlimmsten Fall nicht mehr – zu behebende Folgen.

Patric M. Scholz, Eberdingen

Auch eine Berufsarmee wird in Deutschland große Probleme damit haben, einerseits immer neue „Regionalkrisen" bewältigen zu müssen und andererseits von den Menschen, für die man das tut, als Mörder beschimpft zu werden.

Ludwig Goller, St. Johann/Württ.

Der Schlußfolgerung von Frau Offenbach muß jeder, der die Bundeswehr nur ein klein wenig kennt, zustimmen.

unter Fahnen zu haben, die das selber wollen. Die Beispiele Somalia und Jugoslawien zeigen, daß die Europäer politisch und militärisch viel entschlossener sein müssen.

Und wenn sie es wären: in solche Krisengebiete dürfen Wehrpflichtige nicht geschickt werden. Regionalkrisen zu bewältigen, ist aber gerade die Aufgabe der Zukunft.

Die Landesverteidigung gegen den Feind aus dem Osten gibt es nicht mehr. Für solche raschen und komplizierten Einsätze seien zehn Monate Ausbildungszeit viel zu kurz, erklären die Fachleute des Kriegshandwerks. Die Armee sei technisch hoch anspruchsvoll.

Auch menschlich brauche es von Eurocorps bis Ifor gut vorbereitete Mannschaften. Außerdem entwickle sich heute schon die Bundeswehr „unterschwellig zur Freiwilligen-Armee“, weil immer mehr Männer (im vergangenen Jahr Höchstzahl 160 000) den Dienst mit der Waffe verweigern.

Von Wehrgerechtigkeit kann ohnehin nicht gesprochen werden. Schon deshalb nicht, weil nicht alle eines Jahrgangs eingezogen werden. So gleicht die Einberufung einer negativen Lotterie. Das ist in der heutigen Zeit der schwierigen Berufschancen eine doppelte Benachteiligung.

Die Franzosen haben gerade die Konsequenzen gezogen. Bis 2001 schaffen sie sich eine l'armee de metier. In Großbritannien und Amerika gibt es sie schon. Und wir?

Deutschland ist in einer ganz anderen, schwierigeren historischen Situation, zumal nach der Wiedervereinigung. So etwas wie das Bewußtsein einer Nation gab es im Westen eher wenig. Und im Osten zerbrach der ziemlich gewalttätige Versuch einer Volksarmee in tausend Stücke. Dieses Gemenge muß sich erst einmal zu so etwas wie einem Volksganzen finden, ehe eine Armee installiert wird, die freiheitlich alle demokratischen Deutschen vertritt.

Da könnte es helfen, wenn die Regel gälte, daß alle jungen Menschen ein Jahr der Gemeinschaft dienten im sozialen, ökologischen und kulturellen Bereich. Ja, auch die Frauen, denn ihre Biografien sind heute keinesfalls mehr automatisch durch Benachteiligung geprägt.

Auch wenn Kanzler und Verteidigungsminister erklären, die Wehrpflichtarmee bleibe – so mag das für ihre absehbare Amtszeit stimmen.

Aber längerfristig sprechen die gewichtigeren Argumente für das Gegenteil: Für eine Armee der Berufssoldaten. Es wäre ein Beruf wie jeder andere.

Es kann in Zukunft nur eine Berufsarmee geben. Wehrpflichtige sind vergleichbar mit den Wochenend-polizisten in Baden-Württemberg – eben keine richtigen Fachleute.
Hans Seyband, Neustadt/Weinstraße

ECHT CLEVER DIE ABRÜSTUNGS-VERTRÄGE EINFACH DURCH EINSPARMASSNAHMEN ZU ERFÜLLEN.

21. Juli 1996

Die Uniform ist zu eng

Mädchen am Maschinengewehr, Frau im Panzer – Bilder, bei denen die Emotionen hochgehen. Ist das die endgültige Brutalisierung der Gesellschaft? Oder ist es die endgültige Gleichstellung der Frau in der männlichsten Domäne, dem Militär?

Wäre damit wenigstens hier Waffengleichheit hergestellt?

Frauen in der Bundeswehr gibt es seit über zwanzig Jahren, überwiegend im Sanitätsdienst, in der Verwaltung und bei der Musik. Wo aber die richtige Musik spielt, zum Beispiel beim Wachdienst mit der Waffe, da sind Frauen ausdrücklich ausgenommen. Er wäre aber die Voraussetzung für den richtigen Aufstieg.

Weht also wieder einmal von daher der Wind? Wird Konkurrenz ausgeschaltet, bevor sie sich zeigen kann? Nach Artikel 12 des Grundgesetzes hat jeder das Recht, seinen Beruf und Arbeitsplatz frei zu wählen. Der 12 a schränkt allerdings schroff ein:

„Frauen dürfen auf keinen Fall Dienst mit der Waffe leisten."

Begründung: „Unsere Auffassung von der Natur und der Bestimmung der Frau".

Die bewahrende Natur, die beschützende Bestimmung – wenn doch alle, denen diese Werte wichtig sind, sie in ihrem persönlichen Umfeld umsetzen wollten. Welcher Natur die Frau sei, bestimmt im übrigen am besten sie selbst.

Beim freiwilligen weiblichen Waffendienst wird man um eine Grundgesetzänderung nicht herumkommen. Was aber hält eine Zweidrittelmehrheit der Abgeordneten davon ab, diese mittlerweile zu enge Uniform zu öffnen? Womöglich ein ganz anderer als der angegebene Grund.

Denn die „Bestimmung" der Frau kümmert ja auch keinen, wenn Krieg ist, wenn Frauen die Folgen jedweden Irrsinns zu tragen haben. Männer und Söhne verstümmelt, Frauen vergewaltigt – auf dem Balkan haben wir zugesehen, im eigenen Land wissen Generationen

14. Juni 1998

Die neuen Soldaten

„Die Dinge, die Menschen glücklich machen, sind alle nicht teuer: ein Buch, ein Lächeln oder das Gefühl, in einer Alltagssituation richtig gehandelt zu haben."

Michael Douglas

„Was, über die Armee willst du schreiben?" erstaunt sich ein Kollege.

„Da hast du keine Chance, wenn du nicht die Herzen erreichst."

Aber wie erreicht man die Herzen mit dem Thema Militär? Umgekehrt scheint es leichter zu sein.

Immer öfter erobern sich die Soldaten selbst die Herzen der Zivilen. Letztes Jahr an der Oder, dieses Jahr in Bosnien. Nehmen wir das genügend zur Kenntnis? Wissen wir zu würdigen, daß die beiden deutschen Armeen fast geräuschlos die größte Vereinigung in Deutschland geleistet haben? Immerhin waren sie ideologisch am weitesten voneinander entfernt.

Da brechen Wirtschaftsblöcke auseinander und Weltmächte zusammen – und die Soldaten? Sie bleiben in den Kasernen.

Im Kontrast dazu zivile Ministerien: Sie machen – ganz die alten – Milliardenrechnungen auf für ihre neuen Büroburgen samt Schmerzensgeld für einen Umzug, als stehe hier die eigentliche Front.

Die Armeen haben eine neue Nato mit einem Verständnis gebaut, das sie vor Jahren wohl selbst kaum für möglich gehalten hätten. Immerhin hatten sie bis vor kurzem noch die Raketen gegeneinander gerichtet. Diese Revolution gehört in die Gehirne und in die Herzen der Menschen. Oder ist es doch nur neuer Geist in alten Röcken?

Zwei Armeen fast geräuschlos vereinigt

Leider noch mehr: Auch alter Geist rumort in neuen Röcken. Das haben die rechtsradikalen Um- und Auftriebe gezeigt: Ausgewiesene Rechtsradikale referierten in der Bundeswehrhochschule, und Videos mit gespielten Erschießungen und Vergewaltigungen tauchten auf. Diese Abartigkeiten wurden zu davon zu berichten, wieviel Rücksicht im Ernstfall auf die „Natur" der Frau genommen wird.

Nein, das Thema „Frauen in Uniform" gehört in einen größeren Zusammenhang. Die Wehrpflichtarmee ist längst zu einer Freiwilligentruppe geworden, im Verhältnis eins zu drei.

Ein Grund, weshalb die Politiker immer noch an der Wehrpflicht festhalten: Mit ihr fiele auch der Zivildienst weg, und ohne diese billigen Hilfskräfte brächen fast alle karitativen Einrichtungen zusammen. Ersatzkriegsschauplatz also.

Im Klartext: Das ganze soziale System muß neu geordnet werden.

Zum Beispiel: Alle jungen Menschen dienen der Gemeinschaft ein Jahr lang. Und die Gesellschaft bestimmt, wo dieser Dienst am dringendsten gebraucht wird – im Sozialbereich, bei der Umwelt, der Kultur oder eben der Verteidigung. Aufstiegschancen wären dann auch für alle gleich.

Frauen lassen sich nicht verbieten, den Dienst mit der Waffe zu leisten.

Bisher scheitert die allgemeine Dienstpflicht an den engen Grenzen, die dem Staat gesetzt sind.

Er darf seine Bürger nur mit dem belasten, was zur Erfüllung staatlicher Aufgaben unabdingbar ist. Erfordert die Verteidigung des Landes Zwangsdienst junger Männer nicht mehr, müssen Freiwillige her. Braucht die Gesundheitsfürsorge Mitarbeiter, ist das Arbeitsamt gefragt, nicht der Zivildienst. So weit die Auffassung in Karlsruhe.

Im Leben allerdings sieht es so aus, daß unter dem Deckmantel der Humanität eine heuchlerische Diskussion geführt wird. Eine Verteidigungswaffe sei weniger verwerflich (für Frauen) als eine „richtige" (nur für Männer). So, als lasse sich das säuberlich auseinanderhalten.

Außerdem ist unwahrscheinlich, daß sich die Mädchen zu den Waffen drängen (in Schweden ist die Begeisterung abgeflaut). Aber verbieten lassen wollen sich die Frauen nichts mehr. Deshalb schlagen sie Alarm, was – längst eingedeutscht – nichts anderes heißt als: Aux armes! – an die Waffen.

Recht in den Medien angeprangert.

Die andere Seite allerdings sollte gleichermaßen präsent sein: Statt auf dem Balkan als internationale Schutztruppe herumzusitzen, hat man Cimic gegründet. Diese Projekttrupps aus Pionieroffizieren, Fachleuten für Hochbau, Bautechnikern, Fahrern und Übersetzern arbeiten mit örtlichen Firmen zusammen, überwachen Ausschreibung und Ausführung von Flüchtlingswohnungen, Krankenhäusern, Wasser- und Energieversorgung.

Die Soldaten sind bei der Sache, weil sie „etwas Vernünftiges" tun können. Die Bevölkerung ist für diesen pragmatischen Einsatz dankbar. Solche Soldaten sind weder Feind noch Freund, sie sind Partner, Helfer.

Das sind die neuen Soldaten, die „in einer Alltagssituation richtig handeln" lernen. Es sind nachdenkliche junge Männer und Frauen. Sie verdienen Respekt. Dieser Respekt drückt sich darin aus, daß auch die zivile Umgebung umdenkt.

Beim Besuch eines solchen Cimic-Projekts in Bosnien-Herzegowina sagte mir sogar der Cap-Anamur-Gründer Rupert Neudeck:

„Bei dieser guten Rolle, die die Armee hier spielt, müssen auch wir Pazifisten umdenken."

Botschaft angekommen? In Frankfurt an der Oder – Fehlanzeige. Ein öffentliches Gelöbnis von Rekruten wurde von Politikern abgesagt. Tiefgreifende Begründung: „Ich habe etwas gegen Uniformen", „ich bin Pazifist, habe mit der Bundeswehr nichts am Hut" oder „war bei der NVA Verweigerer und Bausoldat". Verbunkerte Hirne und starre Argumente.

„Alles Wahlkampf", meint der Kollege zum Thema Pro und Contra Gelöbnis. Und aus dem Wahlkampf müsse man die Bundeswehr heraushalten. Einspruch, Euer Ehren. Wofür gibt es denn eine Wahl, wenn nicht als Kampf um die besseren Wege?

Mich überzeugen diejenigen am meisten, die bessere Wege nicht weisen, sondern gehen. Zum Beispiel die neuen Soldaten.

28. März 1993

Gott ins Grundgesetz ?

„Gott hat in der Verfassung nichts zu suchen.“ So deutlich sagt es einer, der etwas davon versteht und keinesfalls ein gottloser Geselle ist: Pfarrer Wolfgang Ullmann, Bundestagsabgeordneter und Mitglied der Verfassungskommission.

Gebt der Kirche, was der Kirche, und dem Staat, was des Staates ist. Aber auch nicht mehr. Und dies säuberlich getrennt. Es geht darum, welchen Einfluß die Kirche künftig im Staat haben soll, ob sie Verfassungsrang braucht oder nicht.

Vielleicht braucht sie ihn, aber sie soll ihn nicht haben. Warum auch? Laut Grundgesetz (Art. 140) „regeln die Religionsgesellschaften ihre Angelegenheiten selbständig“, es herrsche Religions- und Glaubensfreiheit, und niemand dürfe wegen seines Glaubens benachteiligt werden. Soweit die Theorie.

Die Praxis hat in vierzig Jahren Lebenswirklichkeit daraus einen Konzern Kirche entstehen lassen, der international operiert und investiert. Nichts dagegen. Nur dann klar als EKD e. V. oder Katholische Kirche GmbH. Und ohne Sonderrechte mit staatlichem Zwangseinzug der Kirchensteuer.

Gerade damit hat das Moralunternehmen Kirche allerdings prächtig gelebt: Allein 1992 ergoß sich ein Geldsegen unerwartet und ohne Verdienst. Geschätzte 17,1 Milliarden Mark, ein Plus von 12,3 Prozent, flossen an Landeskirchen und Diözesen. Und das bei drastisch sinkender Mitgliederzahl – ein jährliches Minus von rund 140 000 – und dramatisch weniger Geistlichen, also weniger Gehältern.

Kein Wunder, daß man sich kirchlicherseits vielleicht noch Engel vorstellen kann, aber kein Leben ohne Kirchensteuer.

Es geht ja auch nicht um Kleingeld, sondern um größere Beträge.

Paradies auf Erden

Recht so, Frau Offenbach, und feste weiter so: Raus mit Gott aus unserem Grundgesetz, raus mit der alten Kirche aus unserer neuen Gesellschaft, raus mit Religion und Moral aus den Köpfen der Bürger! Dafür mehr Hochsicherheitsgefängnisse à la Weiterstadt, mehr Terroristen, mehr Rechtsradikale, mehr Drogensüchtige, Alkoholiker, mehr Ehe- und Familientragödien, überhaupt mehr Skandale.
Domkapitular Johannes M. Dörr, Speyer

„Drastisch weniger Geistliche“ trifft nur für die römisch-katholische Kirche zu. In den evangelischen Landeskirchen gibt es so großes Interesse und drängen die jungen Theologen so zahlreich in die Pfarrämter, daß die Kirchen viele abweisen müssen, zum Teil in die Arbeitslosigkeit hinein!
Prof. Dr. Dr. Rainer Mayer, Stuttgart

Verquickung von Staat und Kirche sollten eigentlich der Vergangenheit angehören. Statt dessen werden die gläubigen „Schäfchen“ weiterhin saftig zur Kasse gebeten, um mit dem angeblich so großen sozialen Engagement der Kirche eine Legitimation zu liefern.
Michael Engel, Landau

Frau Offenbach irrt mit ihrer Schätzung von sieben bis zwanzig Prozent als Anteil der christlichen Kirchen im sozialen Bereich, mindestens was unsere Kirchengemeinde angeht. Ich kann versichern, daß die finanziellen Mittel, die uns im Rahmen eines für jedermann einsehbaren Haushalts zur Verfügung stehen, weitgehend notwendigen Anliegen der Bevölkerung zugute kommen. *Hans Albrecht Schwarz, Kirchengemeinderat, Ludwigsburg*

Im Geschichtsunterricht habe ich gelernt, daß die Nennung des Namens Gottes in der Präambel des Grundgesetzes mit unserer deutschen Geschichte zu tun hat: mit dem Zusammenbruch des Nationalsozialismus und

Anders gesagt: um Privilegien und um Macht. „Geld ist Macht", sagt der Generalvikar der Erzdiözese Köln, Norbert Feldhoff, „sollte es jemand doch leugnen, so müßte man prüfen, ob er wegen mangelnder Eignung oder Heuchelei zu entlassen ist." Wohl wahr.

Gerade in Köln, einem der reichsten Erzbistümer der Welt nach Chicago, beteiligt sich das Kapital Kirche gern an Weltlichem. Obwohl Körperschaft des öffentlichen Rechts, hält man dem Vernehmen nach keineswegs veröffentlichte Anteile an Unternehmen wie Bayer, BASF, BMW und Linde sowie an den Branchen Steinkohle, Elektrizität, Zucker und Stahl. Auch Immobilien reichlich, Größenordnung ebenfalls unklar.

Ein beispielloses, unkontrolliertes Vorrecht ohne Gegenleistung auch dies: Theologische Professoren werden von ihren Kirchen berufen oder entlassen, aber vom Staat bezahlt (von uns allen, auch von denen, die ihre Kirchensteuer bereits abgezogen bekamen), zirka 1,1 Milliarden Mark jährlich.

Religionsunterricht: rund 3,6 Milliarden. Militärseelsorge aus dem Verteidigungshaushalt: etwa 50 Millionen. Alles extra.

Kirchlicherseits kann man sich vielleicht noch Engel vorstellen, aber kein Leben ohne Kirchensteuer.

Ja, aber das Soziale! So hört man oft sagen. Hat denn einmal jemand recherchiert, um welche Größe es sich dabei handelt? Kann er auch gar nicht, denn er wird nirgendwo eine klare Antwort erhalten.
Die Schätzungen schwanken zwischen sieben und zwanzig Prozent. Auf jeden Fall ein sehr kleiner Teil vom Ganzen.

Kirchen aber können gerade dann stark sein, wenn sie vom Staat unabhängig sind – das zeigte die DDR, das sehen wir in Frankreich oder den USA, in Ländern, die auch nicht gerade zum Reich des Bösen gehören. Dort herrscht im Gegenteil oft ein intensives religiöses Leben.

Die Kritik an der Kirche kann man auf allen evangelischen und katholischen Kirchentagen hören. Sie bleibt allerdings folgenlos.

Und diese Vereinigung will jetzt auch noch in die Verfassung christliche Grundsätze hineinschreiben lassen, weil man doch dies vor allem brauche: Wertorientierung in einer sich dramatisch ändernden Welt.

Werte neuerdings via Werbeagentur – wenn das nicht die neue Weltoffenheit ist! Geld hat's ja genug. Und Ideen? Solche haben die teuren Kreativ-Profis – da muß man erst mal draufkommen beim Kunden Kirche: Bibelzitate!

Wer christliche Orientierung sucht, kann sie bei den Kirchen finden. Er kann sie selbstverständlich auch bezahlen. Aber automatische Christen sollte es in Zukunft nicht mehr geben. Denn auch für die Kirche gilt: Wer sich nicht biegt, wird brechen.

---

mit dem bewußten demokratischen Neubeginn nach 1945. Damals wurde um diese Formulierung gerungen. Sie wurde mit überwältigender Mehrheit angenommen. Wer darüber schreibt, sollte die Geschichte nicht vergessen.
Ulrich Warth, Weinstadt-Endersbach

Warum sollte man den Namen Gottes, der im Grundgesetz steht, aus einer Neufassung entfernen, obwohl der Gedanke an ihn vielen Bürgern Lebenshilfe gibt und zu sozialem Verhalten (Nächstenliebe) mahnt? Dem „Zwangseinzug der Kirchensteuer" kann man sich, wenn man sich ihm nicht unterwerfen will, jederzeit durch eine Austrittserklärung entziehen. Wenn die Kirchen aber mangels Mitteln ihre sozialen Einrichtungen vom Kindergarten bis zum Altersheim aufgeben müssen, so wird nach den bisherigen Erfahrungen der Staat sich durch eine Art „Sozialsteuer" die nötigen Mittel verschaffen, Gläubige wie Nichtgläubige werden zahlen müssen.
Dr. Albert Riester, Stuttgart

Ich gebe Ihnen recht: Kritik an der Institution Kirche ist immer wieder notwendig. Aber zu behaupten, sie bleibe „folgenlos", halte ich für unzutreffend. Schauen Sie doch bitte an die Basis unserer Kirchengemeinden, auch an die ökumenische Basis, wie viel sich verändert.
Gerhard Fischer, Pfarrer, Stuttgart-Sonnenberg

Ich möchte Frau Offenbach zu diesem Artikel gratulieren. Er ist bis jetzt einer ihrer besten, klar in der Sprache und der Argumentation und in der Beschreibung der vielfältigen Verflechtung von Staat und Kirchen.
Ferdinand Richter, Ulm

Selten habe ich etwas so Boshaftes und Ungerechtes gelesen wie den Artikel „Gott ins Grundgesetz?"
Dr. Martin Eckholdt, Blaubeuren

Konzern Kirche II

Nicht ganz zwei Jahre ist es her: Die Kolumne hieß „Gott ins Grundgesetz?“. Es ging um die Trennung von Kirche und Staat und um die Verbindung von Geld und Glauben.

Pfarrer en masse luden danach ein, ihren täglichen Streß kennenzulernen, rechtschaffene Gemeindeversammlungen wollten ihre Etats erläutern.

Wissen sie es nicht besser, oder wollen sie es nicht wahrhaben: Das Geschäftsgebaren der Kirchen-Konzerne ist und bleibt ein wahrhaft biblisches Buch mit sieben Siegeln (ohne Offenbarung 5,1). Unbestritten, der eine oder andere Teilbereich liegt offen und zeigt, wohin das Geld geht. Aber die ganze Wahrheit? Die Dimension dort, wo sie interessant wird, bleibt weithin unklar.

Gerade hat sich der „Spiegel“ mit dem „himmlischen Reichtum“ befaßt, seine Ausbeute ist eher mager: Die 17 Milliarden Mark Kirchensteuer, die sich die beiden großen Kirchen jedes Jahr christlich teilen, sind bekannt – danach gleitet die Recherche ins Ungefähre.

...VERLORENE-SEELE-AKTIEN SOFORT VERKAUFEN....

„Etwa, rund, um die“ sind Formulierungen, ohne die man bei einer Darstellung der Kirchenfinanzen nicht auskommt. Dabei geht es um richtig gutes Geld, sonst würde sich das Verschleiern ja auch nicht lohnen.

Wieviel frommes Geld gibt es ?

„An die“ zehn Milliarden dürfte sich die katholische Kirche jährlich durch Spenden, Staatszuschüsse, Entgelte und Zinsen zusätzlich hereinholen. Bis aber allein eine Milliarde – das sind 1 000 000 000 Mark – an Zinsen oder Spenden beisammen sind, braucht es schon ein kräftiges Vermögen an Kapital und dazu natürlich auch an Wohlwollen. Wieviel frommes Geld gibt es?

Diese Melange ist es, die einem das Zuschauen so schwer erträglich macht: Da wird zur Kollekte aufgerufen mit scheinheiliger

Mutiger Bericht

Mit Ihrer Kolumne über die Kirche haben Sie den Nagel voll auf den Kopf getroffen. Für diesen mutigen Bericht spreche ich Ihnen meine Hochachtung aus, weil Sie es gewagt haben, einem so übermächtigen Konzern die Stirn zu bieten. Bravo, machen Sie weiter so.

Günter Hörhammer, Kaiserslautern

Die Haushaltsberatungen der Evangelischen Kirche der Pfalz sind öffentlich. Hier und bei jeder erbetenen Gelegenheit wird Auskunft gegeben bis ins letzte Detail, ohne jede Verschleierung, über Einnahmen und Ausgaben, über Anlagevermögen und Rücklagen.

Udo Sopp, Kirchenrat, Speyer

Hohlwangigkeit; dabei wird das derzeitige Anlagevermögen allein der Caritas auf 40 Milliarden geschätzt, der Jahresumsatz von Caritas und Diakonie zusammen soll „irgendwo um die 30 Milliarden" liegen, vermutet immerhin ein ehemaliger Finanzdirektor. In dieser Größenordnung liegt auch ein Konzern wie Thyssen – nur: Geht der sonntags sammeln?

Das Imperium kontrolliert sich selbst, Neugierigen wird die Tür gewiesen. Das kann jeder nachprüfen, der sich präzise interessiert. Insofern agiert der Konzern Kirche (ziemlich unterschiedslos bei den Konfessionen) verschlossener als eine landläufige Aktiengesellschaft.

Das könnte ja noch angehen, wenn hier nicht öffentliche Mittel – unser aller Geld, und zwar unabhängig, ob ein- oder ausgetreten – großräumig verwendet würden.

Wir diskutieren in Ostdeutschland versackte Milliarden, wir kritisieren die Parteienfinanzierung, verlangen vom Kartellamt Eingriffe, wenn ein Unternehmen marktbeherrschend wird – und bei der höchst weltlichen Kirchenmacht schließen viele keusch die Augen.

Gerade die Gerechten und Tüchtigen aber, die sich aufreiben, werden ihrerseits aufgerieben zwischen dem Reichtum der Institution einerseits und ihrer aktuellen Finanznot andererseits. Da kann ein Kirchendach nicht gedeckt oder der Diakonie kein Aufenthaltsraum genehmigt werden, weil kein Geld da sei.

Wie denn das, bei derart riesigem Anlagevermögen? Liegen hier gravierende Managementfehler vor? Oder was sonst? Werden wir es je erfahren?

Wir müssen es verlangen. Weil gerade derjenige, der seiner Kirche eine glaubwürdige Zukunft wünscht, eine finanziell vermauschelte Gegenwart nicht dulden kann.

Wir sollten auch den Schlechte-Gewissen-Verbreitern nicht auf den Leim gehen, die immer noch drohen: Die Sozialarbeit bricht ohne Kirchen zusammen. Also finanziell bestimmt nicht, denn 70 Prozent stammen von Kassen und privaten Beiträgen, 20 Prozent aus Staatszuschüssen und allenfalls „drei bis fünf Prozent" aus kirchlichen Eigenmitteln. Der Rest sind Spenden.

Bleiben die Medien, die immer in die Suppe spucken, anstatt das Positive zu beschreiben, das es wahrlich auch gibt. Die sich – statt den ewigen – den unbequemen Wahrheiten zuwenden.
„Man schießt sich wieder einmal auf uns ein", hieß der Seufzer schon vor Jahren. Nur, was hat das Ziel daraus gelernt? Ist es geringer, durchsichtiger geworden?

Journalisten arbeiten à jour, für den Tag. Da schadet es nicht, wenn sie öfter einmal nachsehen, was aus Themen geworden ist.

Falls sich etwas geändert haben sollte, ist es damit wie mit der Bilanz – geheime Verschlußsache.

In den USA, Großbritannien, Frankreich, Italien, ja sogar im erzkatholischen Spanien wäre es undenkbar, daß deren Regierungen ihren Bürgern um des Glaubens willen zweistellige Milliardenbeträge aufbürden. Nicht so bei uns. Die Deutschen ertragen es, weil sie daran gewöhnt sind.
Werner Bullack, Reutlingen

Tatsache ist, daß die jährlichen Haushalte der Evangelischen Landeskirche und auch jeder einzelnen Kirchengemeinde öffentlich ausliegen und auch öffentlich diskutiert und verabschiedet werden.
Dr. Werner Lempp, Schorndorf

Großkirchen leben nicht von der Kirchensteuer allein. Sie erhalten erhebliche Gelder aus allgemeinen Steuermitteln. Das wissen nur wenige. Alle bundesdeutschen Steuerpflichtigen, unabhängig davon, ob sie einer Kirche angehören, ob sie Christen oder Mohammedaner sind, zahlen die Subventionen mit. *M. Hösch, Reutlingen*

Wenn die Kirche Zuschüsse von den öffentlichen Händen bekommt, dann ist das nicht mehr wie recht und billig. Und wenn die Leute spenden, was ja nach wie vor der Fall ist, dann tun sie dies aus Gründen christlicher Überzeugung. *Franz Adam, Ludwigshafen*

Bei meiner hausärztlichen Tätigkeit bin ich immer wieder froh, wenn ich Pflegebedürftige auf die Sozialdienste der Kirchen hinweisen kann. Oder wer würde sich um die Wohnsitzlosen, Einsamen oder Drogenabhängigen kümmern, wenn der Staat seine Leistungen für diesen Personenkreis zunehmend reduziert? *Dr. Eugen Palmer, Stuttgart*

Mit nichts ist so viel Geld zu verdienen wie mit der Ungewißheit, ob es ein Leben nach dem Tode gibt oder nicht. Und dies funktioniert schon seit vielen Jahrhunderten zum Wohle der Kirchen.
Ernst Reiff, Lichtenstein

8. April 1984

Christen 2. Klasse

Die Frauen sind der Kirche liebste Kinder. Sie kommen als kleine Mädchen, und sie sitzen – wenn die meisten die Kirche aus modischen oder ideologischen Gründen längst verlassen haben – als alte Frauen noch immer in den Bänken.
Treu und brav, betend und arbeitend dienen sie der Mutter Kirche und hoffen auf Trost und Vergebung.
Die werden gewährt. Aber das war's dann auch.

Wie geht die Kirche mit den Frauen um? Gar nicht. Oder mit den Worten eines namhaften Geistlichen: „Bei Frau und Geschlechtlichkeit, da hebt's ungeheuer."

Die Diskussion um Empfängnisverhütung war ein Meilenstein. Da verwies die katholische Kirche die Frauen zunächst auf ihr Gewissen, der jetzige Papst indessen sprach heftig gegen Geburtenkontrolle.

Im kirchlichen Leben soll man den Nächsten schätzen, achten und lieben, aber die Kirche tut dies etwas weniger, wenn dieser Nächste eine Frau ist.

Sie soll gerne Nonne sein, sie darf in Gemeinden, Krankenhäusern, Schulen arbeiten, Arme und Minderheiten betreuen. „Ohne engagierte Frauen könnte die katholische Kirche einen Großteil ihrer Aufgaben nicht mehr erfüllen", sagt Hans Küng. Aber Priesterin werden, die Sakramente spenden? Da sei Rom vor!

Die evangelische Kirche ist da etwas weiter, wenn auch mit Mühen und Ächzen. Für ein katholisches Mädchen jedoch ist es das Höchste, daß sie – auch nur in fortschrittlichen Gemeinden – als Ministrantin Dienst tun darf.

Mir geht es nicht darum, auf Posten für Frauen zu pochen:
Es geht um die Bewertung einer Hälfte der Menschheit. Die Kirche leistet es sich, diese Hälfte entschieden geringer zu bewerten. Warum? Theologisch ist das nicht begründet. Es können also nur traditionelle Gründe und Machtfragen sein.

Übrigens: Jesus hat zu Lebzeiten damalige Tabus freimütig überschritten, er sprach in der Öffentlichkeit mit einer Frau. Und Paulus sagte später: Von jetzt an gilt nicht mehr Mann und Frau, Sklave oder Freier. Alle sind eins in Christus. Und in der Kirche heute?

3. Februar 1991

Gepflegte Angst

„Wie soll ich das meinen Kindern erklären?" Falls diese Frage der Leserin nicht nur rhetorisch ist, erklärt man Kindern am besten, was sich auch sonst empfiehlt, die Wahrheit.

Und die Wahrheit dieser Welt ist ihre Zerrissenheit, ihr Sowohl-als-Auch, ihr Ja-Aber. Heile Welt ist nicht – oder braucht es noch mehr Beweise?

Die Wahrheit – und nicht nur für Kinder – ist auch, daß der Krieg glücklicherweise nicht bei uns ist. Wir haben wieder einmal Glück gehabt, es geht uns besser als den meisten anderen Menschen auf der Welt. Und was machen wir mit diesem Glück? Einander anjammern, die eigene Salonangst formulieren, so lange, bis man sie selbst für wesentlich hält.

Wie wäre es mit etwas mehr Haltung in diesen Tagen und etwas weniger spontanem Blubbern?

Was ich beobachte, ist ein heftiges Klammern an Ideologien und Weltanschauungen. Der Papst hat entsprechend seismographisch den richtigen Zeitpunkt getroffen:
Er beklagt den Mangel an missionarischem Eifer. Als ob wir davon nicht genug in der Welt hätten!
Das Gegenteil wäre hilfreich.

Wir bilden uns ein, unsere Lektion gelernt zu haben, verlangen deshalb arrogant von anderen, diese Sichtweise zu übernehmen.

Wir haben die Menschlichkeit gepachtet, und ohne uns groß um andere Kulturen zu kümmern, schimpfen wir orientalische Lebensweise als „Mittelalter". Wenn die nur erst wären wie wir!

Unsere Religionen auf Friedfertigkeit prüfen

Mit dieser Art geistigem Provinzialismus, mit dieser Informationsfaulheit, die nur sich selbst als Maßstab kennt, kommt man dem nicht bei, was im Fanatismus an Risiken steckt. In gewissem Maß gehört man dann selbst zu den Fanatikern. Hier liegen unsere Möglichkeiten in diesem Konflikt.

Statt Ängste zu päppeln, gilt es, den verbreiteten Realitätsverlust

Es könnte sein, daß gerade die jungen Frauen, die sich heute wieder mit mehr Wissensdurst und Engagement der Kirche zuwenden, von dieser Oben-unten-Mentalität abgestoßen werden.

In ihrem täglichen Umgang erfahren sie größere Achtung, als selbst das neue Kirchenrecht ihnen zugestehen will. In der heutigen Kirchenwelt sind Frauen Christen 2. Klasse.

Rücksichtslos

Ich war 3 1/2 Jahre Hausmeisterin in einem evangelisch-katholischen Gemeindehaus, und ich muß leider sagen: Ich bin meiner Lebtag' noch nicht derart schäbig, rücksichtslos und hinterhältig behandelt worden.

Helga Kust, Gärtringen

aufzuspüren und einzugestehen. Verblüffend offen antwortet ein Schriftsteller auf die Frage, weshalb sich die Literatur nicht intensiver um den Golf kümmere: „Wir haben es bis heute ja noch nicht mal verkraftet, daß das mit dem Sozialismus schiefgegangen ist."

Honorige Erkenntnis, die an einen Kranken erinnert, der sich nicht um seinen Krebs kümmert, weil er die Gicht hat.

Wenn nicht der osteuropäische Zusammenbruch und jetzt dieser Krieg, was soll uns dann von einer verniedlichten Weltsicht abbringen?

Das ganze Inferno dieses Krieges werden wir erst erfahren, wenn die Zensur aufgehoben sein wird. Dann wird nicht nur unser Realismus abermals strapaziert, es wird unsere ganze Kraft brauchen zum Mitleiden und Mithelfen. Angst, höre ich sagen, sei aber auch eine Realität und nicht mit strammer Haltung zu bewältigen. Ich fände trotzdem die Disziplinierung der Gefühle einen Versuch wert.

Dazu gehört, nicht nur andere Fundamentalisten und Fanatiker zu verachten, sondern die eigenen Abhängigkeiten zu überprüfen. Haben wir nicht dringenden Grund, unsere heimischen Religionen auf ihre Friedfertigkeit abzuklopfen?

Wenn der Mensch schon glauben muß, dann ist jetzt mehr Anlaß denn je, diesen Glauben auf seine Wirkung zu überprüfen. Weniger auf seinen Anspruch.

Danach hält sich nämlich jeder für gerecht: Wir reklamieren Freiheit und Vernunft als unveräußerliches Menschenrecht, die Orientalen sehen das ganz anders. Sie fühlen sich gedemütigt, halten Krieg und ihren Sieg für gerecht.

Bei so vielen Gerechten kommen wir nicht zum Frieden. Vor allem, wenn die dann auch noch missionieren sollen.

Illusionisten

Ob mit oder ohne missionarischem Eifer – genausowenig wie es sich lohnt, für irgendein Vaterland dieser schönen Welt den Heldentod zu sterben, genausowenig lohnt es sich, durch religiösen Fanatismus für eine der zigtausend Glaubensrichtungen dieses Planeten zum Narren gemacht zu werden.

Helmut Müller, Winnenden

4. Februar 1996

Wo ist Luther II ?

Wir könnten ihn gut gebrauchen, einen zweiten Martin Luther. Einen, der die Kirche an Haupt und Gliedern reformierte. Denn daß sie das nötig hat, bezweifeln nicht einmal ihre treuesten Gefolgsleute. Da wir aber keinen Reformator sehen, ist auch die Gefahr einer Reformation gering.

Was sich heute als Widerspruchsgeist formiert, kommt schriftlich und höflich daher – als Kirchenvolksbegehren.

Und was begehrt das Volk?
1,5 Millionen Katholiken möchten Frauen und verheiratete Männer als Priester sehen.

Das scheint angesichts dramatisch sinkender Zahlen von Theologiestudenten und priesterloser Gemeinden keine völlig abwegige Idee zu sein. Zumal es für den Zölibat keinerlei theologische Begründung gibt. „Er wurde erfunden", so der Tübinger Theologieprofessor Dr. Alfons Auer, „weil sonst allmählich kirchliche Güter in die Erbfolge eingebracht worden wären. Das wollte man verhindern."

Begehrt das Kirchenvolk wirklich auf ?

Sittlich verbrämt wurde die Askese dann mit der totalen Hinwendung an den Dienst für Gott und Gemeinde. Er sollte nicht durch Sex und Weiblichkeit irritiert werden. Bei der Gelegenheit konnte man auch gleich die Frauen von den lukrativen Pfründen fernhalten. Darum geht es doch – ums Geld.

Solange reichlich davon vorhanden war, konnte man so profane Unterstellungen empört zurückweisen. Nun, da die Verhältnisse enger werden, schält sich immer mehr der Kern heraus.

Bei der Reformation II wäre nicht der Ablaßhandel zu verbieten, sondern der Einzug der Kirchensteuer durch den Staat – und dies natürlich für alle Konfessionen.

Was wäre, wenn die 1,5 Millionen Katholiken ihren Steuerbetrag auf ein Sperrkonto überwiesen, bis ihre Forderungen erfüllt sind? Wäre das Streik, Nötigung oder endlich wirksames Handeln?

Bisher besteht die „Revolte" nämlich aus neun Punkten und den Unterschriften. Die sind derart

1. Juni 1980

Suche nach dem Sinn

„Ich habe die Frauen hinter mir", soll Deutschlands mächtigster Zeitungsverleger Axel Springer „gestanden" haben, „jetzt bleibt mir nur noch der Glaube". Feierabend der Seele.

So kennen wir das. Wenn die Lust am Irdischen erlahmt, wenn Alter oder Krankheit die Regsamkeit bremsen, dann wacht die Nachdenklichkeit auf.

Das kann doch nicht alles gewesen sein! Manch einem, der rennend und rackernd sein Leben über die Runden gebracht hat, bleibt dann aber nicht einmal mehr die Zeit, nach dem Sinn zu suchen. Seine Uhr ist abgelaufen.

Für immer mehr Zeitgenossen fängt die „Zeit für die Seele" nicht erst fünf vor zwölf an. Sie wollen es gleich wissen. Heute.

Da sind die Jugendlichen, die plötzlich wieder mit Ernst und vielen Fragen zur Konfirmation gehen (während manche Eltern noch zum Fest für Magen und Geschenke laden). Es sind Fragen nach dem Leben.

Dahinter steht die Suche nach dem Sinn. Diese Suche gibt sich nicht zufrieden mit der „Endstation Diesseits". Sie will auch wissen, was nach dem Tode kommt.

Da ist gewiß auch viel modischer Spiritualismus dabei, so nach dem Bestseller-Motto: „Rückkehr aus dem Jenseits".

Aber nicht alles ist Seelen-Talmi. Glaube, Gott, Jenseits – das ist eine Wortkette, mit der man wieder unter die Leute gehen kann. In Sachen Seele werden auch immer öfter Pfarrer zu Rate gezogen, nachdem Psychologen und Psychotherapeuten bestenfalls die Seelen-Sanitäter für das Diesseits sind.

Zu diesem Sinneswandel haben auch die Kirchen selber beigetragen. Da hat sich vieles gewandelt. Immer mehr Geistliche legen die Kanzel-Verkündigungsmentalität ab. Sie treten mitten in ihre Gemeinden hinein, ins praktische und ganz normale Leben: Disco und Maitanz im Gemeindesaal gehören dazu. Nicht die Inhalte haben sich geändert, zwingend, daß sich „anfangs alle Bischöfe außerordentlich distanziert“ verhalten konnten, wie Professor Norbert Greinacher weiß.

Aber die Volksbegehrer sind auch keine Aufbegehrer. Ihr Vorsitzender Christian Weisner aus Hannover will „nicht gegen bestehende Strukturen arbeiten“. Ja, wogegen denn sonst?

Warum gerade Strukturen schonen? Sie sind es doch, samt den dazugehörenden Personen, die vielfach verkrustet sind und blockieren. Am besten sollte alles beim alten bleiben – stumm, gehorsam und profitlich.

Dabei hilft das Kirchenvolk indirekt durch besondere Langmut. Manches habe sich ja seit dem Zweiten Vatikanischen Konzil geändert, hieß es tröstend bei einer Tagung. Mag sein, nur das liegt 34 Jahre zurück. Es gab ja auch Zeiten, da war den Frauen das Singen in der Kirche verboten (1910). Man sieht, der feminine Fortschritt ist unaufhaltsam.

Dieses zügige Schrittmaß haben die Kirchenflüchtlinge, die jungen vor allem, aufgenommen. Sie sind weg. Der restliche Club der Seligen debattiert über den Ernst der Lage.

In welcher Zeit leben wir? Vielleicht ist die Antwort aber auch gar nicht mehr so spannend, weil sie sich erledigt. Die Kirchendiskussion könnte ein ähnliches Interesse finden wie die um den deutschen Osten – nämlich eher kaum eines.

Dann hätten wir eine neue historische Situation: Stell dir vor, es ist Reformation, und keiner merkt's.

wohl aber die Formen. Um dem lieben Gott zu dienen, muß man nicht immer von ihm reden: Einer, der diese neue geistliche Denkweise seit langem glaubwürdig verkörpert, ist der Rundfunkpfarrer Johannes Kuhn. Trotzdem:
Zu schneller Hoffnung, man brauche das vergessene Spirituelle nur wieder abzurufen, gibt es keinen Grund. Die Einheit von Religion, Sitte und Lebensweise liegt weit hinter uns. Sie wieder herstellen zu wollen, wäre Illusion. Unzerstörbar ist bestenfalls der Inhalt des Glaubens. Die Form gilt es immer neu und zeitgemäß zu beleben.

Ein gutes Zeichen: Eine Zeit, die so deutlich nach mehr Gesundheit im Geistigen und Seelischen sucht, kann so krank nicht sein.

... UND SO BIN ICH FROH UND GLÜCKLICH AUCH HEUTE WIEDER VOR DER GESAMTEN GEMEINDE SPRECHEN ZU DÜRFEN.

Keine neue Reformation

Ich teile die Meinung, daß das sogenannte „Kirchenvolksbegehren" keine neue Reformation hervorrufen wird. Dazu fehlt es an einer Persönlichkeit wie Martin Luther. Auch die Medienpropheten wie Küng, Greinacher, Drewermann und Ranke-Heinemann werden es nicht schaffen, einem erneuten Anlauf zum Siege zu verhelfen.

Dr. Albert Riester, Stuttgart

Ich muß wieder von dem starken Eindruck sprechen, den mir Ihre Betrachtung „Luther II" macht. Diese unverblümte Offenheit in Dingen, die sonst einfach tabu gehalten werden!
Und mehr noch: Zum Beispiel über den Zölibat bringen Sie Hintergründe, von denen ich bisher noch nie etwas hörte. Alle Achtung!

Reiner Thiel, Kusel

Luther hat die katholische Kirche nicht reformiert, sondern gespalten.
Die fällige Reform hat die Kirche ohne, ja gegen Luther ins Werk gesetzt.

Hermann Gschwendtner, Stuttgart

Mir kam ein Wort in den Sinn: „Herr, erneuere deine Kirche und fange bei mir an." Herr Greinacher könnte auf seinen staatlichen Beamtenstatus verzichten. Als Theologieprofessor an einer staatlichen Universität hat er sein Arbeitsleben lang auf Kosten der Steuerzahler, auch der atheistischen, ein über dem Durchschnitt der Einkommen liegendes Professorengehalt bezogen.

Herbert Mensinger, Ludwigshafen

1. März 1989

Vorsicht, Mädels!

„Diese Gesellschaft glaubt, wenn Mädchen auf Bäume steigen, stirbt der Baum."

Taslima Nasrin

Inzwischen steigen sie überall hin, die guten Mädchen. Eine aus dem Olymp, die Ausnahmegeigerin Anne-Sophie Mutter, auf die Frage, ob es sie störe, daß der Musikbetrieb von Männern dominiert werde: „Nein." Und die Wiener Philharmoniker? „Auch diese Burg wird fallen."

So locker kann sein, wer von Männern stets gefördert wurde. Für alle anderen gilt: Die Frauenfrage wird gestellt, um so deutlicher, je härter es am Arbeitsmarkt zugeht.

Man kann sich die Bewerber aussuchen. Wird man dann eine Frau nehmen? Man wird. Weil sich in Führungsetagen herumgesprochen hat, wie gut Frauen arbeiten.
Von einst hartleibigen Chefs kommen butterweiche Töne: „Meine Frauen sind die besten – einsatzfreudig, fleißig, kommunikativ."

Das gilt europaweit. Eine EU-Studie zeigt, daß sich der Bildungsgrad der Europäer bedeutend verbessert hat. Die Zahl der Studierenden verdoppelte sich in den letzten zwei Jahrzehnten. Dabei kommen durchschnittlich auf 100 männliche Hochschulabsolventen 110 Frauen. Bei Lossprechungsfeiern sind es Ausländer und die Mädchen, die Preise für den besten Lehrabschluß holen.

Mädchen wollen was und sind bereit, dafür den Rücken krumm zu machen.

Wenn es aber bei wichtigen Stellen Spitz auf Knopf steht, wer bekommt

den Job? „Wir suchen händeringend nach guten Frauen“, heißt es. Aber die Zahlen sprechen eine andere Sprache.

Selbst in der Frauendomäne Schule gibt es laut Kultusministerin Schavan nur 21 Prozent Führungsfrauen in Grund- und Hauptschulen, in Gymnasien bloß 5 Prozent.

Auf dem Weg nach oben wird jeder ausgebremst – von dem, der schon da ist.

Aber das ist auch kein Wunder. Wer kann es sich in dieser Zeit schon leisten, drei Jahre lang eine Stelle freizuhalten, weil die Mitarbeiterin im Erziehungsurlaub ist? Kurz vor Ablauf wird sie wieder schwanger und das dreimal hintereinander. So viel Überbrückung hält kein Arbeitsverhältnis aus, aber so ist die Gesetzeslage – und leider oft genug die Realität.

Eine Amtsleiterin im öffentlichen Dienst nahm keinen Mutterschaftsurlaub, weil es ihr in der Schwangerschaft gutging. Nach der Geburt blieb sie drei Wochen zu Hause, was sie sich von ihrem Urlaubskonto abbuchen ließ. Das brachte ihr eine Rüge der Frauenbeauftragten und eine kritische Anfrage des Ministeriums ein. Merke:

Man muß die Segnungen des Sozialstaats annehmen, sonst verdirbt man die Sitten.

Hartnäckig hält sich die Meinung, Frauen würden auf dem Weg nach oben ausgebremst. Auf dem Weg nach oben wird jeder ausgebremst, nämlich von dem, der schon da ist. Das sind überwiegend Männer. Deshalb wirkt wie Geschlechterkampf, was gewöhnlicher Machtkampf ist – unabhängig vom Geschlecht.
Um diese Härte abzumildern, haben die Frauen die Quote erfunden.

Dieser Denkfehler wird sich aber als Sackgasse erweisen. Die Mädels müssen merken, daß ihr Schonraum schädlich ist fürs Überleben im rauhen Wind der Konkurrenz.

Denn, nochmals die Amtsleiterin: „Ich hatte mehrere Stellen zu besetzen. Drei Frauen und ein sehr talentierter Mann sind in der engeren Wahl. Der kommt wegen der Quote schon überhaupt nicht in Betracht.“

Diese gutausgebildeten jungen Frauen, von denen mit Recht rühmend die Rede ist, sind oft eingelullt von der Erwartung, nun hätten sie Anspruch auf alles: Karriere und Kinder, Position und Privatleben. Die Gesellschaft habe das zu richten.

Nichts hat sie. Die jungen Frauen müssen sich entscheiden, wie sie ihr Leben gestalten wollen und was ihnen wirklich wichtig ist. Sie können das freier wählen als je zuvor – aber sie müssen es auch. Das nimmt ihnen niemand ab:
Da lauert die nächste Frauenfalle.

Wieviel Mutter braucht der Mensch?

Ein neues Menschenrecht deutscher Nation wird uns von Familienministerin Ursula Lehr beschert:

Jeder Mensch über zwei Jahre soll ein Recht auf einen Kindergartenplatz haben. So lautet ein Ziel ihrer Familienpolitik. Kinder berufstätiger Mütter seien früher selbständig.

Der „neue Mensch" wächst nicht im Hort.

Aber ist das denn das wichtigste Erziehungsziel: selbständig? Was ist mit: emotional gegründet, konzentrationsfähig, verantwortungsbereit? Nicht, daß solche Eigenschaften nur in der Familie und sonst nirgends geübt würden. Aber sie wachsen überwiegend dort, wo der kleine Mensch vor allem hingehört – in seinem Zuhause. Und das ist kaum der Hort.

Was hat man von dem politischen Ziel „ab zwei in den Kindergarten" zu halten?

Mir kommt der Verdacht, daß – unausgesprochen natürlich – dahintersteckt: Kriegt erst mal die Kinder, die wir brauchen, danach sehen wir weiter, zum Beispiel mit frühzeitigen Kindergartenplätzen.

Was hier nach Hilfe für junge Frauen aussieht, ist in Wirklichkeit die Abwertung der Familienfrau. Der Beruf Mutter und Hausfrau erhält endgültig den Status einer unbezahlten Nebentätigkeit. Das kann niemand wollen. Umgekehrt wäre es richtig.

Wer Menschen erzieht, erledigt eine der wichtigsten Aufgaben, die zu vergeben sind. Eher sollten sie besser erlernt und honoriert werden. Honoriert auch im Sinne von wertschätzen, das kann aber kaum heißen, die Kinder nach zwei Jahren anderen zu überlassen.

Es geht darum, Formen zu finden, wie junge Männer und Frauen Familienjahre in ihren Lebensplan einbauen können.

Das ist nicht zum Nulltarif zu haben. Aber Geld, mit dem Kindertagesstätten ausgebaut werden sollen, ließe sich für Übergangsprogramme richtiger einsetzen.

Bis zu drei Berufe müsse der Mensch in Zukunft ausüben, heißt es. Derzeit sind zwei – der erlernte Beruf und die Erziehung – offenbar zuviel. Nicht mehr Institutionen lösen das Problem, sondern Flexibilität der Beteiligten.

Am beweglichsten sind junge Frauen. Schon Männer können sich eine Familienphase kaum vorstellen, die Unternehmen haben keine Lust, über neue Arbeitskräfteformen nachzudenken.

Und Gewerkschaften ist an Voll-Genossen gelegen, Arbeitskräfte mit halbem Deputat gelten als unsichere Kantonisten. Ich möchte mich nicht in den Streit der Fachleute einmischen: Wieviel Mutter braucht der Mensch?

Schaut man aber dorthin, wo aus Überzeugung seit Jahrzehnten die Kleinkinder frühzeitig aus den Familien genommen werden – nach Israel oder in die DDR –, dann sieht man, daß dort die neuen, die besseren Menschen auch nicht gebacken wurden.

Und wer die morgendlichen Dramen vor manchem Tagheim erlebt hat, mag auch nicht recht glauben, daß dort das Kinderparadies erfunden wurde.

Wer heutzutage kein Kind erziehen will oder kann, muß das auch nicht. Aber wer sich das Abenteuer Mensch zutraut, muß das wenigstens durchhalten wie eine gewöhnliche Lehrzeit –
drei Jahre, ehe andere mithelfen.

Von den Eltern geprägt

Ich sehe mit innerlichen Schüttelfrösten den Auflösungs- und Zerfallsprozeß, der nun an der letzten humanen Bastion, der „Kleinkindfamilie", Hand anlegt!
Ich bin heute noch von Herzen dankbar, daß ich in den vielleicht entscheidensten Jahren des Lebens von meinen Eltern und nicht von „Tante Marie" geprägt wurde.
Ich hoffe, es kommt so, wie Susanne Offenbach schreibt, daß man erkennt, wie phantastisch und „selbstverwirklichend" es sein kann, ein Kind individuell zu erziehen und es nicht ab dem zweiten Lebensjahr (!) in eine Norm zu pressen.

Eva Schorr, Stuttgart

Ich bin mit der Kolumnistin und vielen Kinderärzten einig, daß Kinder die beste Chance haben, sich zu emotional stabilen und verantwortungsbereiten Erwachsenen zu entwickeln, wenn sie zu Hause, in ihrer Familie, aufwachsen dürfen und nicht den größten Teil ihrer Kindheit in Erziehungsinstitutionen verbringen.
Erziehungsarbeit ist eine der wichtigsten Aufgaben in unserer Gesellschaft. Die Mütter und Väter, die diese Arbeit bewußt tun wollen, verdienen Förderung und Unterstützung.

Dr. med. Elke Grotheer, Stuttgart

DAS UMSTRITTENE THEMA

Kinderlose in der Sünderecke

Von Susanne Offenbach

Ein neuer Schmäh macht die Runde: Die haben keine Kinder. Seit die Statistiker mit Zahlen Alarm schlagen — in hundert Jahren soll es beispielsweise in Baden-Württemberg vier Millionen Menschen weniger, aber doppelt so viele Ausländer geben wie heute —, scheint sich die Nation ums Überleben zu ängstigen. Die Aggression richtet sich gegen die Kinderlosen, diese Egoisten, die Lüstlinge und vaterlandslosen Gesellen, die unverantwortlichen Rentenschnorrer.

Ja, ich bin auch so ein bevölkerungspolitischer Blindgänger. Und das aus Überzeugung.

Machen Sie die Probe, wenn Sie mögen. Fragen Sie sich und in Ihrem Bekanntenkreis: Warum hast du eigentlich Kinder? Meine Erfahrung: Viele Antworten sind erschreckend fad und ungenau. Das ist halt so geworden. Ein Kind ist doch was Nettes. Und oft die erste vorzeigbare Leistung. Das erfüllt mit Stolz. Kinderlose Paare dagegen wissen meist sehr viel präziser, weshalb sie keine Kinder haben.

Weniger Kinder. Das Phänomen ist nicht neu. Seit 14 Jahren hält der Geburtenrückgang an, seit den Jahren 63/64 gibt es den sogenannten Pillenknick. Von da an ging's bergab. Das beweist doch nur, wieviel unerwünschte Kinder es vorher gab. Mit allen Konsequenzen für Kinder und unwillige Mütter. Darf man denn das heute noch im Frieden: Menschen zu einem ungewünschten Beruf zwangsverpflichten? Und zu was für einem! Es gibt doch nichts Wichtigeres und wohl auch Schwierigeres als Mutter oder Vater zu sein. Aber deshalb bitte aus Überzeugung, und nicht weil eine quengelnde Gesellschaft oder nachwuchsheischende Verwandte einen dazu drängen.

Wenn das die Definiton des Egoisten ist, dann will ich gerne einer sein: Ich habe mein Leben in die Hand bekommen, um zunächst dieses Gut zu verwalten und zu entwickeln. Wenn jeder versuchte, aus sich und seinem Leben das Beste zu machen — im Beruf oder als Mutter — dann wäre es wahrscheinlich schon ein Stück besser bestellt um diese Gesellschaft. Wer aber so pauschal jammert, diese Gesellschaft sei kinderfeindlich, der möge sich die peinliche Konsequenz dieses Satzes doch einmal klarmachen. Die meisten Menschen in unserer Gesellschaft sind Eltern und Großeltern (der Rest von Junggesellen ist verschwindend). Das heißt doch: Eltern sind kinderfeindlich.

Dies ist kein Plädoyer gegen

Kinder. Im Gegenteil. Kinder sind zu wichtig, als daß man nach der Methode vorgehen dürfte: weil Frauen Kinder kriegen *können*, müssen sie sie auch bekommen.

Daran ist mir gelegen: Nach der törichten Verunglimpfung der „Nur"-Hausfrau, diesem Riesen-Mißverständnis der Emanzipationsbewegung, sollten nun nicht die kinderlosen Frauen in die Sünderecke gestellt werden. Als ob das das Problem lösen würde. Damit schreckt man höchstens noch ein paar junge Mädchen mehr ab, die dem Mutterglück mißtrauen und sich erst recht für Muttertag und Mutterkreuz bedanken. Das Problem ist doch auch, daß man diesen Beruf nicht ausprobieren kann. Man kann nicht wieder aussteigen. Und die Mutter-Vorbilder aus der eigenen Umgebung sind oft nicht gerade ermutigend. Da sagt man dann lieber ein verantwortliches Nein. Und das ist schwer genug.

Ich höre sie schon, die unvermeidliche Frage: Und wer bezahlt unsere Renten? Also ich bezahle meine Rente jetzt schon selbst, vermutlich volle vierzig Jahre lang. Hätte ich ein Kind und bliebe zu Hause, dann bekäme dieser Staat nichts von mir. Frühestens von meinem Kind, falls das nicht auch wieder ein Mädchen mit Mutterpflichten ist. Was ich diesem Staat an Rentengeld bringe — und was den Rentnern von heute zugute kommt —, reicht nicht zu einem Vorwurf, nicht einmal zu einem schlechten Gewissen.

Kinder und Geld ist ja eine verdächtig beliebte Kombination. Politikern scheint zum Thema Kinder nur Kindergeld einzufallen. Eine bewundernswerte Phantasie, diese Gebärprämie. Solche Eltern wünscht man sich, die ihr Kind bekommen wegen eines Familienkredits oder für den Abzug beim Finanzamt. Das Kind der Zukunft muß es mit Hochstimmung erfüllen, als Steuerersparnis geboren zu sein. Damit soll nicht gesagt sein, daß Familien nicht besser gestellt werden müßten. Aber als Beweggrund zur Aufzucht ist Geld reichlich ungeeignet.

Und wenn ich mir vorstelle, daß es in hundert Jahren vielleicht tatsächlich weniger Deutsche gibt, dafür mehr Europäer in Deutschland, die — weil sie insgesamt weniger sind — besser leben können: Mir kommen da keine Tränen. Die Perspektive ist so trostlos nicht.

Ganz persönlich höre ich von überdrüssigen Müttern den Vorhalt: Du hast gut reden, so redet eben ein berufstätiges Luxusweib. Wer so etwas sagt, scheint nicht zu wissen, wie hart ein Beruf sein kann. Oder leben etwa alle Männer im Luxus?

●

Kolumnisten dürfen kein Blatt vor den Mund nehmen. Es macht nichts, wenn Sie nicht der Meinung der Fernsehjournalistin Susanne Offenbach sind. Wir sind es manchmal auch nicht.

Dies war die erste Kolumne in der ersten Ausgabe von Sonntag Aktuell. Lang ist's her, und „lang" hat man seinerzeit argumentiert und gelesen. Heute um ein Drittel kürzer.
Die Sonntagszeitung war nicht von Anfang an und überall Liebkind (erinnern Sie sich?), die Kolumnistin schon gar nicht.
Aber ihr „Klartext" - das Stichwort, das vermutlich in diesem Buch am häufigsten vorkommt - ist offenbar erwünscht. Auch dann, wenn dieser Klartext unbequem ist.
Das gilt auch für das Thema „Kinderlose in der Sünderecke". Es ist heute genauso aktuell wie vor zwanzig Jahren. Und genauso tabuisiert.
Die Redaktion hielt es denn auch für richtig, in den ersten Jahren einen sogenannten „Redaktionsschwanz" anzuhängen. Er sollte die Verantwortlichkeiten klar machen. Heute sieht man das entspannter.
Kolumnisten sind frei, auch wenn es manchmal knirscht oder wehtut (siehe „Chefsache" von Andreas Braun, Seite 182).

5. Juli 1998

Wir Frauen und Viagra

De bello phallico.
Nach Gaius Julius Caesar

Die Frage wird überall gestellt – des Nachts im Fernsehen und in den Kissen, tags beim Friseur, und jetzt auch noch sonntags aktuell:

Brauchen wir Viagra? Aber ja – so dringend wie der Fisch das Fahrrad! Nur, die Frage ist falsch gestellt, denn das Überflüssige ist das Notwendige. Das wissen alle Hedonisten, und selbst Erhard Eppler, der ja schon an der Frage scheiterte: „Wie viele Käsesorten braucht der Mensch?“

Aber wir wollen doch keine unzulässigen Vergleiche bemühen. Diese Pille ist nun mal kein Käse. Das blaue Wunder versprechen sich all jene Liebhaber von diesem in Deutschland noch nicht zugelassenen Potenzmittel, für die Sex gleichbedeutend ist mit dem Tritt aufs Gaspedal. Kickdown und vorbei. Das hat ja was. Voll motorisiert, und bei Bedarf jederzeit verfügbar.

Oder für weniger PS-Orientierte: Gleichsam ein Leben als sexueller Pfadfinder – allzeit bereit.

Lust muß Mann schon haben, aber dann garantiert die Pille fast jede Gephallsucht.

Von der Pubertät an sind Penisse eine Art Waffenschau, entscheidend über Sieg oder Niederlage. Der Gesundheitsminister weiß das und sieht sein marodes Solidarsystem zusammenbrechen. Er, Seehofer, werde sich erschießen, falls es Viagra auf Krankenschein gebe. Nein, die Herren lassen ihn am Leben. Sie sind Selbstzahler. Was sind schon dreißig Mark, wenn's steht und geht?

Ist jemand schon an Nicht-Erektion gestorben ?

Kann man die Potenzpille mit der Antibabypille vergleichen, mit der ein neues Zeitalter begann? Innerhalb einer Generation hat diese Pille die Frauen von jener fürchterlichen Schwangerschaftsangst befreit, die sogar Literatur

10. März 1985

Entdeckt die Frauen

Politik entdeckt die Frauen. Ja, was! Nach fünfzehn Jahren feministischer Frauenbewegung und 85 Jahren nach den Suffragetten hat Heiner Geißler „einen Lernprozeß begonnen“. Wie schön.

Welche Wohltaten hält der Familienminister bereit? Der bisherige Mutterschutz – nur für berufstätige Frauen – soll verlängert und auf alle Mütter oder Väter ausgedehnt werden. Für diese Zeit gibt es 600 Mark und eine Arbeitsplatzgarantie. Der Betrieb muß einer Frau den Platz ein Jahr lang freihalten, ähnlich wie bei Wehrpflichtigen oder Ersatzdienstleistenden.

Geißlers Parteifreund Biedenkopf warnt: Nichts gegen Erziehungsgeld und Erziehungsurlaub (ob den auch mal Väter nehmen?), aber alles gegen die Arbeitsplatzgarantie. Wer wird denn, solange es irgend anders geht, eine junge Frau einstellen, wenn damit für mittlere und kleine Betriebe unerfüllbare Belastungen verbunden sind?

Arbeitsplatzgarantie ist etwas für soziale Randgruppen wie Behinderte etwa. Aber Frauen sind keine Behinderten.

Und Wehrpflichtige? Junge Männer kommen in diese Situation einmal in ihrem Leben, und zwar normalerweise an der Nahtstelle von Ausbildung und Arbeit. Frauen dagegen werden die ganze wichtigste erste Hälfte ihres Berufslebens durch die Möglichkeit einer Schwangerschaft und ihrer Folgen benachteiligt.

Wie sieht denn die Wirklichkeit aus? Wimmelt es wenigstens im öffentlichen Dienst, vor allem im Familienministerium, von Frauen im gebärfähigen Alter? Fehlanzeige.

In Behörden und großen Betrieben müßten Modelle zu sehen sein, wie flexibel nicht nur Arbeitnehmer, sondern auch Arbeitgeber mit Teilzeitarbeit und Übergangslösungen sind. Spärlich und phantasielos ist die Bilanz.

Der Marburger Ärzte-Bund hat Chefarzt-Zitate veröffentlicht, wonach eine Ärztin nur eingestellt werden sollte, „wenn Sie Ihren Uterus im Einmachglas auf den Tisch stellen“. So präzise sind nicht überall die Bräuche, aber einschlägige Erfahrungen haben bisher schon die meisten berufstätigen Frauen gemacht. Die Feministinnen halten überdies die 600 Mark für wurde. Gretchens Gewissensnot in Goethes „Faust“ muß heute jungen Frauen erklärt werden. Solche Sorgen plagen sie nicht.

Und sozusagen als Nebenwirkung hat die Antibabypille weltumspannende Institutionen um ihre moralisch untermauerte Männermacht gebracht. Papst Johannes Paul II. weiß genau, weshalb er nicht nur gegen Abtreibung, sondern auch gegen diese Art der erfolgreichen Verhütung zu Felde zieht.

Und was sagt der Vatikan zu Viagra (falls das überhaupt noch interessiert)? Keine „moralische Gegenanzeige“, wohl in der guten Hoffnung, daß nun die „Liebesvereinigung zwischen Ehepartnern fruchtbarer“ werde.

Danke nach Rom.

War da etwa von Liebe die Rede? Natürlich. Dann können wir Frauen ja wieder mitreden. Sexualität ist kein Einpersonenstück im Warten auf Godot. Wir wollen eine Bühne, auf der mit aller Zeit der Welt das Stück Erotik gegeben wird. Mit einer Dramaturgie aus Erregung und Spiel, Petting und Lachen, Spüren und Sprechen, natürlich auch Vereinigung – wenn's geht. Und wenn je nicht? Ist jemand schon an Nicht-Erektion gestorben?

Ich kenne mehr Beziehungen, die trotz genitaler Götzenverehrung getrennt wurden, als solche, die man mit termingerechtem Geschlechtsakt gerettet hätte.

Ach, wir wissen es doch alle: Liebe ist mehr als Basic Instinct. Und wir Frauen jedenfalls wollen das fühlen – in möglichst vielen Variationen. Gebt sie uns, laßt sie uns. Sex im Zeitalter von Aids ist schwierig genug.

Viagra könnte sich übrigens als Eigentor erweisen: Damit fällt der Mythos Mann – wo er denn noch wirkte – endgültig in sich zusammen. Woher wissen denn gerade jugendliche Freundinnen reiferer Herren, was der Kerl ist und was Chemie?

Penisneid (sorry, Sigmund!) ist passé, denn derzeit wird in einer klinischen Studie untersucht, ob, was das Glied klettern läßt, auch weibliche Körper kitzelt. Werden das Zeiten!

„ein Almosen“. Dafür bekomme man kein Kind, es müsse mindestens das Doppelte sein. Nun hoffe ich, daß man auch für das Doppelte kein Kind bekommt.

Daß Frauen vor und nach der Geburt Schonung brauchen – klar. Daß man ihnen den finanziellen Übergang erleichtert – auch gut.

Aber wann traut sich eigentlich jemand zu sagen, daß ein Lebensplan weder einklagbar noch zu subventionieren ist?

Wer sein Leben mit Kindern plant, findet dort seine Erfüllung und muß auf manches verzichten. Wer einen anderen Weg geht, verzichtet auf Familienglück und beißt sich durch den Arbeitsalltag.

Aus jedem Kuchen nur die Rosinen – das allerdings geht nicht. Jedenfalls hat mir da noch keiner die überzeugende Formel gefunden.

Was manche Frauen fordern, ist Mutterschaft mit Rundum-Unterstützung und anschließender steiler Karriere.

Und die Politiker, die derzeit die Frauen entdecken, bestärken sie noch in dieser Illusion.

14. Januar 1996

Keine Kinder mehr

Mit dem Mythos Mama ist es vorbei. Am meisten dort, wo er am wärmsten gepflegt wurde, in Italien. Die jungen Frauen, auch wenn sie mit festem Partner leben, bekommen keinesfalls selbstverständlich auch Kinder. In Dutzenden von Dörfern stehen die Schulhäuser zum Verkauf wie bei uns die Landbahnhöfe; die letzten zwei, drei Abc-Schützen werden mit dem Bus zur Stadt gebracht.

Die Chance Leben ist einmalig.

Italien hat die niedrigste Geburtenrate der Welt, nämlich 1,19. Um die Bevölkerungszahl zu halten, müßten es mindestens 2,41 Kinder im Durchschnitt sein.

Da können die Deutschen beinah die Hand reichen. Auch hier gilt: Die Bevölkerung schrumpft. Und das, obwohl „der Stellenwert von Ehe und Familie ungebrochen ist".

Es mag ja stimmen, daß „87 Prozent (Italien sogar 90 Prozent) der Frauen und Männer in Familien leben wollen und sich Kinder wünschen". Umgesetzt wird dieser Wunsch dann nicht – oder höchstens mit einem Kind (Deutschland 31, Italien 20, Irland 6 Prozent).

Da wächst eine Drittel-Gesellschaft von Prinzessinnen und Prinzen heran, wie man sie extrem aus China kennt. Dort darf man höchstens ein Kind haben, und das sollte männlich sein. Viele Mädchen werden deshalb abgetrieben. Dann stürzen sich vier Großeltern, zwei Eltern und reichlich Verwandte auf den kleinen Prinzen. Was mag da für ein Charakter heranwachsen?

Ist Europa weit davon entfernt? Von solchen Extremen sicher. Aber wir haben auch nicht das explosive Bevölkerungsproblem Chinas, sondern das schiere Gegenteil als Sorge: Die Deutschen werden deutlich weniger.

Für einen Biologen wie Professor Hans Mohr von der Akademie für Technikfolgenabschätzung ist klar: „Wenn wir unsere individualistische Kultur weiterpflegen, sind wir in zwei Generationen am Ende. Genetisch gesehen, biologisch, spielt das gar keine Rolle. Ein Bosnier kann

An der Wahrheit vorbei

Diejenigen, die Kinder erziehen, werden betrogen. Meist sind es Frauen, die sich entscheiden, ihren Beruf ruhen zu lassen und auf ein Einkommen zu verzichten.
Ulrich Davidsson, Stuttgart

Was Sie in diesem Artikel geschrieben haben, ist nicht falsch, geht aber an der Wahrheit vorbei. Heute noch bekommen Ehepaare mit Hund leichter eine große Wohnung als Ehepaare mit Kindern.
Inge Gronbach, Stuttgart

Vielen Dank für Ihre Gedanken. Ich bin seit über sechs Jahren ehrenamtlich im Familienverband tätig. Dabei habe ich viel gelernt. Es liegt an den mangelnden Rahmenbedingungen für Familien in unserer Gesellschaft, daß es immer weniger Kinder gibt. Familien müssen gegenüber denen, die keine Kinder haben, große soziale Einbußen hinnehmen. Der fünfte Familienbericht spricht von der „strukturellen Rücksichtslosigkeit gegenüber Familien".
Gunter Reimann, Rutesheim

Der Mut von Frau Offenbach, Unpopuläres auszusprechen, ist bewundernswert. Danke!
Noch mutiger wäre sie gewesen, wenn sie die Allianz des Tötens, die alle etablierten Parteien samt Kanzler und Bundespräsident durch Unterzeichnung des neuen Paragraphen 218 gebildet haben, genannt hätte.
Eckhard Michaelis, Pfullingen

sich von mir genetisch weniger unterscheiden als Sie. Wir werden allerdings ethnisch und kulturell ein anderes Land sein – das sollte man wissen."

Was heißt das für die einzelne junge Frau, deren Leben vor ihr liegt? Sie wird „cool bleiben" und das Leben zunächst als Chance sehen, die jedem nur einmal gegeben ist.

Gute Ausbildung, Talent, Freude am Beruf (solange man einen Job hat): Wo passen da Kinder hin, wenn man sie nicht ganztags weggeben kann oder will?

In Familien arbeiten mit Vorrang Männer, weil sie überwiegend deutlich mehr verdienen als Frauen. Auch daß das Leben jenseits von Wickeltisch und Waschmaschine bunter ist, haben die Jungs längst begriffen, die Mädels folgen in gemessenem Abstand.

Fatal an dieser Zustandsbeschreibung ist die politische Dimension: Seit Mitte der sechziger Jahre (Pille) wird „das Bestandserhaltungsniveau deutlich unterschritten". Aber Folgen? Null.

Dabei weiß jede Regierung seither, wieviel zusätzliche weibliche Steuerzahler da sind, über deren Geld man jetzt verfügt, die aber eines Tages auch Anspruch auf Rente haben werden (wie ihre männlichen Jahrgangsgenossen auch).

Warum wird heute gejammert, wenn man seit 30 Jahren weiß, was da kommt? Mit der Familie zerfällt noch eine Bastion in dieser sich rasant verändernden Arbeits- und Wohlstandswelt. Gleichwertig, wenn auch nicht gleichartig nebeneinander könnten Pflichten stehen, die jeder für die Gemeinschaft zu leisten hat: Kinder erziehen oder hohe Abgaben leisten oder gemeinnützige Ehrenämter ausüben.

In naher Zukunft könnte sich unsere wirtschaftliche Lage allerdings auch so verschlechtern, daß die Rolle an Heim und Herd nicht nur begehrt, sondern unausweichlich wird. Dann wären Kinder wieder einmal Brücke und Trost bei persönlichen Problemen oder einer beruflichen Baisse – die Welt ist schlecht, da ist ein Baby gut.

Für Kinder keine rosigen Aussichten – auch wenn sie dann wieder mehrere wären.

Kinderfeindlich ?

„Chancengleichheit besteht nicht darin, daß jeder einen Apfel pflücken darf, sondern daß der Zwerg eine Leiter bekommt."

Reinhard Turre, Theologe

Die Szenerie ist abscheulich. Sie verschließt sich jeder weiteren Diskussion. Was an Mißbrauch von Kindern bekannt wurde, ist empörend.

Auf der Suche nach Gründen und Erklärungen ist der Satz wohlfeil und fast unwidersprochen: Wir sind eben eine kinderfeindliche Gesellschaft. Sind wir?
Kanzler Kohl hat sie kürzlich auch gebraucht, diese Formel. Dies sei aber keine Frage des Geldes, das Problem liege im Immateriellen.

Beispiel: In Deutschland werde vor Verwaltungsgerichten gegen Kinderspielplätze geklagt. In Italien sei derlei völlig undenkbar. Und: Es sei leichter, mit einem Hund in ein Lokal zu gehen als mit Kindern.

Wann ist der Kanzler zuletzt mit Kindern in ein Lokal gegangen und in welches? Ich kenne keines, das nicht mit speziellen Kindermenüs und passenden Hochsitzen aufwartete. Kann man daran die Eßplatte hochklappen, finden sich Set und Malstifte und – weil's noch nicht reicht – ein Überraschungsgeschenk.

Beim Metzger das Wursträdle, das Bonbon an der Kasse – manchmal wird es für Mütter eher schwierig, den Parcours der Wohltaten wenigstens einzugrenzen.

Und was sind die Klagen gegen Kinderspielplätze gemessen an den vielen, die es gibt? Und wie die ausgestattet sind – so prachtvoll, witzig und einfallsreich, daß man als Erwachsener am liebsten gleich mit rutschen oder hangeln möchte.
Gut so. Aber ist das kinderfeindlich?

Ein älteres Ehepaar zieht mit Enkelin seine Runden im Freibad – fast allein. „Wenn ich sehe, was den Kindern heutzutage alles geboten

Kinderängste: Arbeitslos

Einen solch undifferenzierten Artikel wie diesen habe ich seit langem nicht gelesen. Eine alleinerziehende Mutter mit zwei Kindern bei der Wohnungssuche – oder wie ist es um Kindertagesstätten bestellt? Ganz zu schweigen von der Jugendarbeitslosigkeit. Bereits Grundschulkinder nennen heute als eine ihrer Ängste, daß sie später einmal arbeitslos werden könnten! Und was die Chancengleichheit angeht, so setzt die amtierende Bundesregierung ganz offensichtlich doch alles daran, den Zugang zu Bildung wieder mehr und mehr vom Geldbeutel der Eltern abhängig zu machen.

Hans-Peter Moser, Mutlangen

Ich denke, es liegt schon auch an einem selbst, wie die Umgebung auf eine Großfamilie reagiert. So haben wir auch in Lokalen keine Probleme, da ich von den Kindern erwarte, daß sie sich wie zu Hause benehmen. Da klettern sie auch nicht mit schmutzigen Schuhen auf Stühlen herum oder werfen Essen auf den Boden, und wenn es doch passiert, heben sie es selbstverständlich wieder auf. Auch in Geschäften ist es klar, daß sie die Waren betrachten, aber nicht unbedingt anfassen sollen. Da wir ebenfalls ein Geschäft haben, wissen sie, daß vermanschte Waren nicht mehr verkäuflich sind und der Ladenbesitzer so Schaden hat.

Gabriele Linke-Fußer, Dannstadt

Kinderfreundlichkeit zeigt sich nicht an Kindertellern und Familientickets, sondern im täglichen Umgang mit Kindern! Dort, wo Kinder die Erwachsenen um Hilfe bitten, weil ihr kleiner Freund von einem Erwachsenen belästigt wird, keine Hilfe bekommen, zeigt sich die Kinderfeindlichkeit! Wie kinderfreundlich eine Gesellschaft ist, kann man nicht an Kinderstühlchen und Farbstiften im Restaurant ablesen – auch nicht an kleinen Schulklassen und pfiffig möblierten Spielplätzen.
Man frage lieber danach, welche Rangordnung Kinder im Lebensplan der Leute haben. In dieser Hinsicht sieht es in Deutschland wirklich nicht besonders gut aus!

Rosmarie Martin, Winnenden

Daß Deutschland ein kinderfeindliches Land geworden ist, zeigt die rückläufige Geburtenrate, noch viel deutlicher jedoch die Zahl der Abtreibungen.

Markus Gscheidle, Stuttgart

Ihre Ausführungen treffen den Nagel voll auf den Kopf. Trotzdem wird die (falsche) Kinderlobby Sie zerreißen und den Löwen zum Fraße vorwerfen, leider, das garantiere ich Ihnen!

Dieter Kleemann, Senden

Ein Wort zum gut gemeinten Hochstuhl im Restaurant. Was aber, wenn die kleinen Kinder müde werden und – partout nicht mehr ruhig sitzen können?
Dann geraten die Eltern durch die verständnislosen Blicke oder gar Bemerkungen zur Erziehung ganz gewaltig unter Druck.

Gundula Witham, Göppingen

wird, von der Riesenrutsche bis zu den Becken für die Kleinsten zu wirklich günstigen Preisen. Aber wenn es nicht gerade knallheiß ist, kommt keiner." Da ist dann die Halfpipe interessanter oder das Medienzentrum der Kinderbücherei.

Ich widerspreche – jedenfalls bis zum Beweis des Gegenteils

Das seien nur Kleinigkeiten, meint eine Frauenrunde. Zur Sprache kommen große Klassen, zu alte Lehrer, jugendliche Gewalt, Drogen.

Die Frauen räumen ein, daß diese Gesellschaft nicht wenige finanzielle Familienvorteile gewährt, sogar denen, die erziehungsunfähig oder unwillig sind.

Wem kann man es heute recht machen? Engagieren sich Hamburger Eltern auf eigene Kosten, um einen Griechischlehrer einzustellen, sollen das „diese Reichen" nicht dürfen.

Werden bedürftige Kinder für Klassenfahrten oder Schulbücher unterstützt, soll das nicht sein, „weil die sonst ihre Armut doppelt spüren". Merkwürdige Sorgen um das Wohl der Kinder.

Und vor allem: Könnte es nicht sein, daß es nicht selten die Erwachsenen sind, die sich vernachlässigt fühlen? Sie übertragen ihren Frust auf die Kinder nach dem Motto: Wenn mich mein Mann (meine Frau) schon verläßt, dann muß mir wenigstens die Gesellschaft helfen. Schließlich erziehe ich die Rentenzahler von morgen. Nun bekommt gewiß niemand seine Kinder für Norbert Blüms Rentensystem. Das ist, wie jeder weiß, eine fromme Lebenslüge. Es wäre wohl auch keinem Kind zu wünschen, daß es als Steuersparmodell geboren würde.

Nein, diese Gesellschaft ist in ihrer Mehrheit nicht kinderfeindlich. Wenn es aber doch Kinderfeinde gibt, so sollten die bloß- und festgestellt werden.

Eine angeblich ganze „kinderfeindliche Gesellschaft" würde ihnen willkommenen Unterschlupf in der Anonymität gewähren.

Materiell gesehen, haben die Kinder in Deutschland fast alles, nur werden sie in den täglichen Scheidungskriegen (jede dritte Ehe wird geschieden) genauso wie Sachen (zum Beispiel Autos) behandelt. Je nach Interesse von einzelnen Erwachsenen oder Ämtern wird Kind als Wirtschaftsfaktor Zukunft bezeichnet.

Ursel Maurer, Initiative Jugendamts-Geschädigte, Stuttgart

Wo werden den Kindern noch Werte, Liebe, Anerkennung, Wertschätzung, Beziehungsfähigkeit und auch Grenzen vermittelt?

Rüdiger Bachmann, Stuttgart

Der so prachtvoll, witzig und einfallsreich gestaltete Spielplatz ist kaum besucht? Das Freibad mit Riesenrutsche verwaist? – Vielleicht, weil das Kind da wegen des allgegenwärtigen Autoverkehrs alleine nur unter Lebensgefahr hinkommt. Wir sind dabei, unseren Kindern das Elementarste zu nehmen: ihre häusliche Geborgenheit, ihren Lebens- und Bewegungsraum, ihren künftigen (Arbeits-) Platz in der Gesellschaft – das ist zutiefst kinderfeindlich.

Jaqueline Poetschke, Hausfrauengewerkschaft, Stuttgart

18. Oktober 1998

Frauen vorn

„Neue Besen kehren gut. Aber die alten kennen die Ecken."
Klaus Steilmann, Unternehmer

Jetzt biete sich die „einmalige Chance, in der Frauenpolitik einen großen Sprung nach vorn zu machen". Gut gebrüllt, Ulla Schmidt. Nur, was ist Frauenpolitik?

So ist sie, die frauenpolitische Lage: kraftvolle Worte, eher kleinteilige Taten. Verbal hält man sich in Hallen auf, und darin zählt man Erbsen. Da ist sie wieder, die liebe Quote.

207 Frauen im Bundestag (insgesamt 669 Abgeordnete), davon 105 bei der SPD, gegenüber 193 Männern. Bei den Grünen und den Linkssozialisten über die Hälfte Frauen. Anders bei der künftigen Opposition, nur 92. Wen interessiert, wen beeindruckt das?

Wahrscheinlich nur Quotenfanatikerinnen. 40 Prozent Frauen in allen Ämtern sei Beschlußlage, quengeln die SPD-Frauen. Und ihr Vorsitzender und künftiger Finanzminister Lafontaine beeilt sich zu beruhigen, „angemessene" Beteiligung an Staatsämtern sei „selbstverständlich". Was „angemessen" ist, sagt er nicht. Da darf man einem wie ihm mißtrauen.

Tatsächlich hat der Stratege das höchste Staatsamt längst be- oder versprochen, um seinerzeit Johannes Rau zu trösten. Die gescheite Chefin des Bundesverfassungsgerichts Jutta Limbach for president – das wäre eine Entscheidung. Aber dies trauen sich die SPD-Frauen nicht zu verlangen. Sie fordern Quote statt qualifizierter Personen.

Und grüne Frauen setzen noch eins drauf: „Wir könnten zwei Kabinette füllen." Ja, mit Nummern. Aber auch mit Namen? Wo kämen wir hin, wenn höchste Regierungsämter nur noch nach dem Prinzip besetzt werden: Jung – Ost – Frau hat absoluten Vorrang. Das Gegenstück gibt es im Bonn/Berliner Abzählreim allenfalls, wenn gar niemand anderes da ist.

Gewiß, der Postenschacher der Parteien ist kein Gral der Gerechtig-

5. April 1981

Die Abzählfrauen

„Wenn die Quote kommt, reserviere ich die wichtigen Stellen für Männer". Das sagt ein leitender Angestellter, der über mehrere hundert Arbeitsplätze entscheidet. Was er meint, ist symptomatisch für die Situation der Frau am Arbeitsplatz. Sie muß wesentlich besser sein, um ähnliche Chancen zu haben wie ihre männlichen Kollegen.

Das soll nun abgeschafft werden mit den sogenannten Quoten. Die größere (weibliche) Hälfte der Menschheit soll angemessen berücksichtigt werden bei der Stellenvergabe. Notfalls sollten Arbeitgeber nach dem Willen einer SPD-Initiative im Bundestag gezwungen werden, bei gleicher Qualifikation die Frau einzustellen. Bisher fiel die Entscheidung meist zu Gunsten des männlichen Bewerbers aus.

Wie muß einer Quoten-Frau zumute sein? Wie fühlt sich jemand, der nach dem Abzählverfahren – eins fassen, eins lassen – auf seinen Posten kam? Ist dies nicht erst recht eine Form der Diskriminierung? Ganz abgesehen davon, daß der Arbeitgeber seine Quotenverpflichtung umgehen kann.

Chancen kann man eben genauso wenig verordnen wie Zuneigung oder Vertrauen. In diesen Fällen hilft kein Gesetz, da kann man nur Bewußtsein verändern.

Verändern aber Zwangs-Zuteilungen Bewußtsein? Wie träufelt man Gift gegen diese tiefsitzende Gedankenträgheit: Wenn es ernst werde, leisteten Frauen eben doch etwas weniger als Männer? Da sieht die Quotenidee auf den ersten Blick aus wie maßgeschneidert: Wer nicht einstellen will, muß zahlen. Tatsächlich wird hier ein bißchen unser Rachegefühl gepflegt, mehr nicht. Das ist wie beim Wirtschafts-Boykott. Er beruhigt, aber er nützt wenig.

So könnte es auch den Frauen gehen, die dem Arbeitgeber widerwillig aufs Auge gedrückt werden. Man wird das Muß umgehen, wo nur irgend möglich.

Quote notfalls als letztes Mittel

Also alles lassen wie gehabt? Bei der Bewerbung immer dieses unausgesprochene „Entschuldigen Sie, daß ich überhaupt hier bin" mit anklingen lassen? Oder im Gegenteil, die Misere ansprechen und damit riskieren, daß aus dem Job nichts wird, weil der Arbeitgeber „dem Feministinnen-Filz" frühzeitig wehren will?

keit. Und Frauen sollen nicht wegen ihres Geschlechts benachteiligt werden. Aber Vorsicht mit vorschnellem Verdacht: Auch längst nicht alle männlichen Karriereträume reifen. Fragen Sie Rudolf Scharping.

Wir brauchen gute Frauen in der Politik. Aber keine Quote.

Wer nach oben will, soll das sagen – mit Roß und Reiterin. Das ist weder unbescheiden noch unmöglich, nur automatisch erfolgreich ist so ein Weg nicht. Erst recht nicht mit Verweis auf die Quote. Dieses geschlechtsspezifische Gemeinschaftsgefühl hat man bei Männerclubs bekämpft, soll es in weiblicher Form wiederbelebt werden? Kein Artenschutz für Kameradschaftsabende. Sie sind kein Weltkulturerbe.

Nehmt euch ein Au-pair-Männchen, Schwestern, macht Geld mit Kunst oder Computern, mit Pokern oder Politik. Nur verplempert die Zeit nicht mit Frauenpolitik oder Frauenliteratur. Die gibt es nicht.

Die Zukunft ist weiblich. So heißt ein Spruch des ausgehenden Jahrhunderts. Ist sie auch – mit ernüchternden und ermutigenden Beispielen. Was unsere Vorgängerinnen der Männerwelt abgetrotzt haben, ist unser Kapital. Das gilt es zu mehren, mit neuen Methoden, jedenfalls nicht mit Quotau.

Das Jahrhundert der großen Arbeiter-, der Jugend- und der Frauenbewegung geht zu Ende. Die Massenorganisationen einschließlich der Kirche leiden an mangelndem Zulauf, sie müssen nach neuen Formen suchen.

Die heutigen jungen Frauen, die alle Chancen der Ausbildung und der Verhütung haben, werden sich mit feineren und pfiffigeren Waffen durchsetzen als ihre Großmütter. Sie werden individuelle Wege finden und gehen.

Für die italienische Frauenrechtlerin Agata Capiello ist „die Gleichberechtigung erst dann vollendet, wenn eine total unfähige, häßliche Frau eine hohe Position erreicht".

Gute Idee, entspricht der Quote. Aber müssen wir das wirklich haben?

Nach meiner Beobachtung nützt Wohlverhalten nichts. Jahrzehnte der Bemühung und des Beweises, daß Frauen sehr wohl auch erstklassige Arbeit leisten können, haben keine nennenswerten Resultate erbracht. Geduld ist keine Tugend, wenn damit nur ein Tatbestand verschleiert wird: Ausnutzung.
Im Jargon der Arbeitsvermittler sind Frauen „die stille Reserve als Puffer für die Wirtschaft".

Wenn das so ist, dann muß wahrscheinlich einmal anders herum gepufft werden. Immerhin gibt es ein Gesetz, das gleiche Rechte vorschreibt. Aber in Deutschland klafft ein Graben zwischen „Recht haben" und „Recht bekommen".

Quoten sind nicht überzeugend. Aber sie sind als letztes Mittel annehmbar. Ein Kompliment für die Führungsqualitäten der kleineren (männlichen) Hälfte der Menschheit sind sie nicht.

5. Oktober 1997

So eine Chance – vertan

„Wir sind, was volkt!“ *Graffiti*

Reise in der DDR

Abenteuer Deutschland

Susanne Offenbach

Es gibt erholsamere und vor allem billigere Arten zu reisen – aber kaum aufregendere als solche nach Deutschland. Gemeint ist jenes Deutschland, das so viele bei uns kaum kennen: die DDR.

Unsere Kolumnistin Susanne Offenbach (Bild) hat jahrelang Bekannte zwischen Ost-Berlin und Zittau besucht. Nun erhielt sie zum ersten Mal offiziell als Journalistin ein Visum, dazu einen „Fachredakteur“ als ständigen Begleiter.

Äußerlich ein deutsches Wintermärchen, taut und gluckert es unter der Oberfläche gewaltig. Genossinnen und Genossen des Jugendclubs erkundigen sich nach Reisen ins kapitalistische Ausland („wie sind DDR-Bürger bei Euch angesehen, eben doch ärmlich?“). In der Intendanz der berühmten Dresdner Semper-Oper wünscht man sich freimütig ein Publikum, das endlich wegen des Programms kommen möge und nicht nur weil es „den Tempel sehen will“.

Der Alltag: Fünfzig-Meter-Schlange vor einem Woll-Laden (immer nur fünf Frauen dürfen eintreten), 15 Jahre warten auf die versprochene Dachreparatur, fünf Jahre auf den Elektriker – bisher ohne Erfolg. Dafür jede Menge Improvisationstalent und eine Neuheit: Statt der Formel „Darauf sind wir aber nicht eingestellt“ hört man immer öfter: „... aber wir finden einen Weg.“ Über Menschen, Begegnungen und Beobachtungen in der DDR wird Susanne Offenbach in den folgenden Wochen berichten, erstmals am kommenden Sonntag.

Der Mann, gelernter Jurist, Typ aufstrebendes Talent, Mitte 40, ist sich ganz sicher: „Wenn die mich gefragt hätten, ich hätte sie nicht gebraucht, diese Einheit.“

Aber es hat ihn niemand gefragt. Und weiter: „Die da drüben waren mir egal. Was sollte ich dort? Keine Verwandten, und auch sonst nichts los.“ Woher weiß er das, wenn er nie da war?

Auch ohne Verwandte: Die DDR war eines der spannendsten Reiseländer, die für junge Westdeutsche zu haben waren. Zu haben? „Man durfte doch gar nicht rein“, hört man sie heute wie damals reden. Damit geben sie sich endgültig als uninformiert und unpolitisch zu erkennen, gerade jene Jahrgänge, die auszogen, das deutsche Leben zu politisieren – kulturell, privat, beruflich.

Denn natürlich hätte man reisen können. Auf jeden Fall zweimal im Jahr zur Leipziger Messe, sogar ohne Visum. Oder auf Einladung, die Interessierten hätten vermittelt werden können.

Aber die westdeutsche Jugend wollte nicht. Sie trampte in die Toskana, half in Nicaragua oder auf Kuba bei der Ernte und brachte so die Weltrevolution voran. Oder man machte gleich Karriere, wie jener Rechtsanwalt, der noch heute nicht recht weiß, warum er am 3. Oktober kanzleifrei hat.

Die heute führende Generation der um die Fünfzigjährigen hat sich zu nicht geringen Teilen vorzuwerfen, ihr ureigenstes politisches Thema – den Ost-West Konflikt im eige-

ROMAN LANG

nen geteilten Land – verschlafen und versäumt zu haben.

Bei den eigenen Leuten ohne Sprachbarriere erfahren und erfragen zu können, was es mit dem real existierenden Sozialismus auf sich hat, wie es sich wirklich lebt in einer Diktatur, aber auch welche Schätze erhalten bleiben, wenn Geldmangel ihre Verschlimmbesserung verhindert – das war eine einmalige Chance.

Da hätte man jungen Italienern oder Franzosen oder Engländern etwas Besonderes erzählen können. Denn die wußten oder glaubten es ja nicht, daß quer durch ein Land eine Mauer gehen kann, an der scharf geschossen wird. Und gestorben. Vorbei.

Die DDR war eines der spannendsten Reiseländer.

Erhält die verspätete Nation eine neue Chance? Es ist wie bei Eltern, die sich um ihre Kinder nicht kümmern wollten – sie müssen das mit viel Geld wettmachen. Aber selbst der großzügigste Ersatz ist kaum ausreichend.

Es müßte bei den geeinten Deutschen eine Emotion dazukommen zum vielen Geld, das sie derzeit ausgeben – ein Gefühl, das sie genießen könnten.

Die Erstkläßler, die gerade eingeschult wurden, sind im Jahr eins der Einheit geboren. Es wird schwer sein, ihnen bewußt zu machen, was für ein besonderes Datum dies ist.

Das Geschenk von Öffnung und Freiheit könnten viel eher jene ermessen, die die Wirklichkeit erlebt haben. Wäre das nur bewußter geschehen.

Ich denke nicht an Deutschland in der Nacht. Aber wenn ein Traum wahr werden dürfte, dann dieser: Die Nationalfeiertage des nächsten Jahrhunderts wandeln sich nach dem pflichtschuldigen Wanderzirkus durch die Hauptstädte zu persönlichen Festen. Die Deutschen feiern ihren Geburtstag mit eigenen Ideen zur Einheit – unverkrampft und neugierig aufeinander.

Natürlich kann man auch alles so lassen und zuwarten, ob sich der Einheits-Kloß im deutschen Hals von alleine löst. Aber hätten nicht gerade die, die etwas verschlafen haben, jetzt die Chance, das Versäumte wettzumachen? Selbst der fatalistische Brecht hält das für möglich: „Was geschehen ist, ist geschehen. Das Wasser, das du in den Wein gossest, kannst du nicht mehr herausschütten, aber alles wandelt sich."

Es fehlt noch der Wandel zum Besseren. Die Chance wäre doppelt vertan, wenn die innere Einheit erst von denen käme, die die Teilung nie erlebten.

29. März 1987

Leben in der DDR, wie Westdeutsche es nur noch aus Gute-Nacht-Geschichten kennen

Nach 1990 wird es paradiesisch

Von Susanne Offenbach

Das Jahr 1990 wird man sich merken müssen. Es muß in der DDR so etwas sein wie die Heraufkunft des Paradieses im real existierenden Sozialimus – eine magische Zahl. Fast alle Offiziellen führen das Jahr neunzig im Mund wie einen Jahresring in der Entwicklung der Menschheit. Sollten dann die Pläne erfüllt sein, wird niemand länger als 30 Minuten zur Arbeit fahren, stehen ausreichend Krippenplätze zur Verfügung, und Wohnungen gibt es auch genug. Kein DDR-Bürger glaubt das wirklich, und doch wird die Statistik stimmen. Wie das geht? Ein Bundi oder Westi, wie wir drüben genannt werden, hat eben in angewandter Mathematik noch viel zu lernen.

12. April 1987

Der Dresdner Professor Fritz Löffler kennt den Osten wie den Westen

„Klassenfeind" in neuen Ehren

Von unserer Mitarbeiterin Susanne Offenbach

Ich hätte es wohl nicht gekannt, das alte Dresden vor dem Krieg, welches mit Stuttgart und Düsseldorf um den Ruf der schönsten Stadt Deutschlands konkurrierte. So schreibt leicht vorwurfsvoll ein Leser von *Sonntag Aktuell.* Nein, natürlich kannte die Nachkriegsgeneration die Stadt nicht, als sie noch die Kunstmetropole Europas war. Das ist ja die Plage der späten Geburt: Man kann nicht mitreden, weil man „das Eigentliche" nicht erlebt hat. Wann endlich wird eine Generation begreifen, daß der Jahrgang weder Schuld noch Verdienst ist und es nur darauf ankommt, was einer aus dem Vorgefundenen macht, „Klassenfeind" Professor Fritz Löffler zum Beispiel.

15. März 1987

Politisches Tauwetter herrscht nun auch in der DDR: Dresden zeigte sich von seiner freundlichen Seite. Dresden – ein Wintermärchen, eine barocke Metropole, die ein Genuß für Liebhaber von Kunst und Architektur ist. Aber das Ballungsgebiet Dresden hat auch seine Schattenseiten: langsamer Wohnungsbau, häufig überlastete Vorkriegskanalisationen und Krankenhäuser, in denen während der Frostperiode Zahnärte zähneklappernd bei vier Grad Raumtemperatur bohren mußten; die Kohlenkeller waren leer. Auch ein Wintermärchen ist eben doch oft nur Realität im Gegenlicht.

Von Susanne Offenbach

Sächsische Geschichte erlebbar machen will Erich Jeschke durch die Restaurierung des Schlosses BILDER: BLUM

Sonnige Seite einer DDR-Metropole – Doch die Versorgungslage sieht oft düster aus

Wenn's in Dresden zu tauen beginnt

SONNTAG, 19. APRIL 1987 **NACHRICHTEN · HINTERGRUND**

LESER

NACHRICHTEN · HINTERGRUND

SONNTAG AKTUELL NR 15 · S — SONNTAG 12

Der Dresdner Professor Fritz Löffler kennt den Osten wie den Westen

„Klassenfeind" in neuen Ehren

Von unserer Mitarbeiterin Susanne Offenbach

... hätte es wohl nicht gekannt, das alte Dresden vor dem Krieg, welches mit Stuttgart und Düsseldorf um den Ruf der schönsten Stadt Deutschlands konkurrierte. So schreibt leicht vorwurfsvoll ein Leser von *Sonntag Aktuell*. Nein, natürlich kannte die Nachkriegsgeneration die Stadt nicht, als sie noch die Kunstmetropole Europas war. Das ist ja die Plage der späten Geburt: Man kann nicht mitreden, weil man „das Eigentliche" nicht erlebt hat. Wann endlich wird eine Generation begreifen, daß der Jahrgang weder Schuld noch Verdienst und es nur darauf ankommt, was einer dem Vorgefundenen macht. „Klassenfeind" Professor Fritz Löffler zum Beispiel.

So weit wie möglich aus dem Fenster gelehnt

Es ändert sich manches im geistigen Spielraum

„Klassenfeind in neuen Ehren"
Sicherlich war es für alle Freunde Dresdens erfreulich, den Beitrag von Frau Offenbach zu lesen und dabei auch das Foto des Nestors der Dresdner Stadtgeschichte, Herrn Fritz Löffler, zu finden. Im Verlag Seemann in Leipzig ist vor 5 Jahren eine erweiterte Auflage des Löffler-Buches „Das alte Dresden" in sehr schöner Aufmachung erschienen, und auch der Verlag Weidlich in Frankfurt hat es vor Jahren als Lizenzausgabe herausgebracht. Ich kann mir aber nur schwer vorstellen, daß Herr Löffler Ihrer Korrespondentin seine Bemühungen um die Rettung des Hotels Bellevue so dargestellt hat, wie es in Ihrem Beitrag wiedergegeben wurde. Löffler schreibt in seinem Buch selbst folgendes: „Unter Verkennung der Notwendigkeit, auch hier (am Theaterplatz) einen Maßstab zu besitzen, an dem Größe erst sichtbar wird, hat man das diesem städtebaulichen Zwecke glücklich dienende ausgebrannte Hotel Bellevue, einen wesentlichen Bau des Spätklassizismus, im Jahre 1950 abgetragen." Wie Ihr Hinweis auf die Vermittler-Rolle der Sekretärin von Herrn Honecker zu verstehen ist, bleibt ein Rätsel. Wer auf Grund Ihres Beitrages der Meinung ist, daß das alte Hotel gerettet werden konnte, sieht sich irregeleitet.

Rolf Schöningh, Limburgerhof

●

Sehr geehrte Frau Offenbach, mit sehr großem Interesse verfolge und lese ich Ihre Berichte „Reisen in die DDR". Erlauben Sie mir, Ihnen ein Kompliment zu machen. Ihre Berichte sind für einen aufmerksamen Leser sehr erschöpfend, denn für einen Kenner der Situation in der DDR ist vieles zwischen den Zeilen herauszulesen. Aber mein Kompliment gilt im wesentlichen dem Satz: „Viele Menschen der DDR sind in den menschlichen Grundantrieben Mut, Zivilcourage, Eigenständigkeit so unterentwikkelt, so geprägt von fünfzig Jahren Diktatur, daß man Ausnahmen nur als Lehrstück, vorerst kaum als Hoffnung nehmen kann", im Artikel: „Klassenfeind in neuen Ehren". Dieser Satz ist in seiner Formulierung derart zutreffend, daß man, wird man mit Menschen, denen man noch keine Senilität unterstellen möchte, konfrontiert, erschrokken ist, auf welchem geistigen Niveau diese stehen, einfach unterentwickelt! Es gibt hierfür wohl zwei typische Gründe. Einmal die durch die Diktatur erzwungene geistige Ausrichtung, Abschottung gegenüber freier Presse oder anderer Informationen. Und zum anderen bewußte Niederhaltung des Lebensstandards und Lebensniveaus in all seinen Formen und Hinführung zum Proletariat.

Rolf Ostmann

●

Ihre geschätzte Mitarbeiterin scheint sich zu irren. Wer sich in Dresdens allerletzten Jahrzehnten auskennt, muß doch erfreulicherweise feststellen, daß diese einst so zerstörte Stadt immer noch Kunstmetropole Europas ist! Gottseidank wird auch das Schloß wiederaufgebaut – zum Teil schon erstanden – um auch die noch irgendwo lagernden Schätze unterbringen zu können und vor allem Dingen die im Albertinum gezeigten Prachtstücke wieder in das Grüne Gewölbe zurückzubringen, es blieb bei diesen Zerstörungen erhalten.

Werner Epperlein, Bietigheim-Buch

●

In den letzten Jahren habe ich selbst einige Reisen durch die DDR unternommen und kann die Ausführungen von Frau Offenbach in dieser wirklich niveauvollen Serie nur unterstreichen. Zu bemerken wäre vielleicht noch, daß Frau Offenbach die Versorgungslage, zum Beispiel in der Provinz, eher verharmlosend wiedergegeben hat. Leider ist bei einigen Leserbriefschreibern eine totale Unkenntnis der DDR zu bemerken, sonst würden

---

Ein bißchen Stolz kommt auf: Wo findet sich so eine Schlagzeile noch, wer hat über die damalige DDR geschrieben: „Nach 1990 wird es paradiesisch"– und das im Januar 1988? Oft und gerne bin ich im Osten Deutschlands gereist. Es gab ja kaum spannendere Ziele für die Nachkriegsgeneration – aufschlußreich im Persönlichen wie im Geistigen. Selbst manch hartleibiger Linker hat da seine Lektion gelernt. Eine gute Nase ist das Kapital des Kolumnisten, Prophetie trotzdem nicht eingeschlossen. Die nebenstehenden Schlagzeilen – so treffsicher sie einem heute vorkommen: Damals waren sie eher ironisch gemeint. Aber so ist das ja oft mit der Ironie: Sie wird von der Wirklichkeit noch übertroffen.

21. August 1983

Ist das mein Volk ?

Von unseren Jugendlichen fühlt sich nur jeder fünfte den DDR-Deutschen verbunden. Das heißt: Vier von Fünfen können mit dem anderen Deutschland nichts anfangen. Fast jeder zweite junge Mensch hält die DDR für Ausland, aber Danzig für eine deutsche Stadt.

Dabei empfinden die jungen Leute selbst durchaus Ungenügen an ihrem lückenhaften Wissensstand. Aber in der Schule hat man kaum etwas gehört, und die Eltern wissen oft auch nicht viel mehr oder halten das Thema DDR für keines.

Wäre es sowieso nicht viel wichtiger, mit den westeuropäischen Nachbarn zusammenzurücken? Sollten wir nicht mehr Sprachen lernen und uns nach England, Frankreich, Spanien oder Italien hinwenden?

Mit diesen Menschen verbindet uns mittlerweile mehr als mit unseren sogenannten Brüdern und Schwestern. Die Familienbande, die angebliche Sprache des Blutes, sind eben oft höchst zwiespältig.

Die offizielle DDR legt solche Gedanken nahe. Westdeutsche Besucher umgibt die erwärmende Gastfreundschaft einer arktischen Forschungsstation. Den Gast sieht man am liebsten von hinten. Anders die Menschen. Die sind nicht so. Die warten auf Westkontakte, selbst dann, wenn sie deshalb Unannehmlichkeiten haben.

Ich konnte gerade wieder meine DDR-Eindrücke auffrischen, und es ist nicht übertrieben, wenn man zusammenfaßt: Es wird immer schlimmer. Die Versorgung ist dabei nicht das ärgste. „Hart, aber erträglich", meinen viele wie der Autor Stefan Heym. Trauriger stimmt eine Wesensänderung. Eine Raffgier und Ich-Sucht, wie man sie traditionell als typisch kapitalistisch einstuft. Nirgends interessiert man sich so brennend und so mißgünstig für Klamotten und Kleinigkeiten des täglichen Lebens wie im anderen deutschen Staat. Selten auch erlebt man noch rücksichtslosere und rechthaberischere Autofahrer als dort.

Wesensänderung: Raffkes wie im Westen

Und die Schwelle von Mein und Dein ist erschreckend tief gesunken. Das Notwendige, meint mein Gewährsmann, werde zur Not geklaut. „Alle Antennen, die Sie hier sehen", sagte er, „sind gestohlen. Die Rohre dafür kann man seit Jahren nur systematisch ausspähen und

29. Juli 1990

Als wäre nichts gewesen

Junge Leute aus allen Erdteilen treffen sich entlang der Berliner Mauer – hier ein kanadischer Wimpel, dort ein Mailänder Fiat, als Gemäuer gestaltet.

„The Wall", die Rockoper, lockt Hunderttausende an.

Aber die „Wall"-Fahrer erleben in dieser Nacht nicht nur den Zusammenbruch einer gigantischen Plastikwand mit Trockeneis und Lasershow, sie erleben auch die Mauer live.

Manchen sieht man es an, daß sie es nicht fassen können, was da monströs geborsten und in seiner Funktionslosigkeit nun vollends fatal herumsteht – die richtige Gefängnismauer, der ganz reale Wahnsinn. Natürlich wußte man draußen davon. Aber die Wirklichkeit zum Anfassen und Abklopfen überholt die Phanatasie. In der Nähe verrottet ein Schild, wonach die „DDR in der Welt einen guten Klang" habe. Es hat sich ausgeklungen. In den Ohren dieser Jugend ziemlich sicher.

Armdicke Kabel für den Stahlgitterzaun braten in der Hitze neben Bergen von Betonplatten mit perfekter Eisenarmierung. Seltene Wertarbeit mit Entsorgungsproblemen. Die geistige Entsorgung soll wohl vor allem erreicht werden.

Verdrängung wäre die richtige Bezeichnung, oder nach Mitscherlich „die Unfähigkeit zu trauern". Schnell weg, plattmachen, vergessen.

Sauber wie nie leuchtet der Bahnhof Friedrichstraße – bis vor wenigen Monaten noch „Tränentempel" und ein unmenschlicher Maulwurfgang – jetzt proper wie kaum ein Schwimmbad im Lande. Abgewaschen und poliert. Nur wenige Dübellöcher erinnern die Kenner.

Hier wird der untaugliche Versuch gemacht, unsere gemeinsame Geschichte zu schönen. Das dürfen wir nicht zulassen. Reden ist hier Silber, Schweigen ist Schuld.

Der Kontrollpunkt Drewitz gehört nicht, wie geplant, putzig ins Museum, sondern dorthin, wo er stand.

mitnehmen." Etliche Handwerker hätten sich deshalb in Leipzig zum Abbau nach dem großen Sportfest gemeldet mit dem festen Vorsatz, dort Armaturen, Rohre und andere Raritäten zu beschaffen.

Dazu kommt das ewige Schwindeln. Seit drei Generationen müssen sich die Menschen, von zwei Diktaturen gezwungen, diese Janusköpfigkeit angewöhnen.
Schon die Kinder lernen: Was zu Hause gesprochen wird, gehört nicht nach draußen! Und wer eine Reise macht, schaut sich im Bus erst gründlich die Mitfahrer an, bis er weiß, welcher der „falsche Fuffziger" ist.

Ein grauer Geist greift aber auch auf das über, was wir unser gemeinsames kulturelles Erbe nennen.
Dieses Erbe wird in der DDR, soweit es sich um Bauwerke handelt, nicht rasant, aber vorbildlich restauriert und dann – verriegelt.
Eine Theateranlage aus der Goethe-

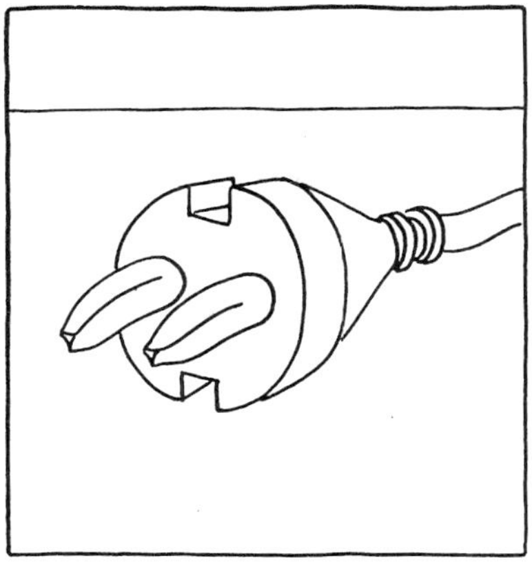

WAS ICH AUCH VERSUCHTE, ICH BEKAM EINFACH KEINEN SAFT.

zeit, die ursprünglich Leichtigkeit und Offenheit atmete, wird von einer überforderten und deshalb muffigen Kassiererin ständig verschlossen.

Nein, diese Lebens- und Denkkultur ist nicht unsere gemeinsame. Mit ihr wollen verständlicherweise viele Bundesdeutsche nichts zu tun haben.

Nur – sie ziehen daraus die falschen Konsequenzen. Die Schüler aus der Umfrage haben schon richtig reagiert: Sie wollen sich die DDR gerne einmal selbst ansehen.
Und dazu sollte man ihnen viel mehr als bisher privat und von der Schule aus Gelegenheit geben:
Statt nach Südtirol nach Zittau; in den Thüringer Wald statt in die Toskana – auch wenn es mühsamer ist, dorthin zu kommen.

Diese Erfahrungen werden so intensiv sein, wie kaum an einem anderen Platz Europas. Und vielleicht werden manche zurückkommen und sagen, daß meine Eindrücke zu negativ waren.
Manchmal wäre es erfreulicher, nicht recht zu behalten.

Der Checkpoint Charly ist kein Disneyland, sondern ein herbes Erinnerungsstück. Verständlich, daß sich ein Volk von Schuld befreien will. Aber das geht nicht im Ex- und Hopp-Verfahren.

Es gehört zu den „mitteleuropäischen Wahnideen, sich durch die Geschichte zu lavieren und die eigene Biographie umschreiben zu können" (Václav Havel).

Schwamm drüber, unter den Teppich kehren, auch wenige Kilometer östlich bei der NVA. Die Nationale Volksarmee wurde von ihrem Eid entbunden, notfalls das Leben gegen den Feind zu lassen.

Statt dessen sollen die strammen Soldaten nun ihre „ganze Kraft zum Schutz der Deutschen Demokratischen Republik einsetzen". Was soll das für eine Kraft sein, wenn die Republik nur noch wenige Monate besteht? Ein Abwasch-Eid auch dies.

So entstehen geistige Altlasten

Soll nun alles wieder gut sein, als wäre nichts gewesen? So entstehen die geistigen Altlasten von morgen.

Ludwig Erhard hat den Deutschen „in der Stunde der Not höchste Tugenden" bescheinigt. „Der Stunde des Glücks" hingegen, so meinte er, seien sie nicht gewachsen. Wir müssen ihn widerlegen.

Höflich behandelt

Ich kann darin zustimmen, daß die Jugend hier fast gar nichts über unsere Deutschen drüben weiß. Was Sie mit Autofahrern für Erfahrungen machten, darf man nicht verallgemeinern.
Ich jedenfalls werde immer höflich behandelt. Wer sich ehrlich gibt, kann nur feststellen, daß speziell Nachbarschaftshilfe großgeschrieben wird.
Lilly Fassbender, Waiblingen

Das Verhältnis zwischen Ost und West wird auch nicht besser, wenn wir statt nach Südtirol nach Zittau fahren und den „Mächtigen" da drüben Devisen bringen. Dort muß man Angst haben, wegen eines ungeschickten Wortes verhaftet zu werden. Der Westen kann die Menschen dann wieder „freikaufen".
S. Müller-Sauer, Reutlingen

13. September 1992

Reise genehmigt ?

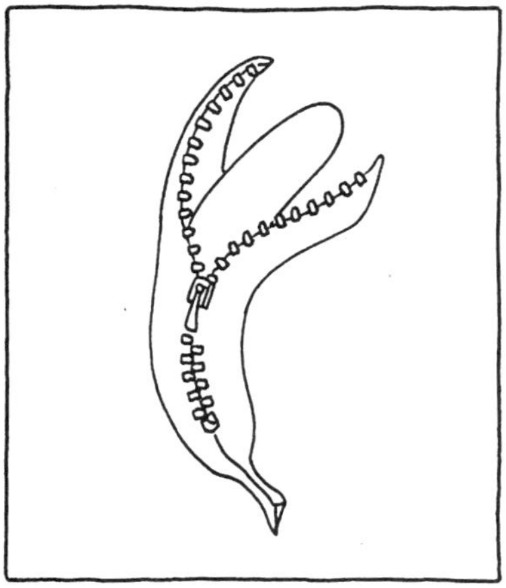

WEIL DER REISSVERSCHLUSS KLEMMTE, KONNTE ICH SIE NUR ZUM TEIL VERNASCHEN.

Dieses Plakat ist der Hit: eine Banane wird ausgepellt, heraus ragt eine fette Wurst. Darunter Willy Brandts Satz, daß nun zusammenwächst, was zusammengehört.
Gut, daß den Deutschen das Lachen noch nicht vergangen ist. Sie werden es brauchen.

Bananensehnsucht in der DDR. Wie oft wurde sie beschrieben; oft genug habe ich sie selbst erlebt. Ich mochte dieses Ostland, in dem man Spannendes erleben konnte, auch wenn das oft mühsam war bis an die Grenze der Zumutbarkeit.

Die hiesigen Kunden – Leser wie Redaktionen – mußten erst gewonnen werden für Berichte mit dem spröden Charme dieses anderen Deutschland, das uns zu Ausländern erklärt hatte.

Sympathien sind arg strapaziert worden. Zum Beispiel dieser Sozialneid. Er ist aus alter Zeit wohlbekannt, nun wird er wieder laut.

Muffige Einladung in die Ostländer

Damals, als drüben alle ähnlich lebten, verdienten und aßen, fielen kleine Ausnahmen auf – ein bunter Gürtel, eine einfarbige Tapete, eine exotische Frucht. Im sozialistischen Einheitsrahmen war dergleichen begehrt und beneidet. In den Schulen sollen Mädchen bedroht worden

16. Dezember 1984

Jetzt kommen die Menschen

Die meisten Päckchen „nach drüben“ sind gepackt, es werden wieder Millionen sein. Sie werden Freude machen, weil gute Gedanken dahinterstehen. Als Klaus Mehnert vor zwei Jahren an dieser Stelle eine Paketaktion anregte, konnte er sich vor Anfragen nicht retten. Was mag von diesen Kontakten übrig sein?

In diesem Jahr kamen rund 40 000 Übersiedler (fast viermal so viele wie 1983). Ihnen hatte bisher unsere geschenkverpackte Zuwendung gegolten. Jetzt sind sie selbst in der Bundesrepublik. Können sie nun auch mit unserer persönlichen Zuwendung rechnen? Manche DDR-Übersiedler, die nach jahrelangen Mühen und Schikanen endlich weg durften, kehren Monate später deprimiert an ihren Ausgangsort zurück. Haben sie einen Fehler gemacht, oder hatten sie einfach Pech? Oder ist doch etwas dran an dem Vorwurf, wir Westdeutschen spielten vor lauter Wohlstand als Aufnahmeland keine Glanzrolle?

Hinter vorgehaltener Hand werden Ängste ausgedrückt. Mit einer Mischung aus Zufriedenheit und Häme wird festgestellt, daß dem sozialistischen System die Kunden davonlaufen.

Aber als nächstes fürchtet man um eigene Arbeitsstellen und Ausbildungsplätze.

Tatsächlich sind sie nicht zu unterschätzende Konkurrenten auf dem Arbeitsmarkt, die DDRler.
Sie sind in der Regel gut ausgebildet und sehr motiviert, den ihnen fehlenden westlichen Standard aufzuholen.

Wir lieben unsere Landsleute um so mehr, je weiter sie weg sind.

Und ihre Kinder, die „Zonis“, sind disziplinierter als der Durchschnitt ihrer Jahrgangsgenossen, was von vielen Erwachsenen aufatmend-beifällig registriert wird.

sein, Westsachen ranzuschaffen, falls sie noch in der Gemeinschaft überleben wollten.

Das Glück unter Gleichen war nicht nur eine Lebenslüge. Dieser Denkfehler wirkt sich bis heute aus, er macht muffig bis mißgünstig.

Beispiel: Die CDU-Bundestagsabgeordnete Rosemarie Priebus tönt: „Ich glaube, es wäre nicht zuviel verlangt, wenn Kanzler Kohl seinen Urlaub nach zwei Wochen abbrechen würde, um ihn im Osten fortzusetzen. Die mecklenburgische Seenplatte ist mindestens genauso schön wie der Wolfgangsee.“ Danke für die Belehrung.

Ja, Mecklenburg ist wirklich zu schön, als daß es so eine Vertreterin verdient hätte. Dem weiten Himmel dort wird so ein kleinteiliger Geist nicht gerecht.

Aber so war das eben in alter Zeit: Man meckerte den Leuten vor, was sie zu tun und zu lassen hatten, gerade auch in ihrer ganz persönlichen Zeit und Umgebung.

„Das ist doch nicht nötig“, hieß der eine, und „das sind wir nicht gewöhnt“ der andere fatale Satz. Dagegen ist jeder westliche „Man-muß“-Modezwang ein Ausbund an Vielfalt und Freiheit.

Ich versuche mir vorzustellen, was los wäre, wenn dieser Kanzler mondänere Ziele bevorzugte. Nicht auszudenken, die Empörung. Dabei möchte man ihm samt seinen ostdeutschen Landsleuten – und sei es aus therapeutischen Gründen – durchaus ein wenig Extravaganz wünschen.

Früher, zu DDR-Zeiten, hieß es: „Nur einmal den Wolfgangsee sehen können! Wir würden ja auch zurückkommen.“ Erinnern Sie sich?

Und jetzt dieses Herbeizitieren im Gouvernantenton: „Kommt und seht unseren Jammer!“

Ganz und gar sanftmütige Wessis (es sind häufig solche, die zu Zeiten der DDR von dieser nichts wußten oder nichts wissen wollten), werden entschuldigend anführen, diese Aktion sei doch nur als dringende Einladung in ein Notstandsgebiet gemeint.

Was erwarten sich diese Ost-Politiker eigentlich von ihren reisenden Kollegen? Sollen da Goldesel kommen oder potente Pilger mit der Schmuckkasse im Gewand?

Eben bin ich auf dem Weg in einen Urlaub. Nach Skandinavien. Darf ich? Oder wen muß ich um Genehmigung fragen?

Dies sagen oft dieselben Leute, die in den sentimentalen fünfziger Jahren um diese Jahreszeit die grünen Kerzen „Wir denken an euch“ ins Fenster stellten, die in den Siebzigern die Ostpolitik wählten und Willy Brandt heute noch für einen Guru halten. Ein wenig nach dem Motto: Wir lieben unsere Landsleute um so mehr, je weiter sie weg sind.

Um etwas allerdings sind die Zuwanderer tatsächlich zu beneiden. Ich meine ihre Chance der Stunde Null. Wo gibt es das heute noch, so einen Neuanfang?

Gründerjahre mit einem völlig klaren Ziel: Orientierung, Fußfassen und vielleicht ein paar Freunde finden. Das gerade sei so schwierig, hört man oft in der DDR sagen. Mag sein, daß eine Notgemeinschaft die Menschen problemloser zusammenschweißt. Aber: Sich freiwillig binden, nicht weil man jemanden braucht, sondern weil man ihn um seiner selbst willen schätzt – ist das nicht die nächste Runde?

Freundschaft hat ja auch etwas mit Konzentration auf Menschen zu tun. Und vielleicht ist die dort größer, wo die Reize ärmer sind und das Lebenstempo geringer.

Statt Angst und Mißgunst haben wir im Zusammenleben mit den Übersiedlern mindestens diese Chance: unsere eigenen Maßstäbe zurechtzurücken. Denn ganz allgemein gilt ja für diese Vorweihnachtstage: Die Päckchen sind gepackt, jetzt sind die Menschen dran.

ALS ICH DEN DAMPFER SAH, WAR ICH AUF DEN KAPITÄN GESPANNT, MUSSTE ABER AUCH AN DIE SICHERHEITSVORSCHRIFTEN DENKEN.

8. Oktober 1989

Gefühl wie Silvester

Es ist wie eine vorgezogene Silvesterfeier – mit Bangen, Hoffen und Wünschen, mit guten Vorsätzen und einer gänzlich neuen Perspektive: Das nächste Jahrzehnt hat für sie in diesem Sommer begonnen, für die Deutschen aus dem Osten.

Es ist die spannendste Zeit seit Kriegsende. Manchmal haben ja Nachgeborene wie ich die Älteren um ihr Erlebnis der Stunde Null, um diesen Aufbruch beneidet. Was aber in diesen Monaten und Tagen geschieht, hat – im Frieden und insofern hochkomfortabel – eine ähnliche Qualität.

Durch die Umwälzungen im Ostblock darf man alle lieb oder selbstverständlich gewordenen Vorurteile auf den Müll werfen.

Die Karten werden neu gemischt. Wer will es den Spielern verdenken, wenn sie nach einem möglichst guten Blatt Ausschau halten? Nun sind sie also da, die über hunderttausend Neuen aus der DDR. Wir können lamentieren, wie uns das die Schriftstellerin Maron vorhält, nach dem Motto: Das Boot ist voll.

Oder wir können die unvermeidliche Gegebenheit sportlich nehmen, die Neuen in die Mannschaft einfädeln und das Heimspiel gewinnen.

Ich nehme die Wette an, daß das gelingt. Prognose: In drei Jahren redet von den Flüchtlingen des Jahres 1989 kein Mensch mehr, wenn es überhaupt so lange dauert.

Nur, darauf will und soll niemand warten. Was wir brauchen, ist Hilfe und Engagement – jetzt. Auf herzerfrischende Weise ist das schon passiert auf den Bahnhöfen der Grenzstädte und Zielorte.

Die spannendste Zeit seit Kriegsende

Die Menschen dort haben nicht nur getan, was in den ersten Stunden nötig war: Warme Kleidung und Betten besorgt. Mit Umarmungen, Blumen und kleinen Geschenken zeigten sie gerade denen, die nicht abgeholt wurden, daß sie willkommen sind. „Die sollen sich bei uns wohlfühlen", hieß es vielfach.

Noch wichtiger ist jetzt, sich persönlich zu kümmern, Patenschaften zu übernehmen. Gebraucht werden Gespräche und praktische Hilfe bei Wohnungs- und Arbeitssuche, beim

5. November 1989

Endlich !

Samstagabend, die Redaktion ruft an: Achtzig Zeilen, geht das noch? Sofort. „Haben Sie auch diese Bilder gesehen? Unglaublich. Hier wird deutsche Geschichte faßbar!"

Selten, daß Kollegen, die vieles gewöhnt sind, so betroffen, so aufgewühlt sind.

Ich habe die Stuben vor Augen in Leipzig-Grünau und Wittstock, in einem Dorf bei Dresden und in Berlin-Prenzlauer Berg, wo ich vor drei Tagen noch war.

Wie werden sie dort staunen, rufen, feiern, schweigen, abwechselnd blaß und aufgeregt werden über das, was ihr bisher bestgehaßter TV-Kanal da vorführt: Freiheit, fordern statt bitten, sogar Witze statt Schablonen. Die Berliner lebten auf diesen Samstag hin, auf „die Demo", auf ihren ersten öffentlichen aufrechten Gang.

Ich denke an meine Freunde seit heute in einer neuen Qualität.
Sie sind nicht mehr die, die ich – auch wenn ich mir den Gedanken immer wieder verbot – bedauerte, die mir leid taten.

Ich denke an sie zum ersten Mal wie an Partner, an erwachsene Menschen, mit denen man Klartext reden kann. Ohne Schonung wie für einen unheilbaren Patienten, ohne westlichen Kloß im Hals.

So hatten wir bisher nur mit denen gesprochen, die auf dem Ausreise-Sprung waren. „So, jetzt können wir es euch ja sagen ..." Ich bemitleide diese wachen DDR-Bürger nicht nur nicht, ein wenig beneide ich sie sogar um die Erfahrung eines solchen Samstags.

Luftanhalten, daß die Revolution gelingt

„Der dämliche Rest", wie sie selbstironisch, aber auch resigniert jahrelang ihre Situation DDR bezeichneten, macht Geschichte, Weltgeschichte, wenn man bedenkt, daß es hier – anders als in Polen und Ungarn – zwei Deutschländer miteinander zu tun bekommen wie nie zuvor.

Und diesen DDR-Bürgern scheint (wie den Ungarn und Polen) etwas zu gelingen, was unerhört wäre in der geschichtlichen Dimension: Eine neue, eine zivilisierte Form von

Einschulen und beim Freunde-Finden.

Meine Erfahrung ist, daß man dabei nicht nur anderen hilft, man lernt sein eigenes Land neu kennen. Selbstverständlichkeiten unseres Lebens sind mit einem Mal erklärungsbedürftig.

Man schaut mit neuen Augen auf Tatsachen, die lange nicht mehr hinterfragt wurden: Darf, soll die Presse über alles schreiben? Wie funktioniert das Rentensystem? Was ist mit der öffentlichen Pornografie? Wieviel Selbstverantwortung ist dem Menschen zuzumuten?

Viele scheinbare Nebensächlichkeiten sind Gesprächsthemen spannender Abende. Menschen aus einer Diktatur wollen Demokratie lernen.

Viele unserer West-Landsleute kommen auf diese Weise zum ersten Mal mit „der DDR" zusammen – eine Erfahrung, die man jedem wünschen möchte. Das macht hellhörig und sensibel und rückt manches in ein neues Licht – von unserem Wohlstand bis zur politischen Einstellung.

Wenn wir Gorbatschow zugejubelt haben für seine Abrüstung, den Umbau und das neue Denken, dann sollten wir uns selbst auch fragen: Wo rüsten wir unsere persönlichen Panzer der Trägheit oder der Gleichgültigkeit ab? Denken wir neu anstatt in Freund-Feind-Mustern?

Am Leben, das wir mit den DDR-Flüchtlingen führen werden, zeigt sich, ob wir auch zum Umdenken fähig sind oder nur zum Jubeln oder Klagen.

Die Deutschen sind eine gebefreudige Gesellschaft. Diesmal geht es aber nicht nur um Geld, auch Zeit und Zuwendung werden gebraucht – eine neue Dimension an der Schwelle eines neuen Jahrzehnts.

Revolution – ohne Blut und Barrikaden, ohne Rübe runter und weithin ohne Rache.

Halten wir die Luft an, daß dies vor allem gelingen möge, sie jetzt besonnen und angemessen geduldig zu halten. Denn es wird nicht Monate, es wird Jahre dauern, bis ihre Alltags-Hoffnungen erfüllt sind.

Und wir? Wie viele unserer lieben Landsleute sitzen noch mit den alten Argumenten am Stammtisch, als werde im Fernsehen eine besondere Art von Nervenkitzel gegeben – live von einem anderen Stern?

Der real existierende Kapitalismus kann jetzt zeigen, was er wirklich wert ist, wie wendig die Menschen hier sind oder wie gedanklich bequem und dickfellig ungerührt.

Sehnsüchte erfüllen

Ich selbst bin schon 1957 aus der DDR herübergekommen, kenne aber die Gefühle noch sehr deutlich.
Meine Grunderfahrungen waren damals: Drüben - Herzlichkeit mit Stallwärme gegen gemeinsamen Feind, Staat. Hier - viel Freundlichkeit, Kühle, großes Abwarten. Nur durch Zufall gelang mir die Niederlassung in Heumaden. Es wird uns diesmal gewiß gelingen, die aus Gewissensgründen Ausgezogenen aufzunehmen und deren Sehnsüchte mit erfüllen zu dürfen.

Dr. Joh. Schnitze, Stuttgart

Die sicher wohlmeinenden Ausführungen vernachlässigen, daß das Hauptproblem der in die BRD eingeströmten DDR-Flüchtlinge vor allem die fehlenden Wohnungen sind. Die Prognose, daß in drei Jahren von den Flüchtlingen des Jahres 1989 kein Mensch mehr reden werde, könnte sich allerdings als richtig erweisen angesichts des voraussichtlich in den kommenden Jahren weiter anwachsenden Einwanderungsdrucks von Menschen aus aller Herren Länder.

Rolf Bauer, Stuttgart

Nach der großartigen Leichenfeier für den „real existierenden Sozialismus" in der DDR, der 40-Jahr-Feier, sind die Verantwortlichen in Ostberlin noch lange nicht bereit, loszulassen. Also gibt es immer mehr Flüchtlinge, und es ist unsere verdammte Pflicht und Schuldigkeit, hier zu helfen.

Herbert M Schneider, Fellbach-Schmiden

Man muß diejenigen DDR-Bürger bewundern, die in diesen Tagen Mut zeigen, durch lauten Protest für ein demokratisches System in ihrer Heimat einzutreten. Andererseits: Löst das Davonlaufen das dortige Problem dieses sichtlich abgewirtschafteten Systems leichter oder schneller?

Gerhard Geiger, Fellbach

Nicht nur reden

Auf die Kolumne von Susanne Offenbach „Gefühl wie Silvester" gab es vielfältige Reaktionen. Nicht nur reden oder klagen wollen unsere Leser, sie wollen konkret etwas tun.
Zwei Beispiele: Ein Unternehmer, der nicht genannt sein will, ließ einen fünfstelligen Betrag an Neubürger aus der DDR verteilen. Und ein Betrieb, der mehrfach vergeblich beim Arbeitsamt seine Möglichkeiten angeboten hatte, erklärte sich bereit, eine Fahrt zu organisieren mit Bewirtung, Information und Betriebsbesichtigung. Wohnmöglichkeiten gehören mit zum Stellenangebot.

20. Mai 1990

Ende der Schonzeit

Nach drei Wochen intensiven Arbeitsaufenthalts in der sächsischen Provinz werden deren Konturen schärfer als bei einem touristischen Besuch. Die Eindrücke sind unerbittlicher.

Der häufigste DDR-Satz lautet: „Das sind wir nicht gewöhnt." Nicht gewöhnt zu entscheiden, nicht gewöhnt rasch auf neue Situationen zu reagieren, nicht gewöhnt, so etwas wie Lebensstil zu fordern und zu pflegen.

Aber Gewöhnung ist kein Wert an sich. Gewohnheiten, schlechte zumal, gehören auf den geistigen Müll.

In kaum einem Land geht die Schere so weit auf wie derzeit in der DDR. Die Gesellschaft klafft auseinander. Da sind diese jungen Leute, die zäh gegen sich und mühsam gegen die Ämter ein altes Haus mit viel Wissen und Geschmack aufbauen.

Da sind aber auch die vielen, die schlaff und kaum belastbar herumhängen, ihr Tagewerk nach der gewohnten sozialistischen Vier vollbringen, als sei es noch die alte Zeit.

Der Alkohol ist ein sichtbares Problem, die Sexwelle auch. Jeder Werkstattwand ihren Pin-up-Popo, der Brigadefeier ihren Striptease mit Lasershow – das ist der Hit.

Auseinander klafft die Gesellschaft der Genossen, die sich jetzt alle Kollegen nennen, auch im Blick auf ihre partei-treue Vergangenheit: Da werden alte Rechnungen beglichen, aber es wird kaum offen gestritten. „Die Hälfte dieses Volkes müßte man vorübergehend auswechseln", bricht es aus einem Geistlichen heraus, der sich jahrelang bemüht hatte, den aufrechten Gang auch in schwerer Zeit zu ermöglichen.

Wie also lösen die DDR-Bürger ihre eigenen Forderungen ein? Etwa den Anspruch, politisch besonders wache Revolutionsbürger zu sein.

Was fanden wir vor am hundertsten 1. Mai, dem ersten im freien Land? Wurde da mit Kandidaten diskutiert? Wurde etwa die katastrophale Poliklinik besetzt oder auf die öden Spielplätze aufmerksam gemacht? Wurden Spruchbänder über die unzumutbar schlafraubenden Pisten (Straßen genannt) gehängt? Nichts, rein nichts,

25. Februar 1990

Dafür fehlt mir der Humor

Der Stoßseufzer der Woche: Habt ihr eigentlich kein anderes Thema mehr? Man kann es ja nicht mehr hören. Die Welt ist doch größer als die DDR. Ist sie, Gott sei Dank.

Sogar der Kabarettist Dieter Hildebrandt erkennt, daß die „Revolutionsserie ein Auslaufmodell ist, während die Vereinigungsserie noch viele Folgen haben wird". Beifall.

An der alten Mauer gefiel mir am besten eine aufgemalte Tür mit Klinke und Sprechblase: „Wer hier durchgeht, kriegt von mir 'ne Mark." Jetzt geht man durch. Durch Löcher zwischen daumendicken Armier-Eisen oder als Flaneur über die Glienicker Brücke. Und dazu die Mauersonate für Hammer und Pickel. Immer an der Wand lang schlagen die musikalischen Mauerspechte derzeit noch im Tagebau Kapital – 'ne Mark das Stück oder mehr. Demnächst ist das vorbei.

Die Pioniereinsätze sind effektiver. Mit schwerem Gerät werden die Brocken weggeschafft. Wohin? Auf einen Haufen, sagen die Soldaten; auf weltweite Auktionen, sagt Helge Möbius vom DDR-Außenhandelsunternehmen Limex. Stückpreis der 2,6 Tonnen schweren Segmente: bis zu einer halben Million Mark. Das Geld solle Krankenhäusern und Altenheimen zugute kommen.

Dieser Staat verhökert mit der Mauer seine Geschichte. Gibt es eine geschmacklosere Entsorgung von historischem Sondermüll? Was ist mit denen, die an der Mauer zu Tode gehetzt wurden? Was sollen deren Angehörige denken? Vielleicht gibt man ihnen zum Trost ein Stück von dem Sockel, wo garantiert kein Turnschuh mehr Halt findet, wo keine Salve aus den Maschinenpistolen mehr durchschlagen konnte – mit Zertifikat.

Gibt es eine geschmacklosere Entsorgung für Mauer-Müll ?

Da verkloppt ein Staat seine Exekutionswand, an der junge Menschen starben, an der hunderttausend Hoffnungen zerbrachen. Vielleicht macht man in dieser Art mit der Wand von Plötzensee weiter, wenn die Mauer erfolgreich

Schweigen im Walde. In der politisch brisantesten Zeit machte man bei blendendem Wetter „Brücke“ in der Datsche oder auf BRD-Trip.

Das selbstgewählte Schrittmaß wechselt zwischen ängstlichem Schlurfen und Bocksprüngen, zwischen unverblümten Forderungen nach Geld und Wohlleben und unnötig eingeknicktem Selbstbewußtsein.

Um Verurteilen soll es nicht gehen, wohl aber um das Ende der Schonzeit. Es muß offen geredet werden in der deutschen Familie. Kaum irgendwo habe ich so ungeschminkte Ausländerabneigung erlebt wie in der DDR. Wer aber so die eigene Schwäche kompensiert, ist kaum reif für Europa. Auch der Charakter hat gelitten in den Jahrzehnten – das ist das Schlimmste.

Eine Vergröberung hat stattgefunden im Umgang miteinander, auch im Verhältnis von Mein und Dein.

Hoffnung geben mir jene Menschen, die konzentrierter sind als wir. Die weniger verwöhnt sind und gewöhnt, (sich) zu improvisieren.

Erschrocken bin ich darüber, wie offen, verwundbar und schutzlos dieses Land und seine Menschen daliegen. Wie fest kann man den Patienten anfassen? Was ist ihm zuzumuten?

In jedem Fall ist es besser, eine Kerze anzuzünden, als über die Dunkelheit zu klagen.

BEI ABNEHMENDER BANANE SCHLIEF ICH IMMER BESONDERS GUT.

in alle Welt verschifft sein wird.

Daß sich das Goethe-Institut München an solchen perversen Aktionen beteiligen soll, ist schlimm genug, daß Japaner und das Auktionshaus Sotheby's interessiert sind, läßt sich wegen der größeren Entfernung der Ausländer zu den Folgen unserer Teilung schon eher verstehen. Die Mauer ist kein Scherzartikel.

Begonnen hatte Außenminister Genscher mit einem Geschenk, einem mächtigen Mauerbrocken, an Präsident Bush. Inzwischen belohnt sogar ein Rundfunksender in Florida gewitzte Hörer, die eine deutsche Geschichte erzählen können, mit einem Bröckchen.

Die Berichte sprudeln, der Vorrat geht aus. Kisten mit „Parts of German Wall – top original“ sind unterwegs. Nichts gegen ein harmloses Souvenir von den Mauerspechten. Aber daß sich eine Regierung nicht schämt, ihre schändlichste Vergangenheit zu verhökern, dafür fehlt mir der Humor.

Die Mauer ist für die, die sie auf dem Gewissen haben, kein Scherzartikel und keine Devotionalie. Aber auf dem Weg nach Deutschland sind, auch wenn wir ihrer überdrüssig sein sollten, noch viele Überraschungen drin – darunter auch noch manche geschmacklose.

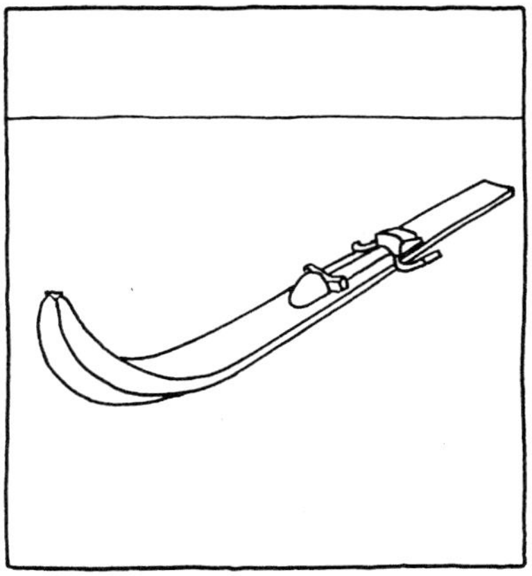

MIT DER BINDUNG HATTE ICH GAR KEINE PROBLEME.

14. Januar 1990

Klartext, Herr Kohl !

„Täglich kommen immer noch tausend DDR-Bürger – über 20 000 seit Anfang des Jahres." Diese Meldungen irritieren die Bürger hierzulande. Wie soll das weitergehen?

Das können wir doch gar nicht bewältigen, lautet eine verbreitete und sicherlich auch berechtigte Befürchtung. Kanzler Kohl beruhigt. „Wir müssen dafür sorgen, daß sich die Menschen in ihrer angestammten Heimat wohl fühlen, daß sie bleiben wollen."

Aber offenbar wollen sie nicht bleiben. Woran es fehlt, ist Klartext von hier aus. Nicht nur eine klare Sprache, auch klare Entscheidungen fehlen.

Diese Bundesregierung behandelt DDR-Übersiedler noch immer wie Flüchtlinge, wie Bedürftige. Tatsächlich sind aber alle, die seit dem 9. November kommen, schlichte Umzieher. Sie ziehen um, sicher unter erschwerten Bedingungen, aber keinesfalls in Not. Und so sollen sie auch behandelt werden: zugewandt, aber ohne Sonderkonditionen.

Wer von Coburg nach Köln zieht, muß sich zuvor um Wohnung und Arbeit kümmern, und wer von Cottbus nach Karlsruhe will, für den gilt das gleiche.

Anstatt klar zu sagen: Es gibt hier so gut wie keine Wohnungen mehr, und Notunterkünfte kommen für Neuankömmlinge nicht in Frage, laviert sich dieser Kanzler mit heimattriefenden Sätzen durch.

Falsche Großzügigkeit macht es Gaunern leicht. Diese schädliche Haltung, die drüben als Verlockung verstanden werden muß, hat noch andere Konsequenzen:

Die Deutsche Presse-Agentur meldet, daß zunehmend Einzelpersonen mit schlechter Schul- und Berufsausbildung kommen, die offenbar schon in der DDR einer sozialen Randgruppe angehörten.

„Sie kommen in der Hoffnung auf einen Neuanfang mit westdeutscher Sozialhilfe und Krankenversicherung", berichtet die Mitarbeiterin eines Berliner Durchgangsheims. Und eine DDR-Ärztin:

„Die Leute, die jetzt noch abhauen, die könnt ihr gerne geschenkt haben." Pfarrer Martin Friz, der in einem evangelischen Waldheim seit Monaten für Hunderte von Übersiedlern seine und die Kraft seiner

Die Geister, die wir riefen, werden wir nicht mehr los

Endlich ein offenes, klares Wort zu diesem Thema, das viele Politiker zwar vielleicht auch so sehen, aber aus wahltaktischen Gründen nicht wagen, es so offen anzusprechen und die notwendigen Konsequenzen daraus zu ziehen.
Irmgard Kobza, Sindelfingen

Mit Ihrem Artikel haben Sie mir aus der Seele geschrieben. Wie lange wollen unsere Politiker mit Steuergeldern Umsiedler unterstützen, die aus freien Stücken zu uns kommen? Es ist absolut nicht einzusehen, wie hier unser soziales System unterwandert wird.
Karl Eisele, Heubach

Frau Offenbach hat den Nagel auf den Kopf getroffen! Ich füge meine Beobachtungen hinzu: Hinsichtlich der vielen Übersiedler sagte der Kanzler des öfteren, wir seien ein reiches Land und könnten das alles bewältigen. Wieso sind wir reich? Wie hoch sind unsere Schulden, überall fehlt es an Geld, und wie sollen die Schulden einmal beseitigt werden?
Herbert Bellmann, Waiblingen

Seit Jahren lese ich Ihre Kolumnen, oft mit großer Zustimmung und Begeisterung. Für die heutige gehört Ihnen das Bundesverdienstkreuz!
Der Inhalt Ihres Artikels deckt sich mit der Meinung von 90 Prozent der Bevölkerung.
Hermann Albrecht, Insheim/Pfalz

Man rief die Geister und wird sie nicht mehr los. Das ist der Preis der ganz normalen und alltäglichen Verlogenheit der Politiker, dessen finanzielle Schattenseite der bundesdeutsche Bürger noch zu spüren bekommen wird.

Hier werden Milliarden locker verschleudert, während so viele hier oft kaum genug zu essen haben.
Erich Janoschek, Kaiserslautern

Dieser Artikel über die vielen Tausend DDR-Bürger, die seit Anfang des Jahres zuwandern, hätte der nicht schon vor Jahren erscheinen müssen?
Natürlich haben wir jetzt keinen Platz mehr für die Unsrigen in diesem, schon seit langem überstrapazierten Land.
D. M. Roth, Steinheim/Murr

Bravo, Frau Offenbach! Endlich nennen Sie es mal beim Namen, was uns alle schon lange bedrückt.
Herr Kohl stellt uns immer wieder hin, als ob wir die Realität nicht sehen.
Wir sind doch an der Basis und sehen, was passiert.
Renate Langner, Stuttgart

Mitarbeiter ausbeutet, will zwar weiterhelfen, „solange die Menschen, die vor unserer Tür stehen, das subjektive Gefühl der Flucht haben. Aber eine Daueraktion stehen wir nicht durch."

Falsche Großzügigkeit macht es Gaunern leicht.

Der Unmut wächst. Er sollte sich aber den richtigen Adressaten suchen: Die Regierung, nicht die Neuankömmlinge. Sie nehmen eine Chance wahr, die sie oft als ihre einzige ansehen. Wer wollte es ihnen verdenken?

Daß es dabei auch Schlaumeier, Draufsteher und Ausnehmer gibt, soll nicht verschwiegen sein.

Längst ist von „Medizintourismus" die Rede und davon, daß sich abgehalfterte Stasi-Mitarbeiter hier ihren Lebensabend vergolden.

Massenweise seien falsche, weil unzutreffende Ausweise im Umlauf, und an Begrüßungsgeld wurden im letzten Jahr mindestens 500 Millionen Mark zuviel bezahlt. Das haben sich Menschen ergaunert, keine Frage. Aber Nachlässigkeit und falsch verstandene Großzügigkeit haben es ihnen auch allzu leicht gemacht.

Die Freude über die neue deutsche Freiheit war riesig. Sie hält aber nur an, wenn beide Seiten die Bedingungen für diese Freiheit eindeutig benennen.

Wir müssen sagen: Freiheit ist auch hart. Und da wir vermutlich sowieso mehr oder weniger den ganzen Bruch bezahlen, darf man jetzt schon gerne mit dem Sparen beginnen – bei uns selbst und bei denen, die neu zu uns kommen.

WEIL SIE IN JEDER GRÖSSEREN STADT STÄNDIG GEFÜTTERT WERDEN, SIND SIE SCHON BEINAHE EINE PLAGE.

Kaum ist die Mauer geöffnet, will Frau Offenbach eine zweite Mauer errichten: Aufnahmestopp für ausreisewillige DDR-Bürger! Glauben Sie doch nicht, daß die „Umzieher nach dem 9. November" die Wohnungs- und Arbeitsplatzsituation bei uns nicht genau kennen! Warum kommen sie trotzdem? Weil die immer noch im Amt befindliche SED-Regierung einschließlich auch manch neuer Gruppierung den DDR-Bürgern weder wirtschaftliche noch politische, in die nahe Zukunft orientierte Perspektiven eröffnen kann.
Theo Reiß, Freinsheim

Mit diesem Artikel haben Sie bestimmt nicht nur mir aus dem Herzen gesprochen: Die so unverständliche Rat- und Tatenlosigkeit unserer Regierung werden wir natürlich mit Geld und – viel schlimmer – mit einer ernsthaften Gefährdung unseres sozialen Friedens zu bezahlen haben. Im Klartext: Allen Respekt und große Hochachtung vor den Menschen, die in der alten DDR auf die Straße gegangen sind und dabei ihr Leben für Freiheit und Demokratie riskiert haben. Diesen mutigen Menschen mag von uns jegliche Unterstützung und Hilfe zuteil werden.
Hermann Schühle, Stuttgart

Endlich traut sich eine in die Medien mit Gedanken, die in unserem Volk Tagesgespräch sind! Irgendwo hat alles ein Ende! Weiter so.
Ilse Kuntz, Speyer

Die Übersiedler aus der DDR werden nicht aus ihrer Heimat weggelockt – was sollte hier in der Bundesrepublik Deutschland an Massenunterkünften, unsicheren Arbeitsplatzaussichten, geringen Chancen, eine Wohnung zu ergattern, und vielfach menschlicher Isolierung schon Verlockendes sein? Das einzige, was an Frau Offenbachs Verlockungsthese dran ist, ist die gute soziale Grundsicherung hier in der Bundesrepublik Deutschland (Sozialhilfe, Wohngeld, Kindergeld, Erziehungsgeld und anderes mehr) für alle, die hier leben. Diese Sicherung steht deshalb selbstverständlich auch den Deutschen von drüben zu und bedeutet keine Bevorzugung.
Claus Jäger, Wangen im Allgäu, CDU-Bundestagsabgeordneter

Wollen wir uns die Freude über die neue deutsche Freiheit selbst verderben?
Elli Wenzel, Stuttgart

17. Mai 1992

VEB Deutschland

Es soll keiner meckern, daß da nicht manches zusammenwächst in diesem unserem Vaterland.

Nehmen wir das zwar bankrotte, aber reinliche Bundesland an der Saar, das zeitlebens am Tropf aller anderen Länder hängt. Es verfügt jedoch – klein, aber pfiffig – über die frechsten Minister.

Nach nur fünf „Diener"-Jahren haben sie dort einen Anspruch auf Ruhegeld von über 16 000 Mark. Seit zwanzig Jahren schon. Keiner fand das unpassend, auch der Sozialdemokrat Oskar Lafontaine nicht, der sonst gerne den Zeitgenossen sagt, wo es moralisch langgeht.

Als die Genossen im hanseatischen Senat zu Hamburg mit Hohn und Hundertern beworfen wurden wegen der unverschämten Diäten, die sie sich verordnet hatten, als es in Hessen diesbezüglich krachte – hätten da dem sonst hellhörigen Oskar nicht alle Warnglocken läuten müssen? Haben sie nicht.

In satter gesamtdeutscher Gewohnheit hat man abgewartet, bis man ertappt wurde – wie bei Stasis. Tauchstation, bunkern. Und wenn man doch erwischt wird, „haltet den Dieb" rufen. Bei Lafontaine heißt der Dieb böse Presse, bei den aufgeflogenen Geheimdienstlern sind es die gemeinen Wessis. Nur man selbst war es nicht. Jetzt wollen die Politiker „aus dem Ruch der Selbstbedienung" heraus.

Aber: Nicht der Ruch muß weg, sondern die Selbstbedienung.

In vierzig Jahren West-Bürokratie hat sich auch hier das Land zu einer Art „Volkseigenem Betrieb", zum VEB Deutschland, entwickelt.

Hohn und Hunderter für die Genossen

Der Moloch Staat wird nicht als Organisation gesehen, die wir uns selbst gegeben haben, sondern als Bauchladen, aus dem jeder soviel wie möglich herausholt. Der Historiker Arnulf Baring hat den Deutschen vorgehalten, daß sie zu satt, zu reich und zu bequem seien – die Schweizer Krankheit. „Bisher ist in diesem Land der Wohlstand verteilt worden. Jetzt müssen Zumutungen

10. März 1991

Auf nach Osten

Trecking-Tour, Abenteuer, Robinsonleben – so läuft der Trend der Freizeit-Deutschen. Sie kaufen hochrädrige Kübelwagen und brettern als einsame Wölfe irgendwohin. Wohin? „Wo man noch etwas machen kann, wo nicht alles voll und fertig ist."

Ich hätte da eine Idee. Aber die ist natürlich nicht so smart: Go east! Dort, im neuen Osten, liegen so viele Abenteuer, die man mit Kopf, Herz und Hand anpacken kann wie nirgendwo sonst. Jede Menge Platz für Pioniere.

Und warum gehen so wenige hin? Weil diese Westgesellschaft voller Wenn und Aber ist und längst nicht so beweglich, wie sie das von sich selbst behauptet.

Eine junge Finanzbeamtin, die gerne im Osten arbeiten würde, brachte es auf den Punkt: „Warum haben wir nicht mit der Vereinigung unser Steuersystem samt Instanzenweg radikal vereinfacht? Von den Ossis erwarten wir doch auch, daß sie sich total umstellen. Wie sollen wir denen unser Dickicht erkären, bei dem wir selber kaum durchblicken?"
Die Sklerose, die bürokratische und gedankliche Verstopfung, ist eine Krankheit, die im Vergleich der beiden Deutschlands besonders deutlich wird. Was dort Angst ist, ist bei uns die Rückversicherungsmentalität. Die herrscht in Betrieben wie in Behörden: Wer nichts tut, macht auch nichts falsch – heißt ein Denkfehler.

Richtig wäre: Wer nichts tut, macht auf jeden Fall alles falsch. Nur wer etwas tut, kann auch das Richtige tun.

Gedankliche Verstopfung – hier wie dort

Zweiter Übelstand, auf den wir auch noch stolz sind: Was wir machen, machen wir „ganz oder gar nicht". Dieser Perfektionismus hält es nicht aus, neue, unkonventionelle Wege zu gehen, wohl wegen der Gefahr, daß man improvisieren und korrigieren muß. Ja, und wenn?

verteilt werden." Nur – wer benennt, geschweige denn verteilt sie?

Gefragt sei ein „neuer Gemeinsinn". Recht so.

Aber die Menschen, die zum Beispiel ein Ehrenamt innehaben, machen die Erfahrung, daß sie schräg angesehen werden, weil sie anderen wohlverdiente Arbeit wegnähmen. Meist folgt dann noch die schöne Vokabel von der Solidarität, die der gute Mensch von heute ebenso flüssig wie folgenlos im Munde führt. Gerade das Ehrenamt ist es aber, ohne das diese Gesellschaftsordnung nicht funktioniert und auch nicht wert wäre zu überleben.

Die wurstige VEB-Mentalität, wonach jeder schon bekomme, was ihm zusteht, ist das genaue Gegenteil von Gemeinsinn. Es ist die Utopie einer Gerechtigkeit, die gerade mal Gleichmacherei hervorbringt. Die Nomenklatur – auch da sind sich West und Ost peinlich nahe – schaufelt sich Pfründe zu.

Einziger Unterschied: Wir müssen nicht umstürzen, wir müssen ausmisten. Schnellstens.

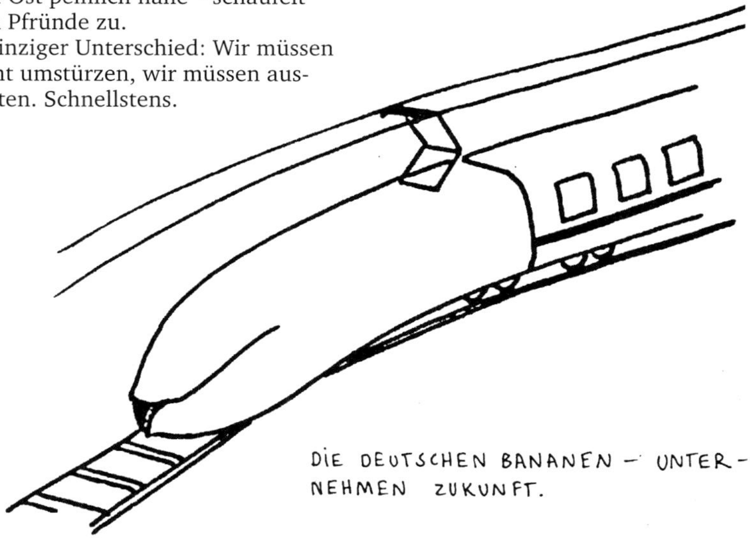

DIE DEUTSCHEN BANANEN – UNTERNEHMEN ZUKUNFT.

Beispiel öffentliche Bauten: Müssen vom Klohäuschen bis zum Schulzentrum alle Vorhaben durch ewige Instanzenwege laufen? Muß alles bis zum endgültigen Bilderhaken auf immer im Beton vernagelt sein?

Auch deshalb nämlich läuft es da drüben so zäh, weil unser Anspruchsdenken und -handeln für diese Verhältnisse untauglich sind. Mit Messer und Gabel rodet man keinen Busch.

Warum ist der Vorschlag, DDR-Wohnungen großzügig zu verschenken und von den Nutzern renovieren zu lassen, ehe man sie durch endlose Katasterverfahren schleppt, nicht angegangen worden? Weshalb wird nicht Studenten, die sich für fünf Jahre Ostarbeit verpflichten, ihre Bafög-Schuld erlassen? Beförderungsschub für Beamte, die ostwärts rübermachen?

Es knirscht allerorten. Das einzige, was es reichlich gibt, sind Vorwürfe, wer an der Misere schuld sei. „So haben wir uns das aber nicht vorgestellt", ist ein Standardsatz.

Wer immer sich was vorgestellt haben mag, der Sand muß raus aus dem Getriebe. Das ist Kärrnerarbeit, aber eine, die Spaß machen kann.

Ein junger Unternehmer hat dieses intellektuelle und menschliche Abenteuer so beschrieben:

„Gegensätze können nicht schärfer zutage treten als in den neuen Bundesländern, Entwicklungen nicht dramatischer verlaufen und Herausforderungen nicht fesselnder sein. Wölfe, worauf warten wir?"

Im roten Sumpf

„Die Tragik des 20. Jahrhunderts liegt darin, daß es nicht möglich war, die Theorien von Karl Marx zuerst an Mäusen zu probieren."
Stanislaw Lem, Schriftsteller

Nächste Versuchsanordnung: Jung, Frau, Ost macht garantiert Karriere. Alt, Mann, West ohne Chancen. Fast ein Naturgesetz, auf jeden Fall ein gängiger Abzählreim, ging das so zehn Jahre lang seit dem Ende der DDR.

Wieder Wende: 100 Tage rot-grüner Regierung reichen, um klarzuziehen, wie weit es mit dem Aufbruch her ist. Oskar Lafontaine ist im Wort bei dem verdienstvollen älteren Herrn West, Johannes Rau. Deshalb wird er wohl Präsident der Deutschen werden.

Was würde eine kluge ostdeutsche Frau an der Spitze dieses Landes bedeuten? Lassen wir die unselige Quotendebatte beiseite, auch die Tatsache, daß Dagmar Schipanski weithin unbekannt ist. Das kann sich schlagartig ändern.

Zur Erinnerung: Nördlich der Mainlinie war Roman Herzog auch kein Name, bis er in seiner Berliner Antrittsrede vor beleidigten Sozialdemokraten an die „unverkrampften Deutschen“ sprach.

Vielen Deutschen scheint es zu gehen wie dieser Regierung: Laßt uns in Ruhe mit Präsidenten West oder Ost; wir haben Wichtigeres zu stemmen. Wichtigeres? Nach wie vor geht es um viel Geld, das in den Osten gepumpt wird. Und es gibt nicht wenige Kenner der Ost-Szene, die Richtung Westen mahnen: Dreht den Geldhahn zu!

Subventionsgier und Ostalgie machen zornig.

Mögen wir uns nach zehn Jahren überhaupt noch mit den Hinterlassenschaften der SED-Diktatur befassen? Oder sind wir, je weiter geographisch weg, desto gleichgültiger? Der Kabarettist Bernd Gieseking fährt jedenfalls knallende Lacher ein, wenn er fragt: „Wiedervereinigung ja, aber mußte es denn die DDR sein?“ Grund zum Zorn gibt es genug. Statistisch zahlte jeder Westdeutsche 3000 Mark. Jeder Ostdeutsche bekam 12 600 Mark. Die Staatsverschuldung stieg von 980 auf 2030 Milliarden Mark. Und wo ging der warme Regen nieder?

Unter anderem auf 5000 landwirtschaftlichen Betrieben, die verdächtigt werden, Fördergelder und Subventionen erschlichen zu haben: Größenordnung 20 bis 50 Milliarden Mark. Vier Landwirtschaftsminister (zwei CDU, zwei SPD) sollen die Manipulationen gedeckt haben. Frühere SED-Seilschaften, vor allem auf dem Lande noch intakt, ließen solche Blüten im roten Sumpf gedeihen.

Oder der Ministerpräsident von Brandenburg, Manfred Stolpe. Er sieht sich in seiner persönlichen Ehre („langjähriger Stasi-Mitarbeiter“) verletzt und prozessierte – erfolglos – durch alle Instanzen. Kann er, soll er, wenn er muß.

Daß er dafür aber 92 200 Mark Prozeßkosten-Beihilfe bekommen hat und kaltblütig weitere 50 000 beantragt, muß jeden Steuerzahler freuen.

Sogar Brüssel wird nervös: In den neuen Bundesländern wurde Jahr für Jahr mehr als doppelt soviel

Post müßte Überstunden machen

Wenn jeder zur Feder greifen würde, dem Sie aus dem Herzen gesprochen haben, die Post müßte Überstunden machen. Dieses Empfinden ist bei vielen vorhanden, doch mangelt es oft an Fakten und Sprache.
Adolf Faber, Freinsheim

Noch nie sind irgendwo auf dieser Welt derart gigantische Summen zur Sanierung eines Landes aufgebracht worden - ca. 1,5 Billionen - unvorstellbar! Das Ergebnis ist ebenso unvorstellbar bescheiden, die Unzufriedenheit in Ostdeutschland wächst zunehmend, ein echtes Wohlstandsproblem.
Dieter Widmaier, Leonberg

Dieser Artikel ist eine einzige Ansammlung westdeutscher Selbstgerechtigkeit, ein Messen mit zweierlei Maß und Schüren von Ressentiments. Von akuter Gefährlichkeit im Osten ist heute der „braune Sumpf“, nicht der rote. Der Sozialismus ist die Grundlage aller westlicher sozialdemokratischer Parteien und hat mit Terror und Unrecht ebensowenig zu schaffen wie das wahre Christentum mit Inquisition und Unterdrückung der Freiheit.
Constanze Linka, Ludwigsburg

Wer konkret Zahlen nennt über Ausgaben der Wessis und Einnahmen der Ossis, müßte auch aufzählen, wieviel Steuern im Westen über Ost-

subventioniert wie im ganzen übrigen Europa zusammen.
Aus 200 Fördertöpfen kommt es warm raus – volkswirtschaftlich Vernünftiges, aber auch viel Unsinniges wird damit angestellt.

Aber es hilft nichts, wir müssen mit den „Erben des terroristischen Spießerstaates" (Harpprecht) leben. Denn nur noch 36 Prozent der Ostdeutschen verbinden mit dem Sozialismus, den sie erlebten, negative Gefühle. Für 63 Prozent (nach Allensbach) war er „von der Grundidee her ein gutes Konzept, das nur unbefriedigend umgesetzt wurde".

Aus dieser gedanklichen Gemütlichkeit – oder diesem westlichen Zorn – könnte eine Bundespräsidentin heraushelfen, die Ost/West wieder zum deutschen Thema machte. Da sie selbst dem Regime widerstand, könnte sie Ressentiments im Osten gegen die Demokratie austreten, aber auch die desinteressierten Westler aufwecken.

Ein wahrhaft nationales Anliegen. Aus dem wird aber nichts. Denn Johannes wird diesmal nicht der (biblische) Vorläufer sein. Sondern die Nachhut von gestern.

Abschreibungsmodelle eingespart wurden, oder vielleicht auch nachfragen, wie viele der im Osten neu gebauten oder sanierten Wohnungen denn im Besitz von Wessis sind. Wer beim Subventionsbetrug nur die alten SED-Seilschaften nennt, vergißt, daß auch viele Wessis im Osten Karriere machten.

Joh. Schwarz, Gechingen

Da konnte es einem, auch wenn es sich bei den aufgeführten Beispielen nur um einen Bruchteil dessen handelte, wohin die Gelder fließen – tatsächlich wieder einmal die Zornesröte ins Gesicht treiben.

Jürgen Koop, Leonberg

Ihre Kolumne war wieder eine Wucht. Die Lektion saß. Ist aber Ihr Potential nicht ein wenig vertan?
Gibt es für Sie keine andere Stelle in der Politik, wo Sie nicht nur mit dem Buchstaben, sondern mit Wort und Tat gegen die Mißstände ankämpfen könnten?

Lothar Hunger, Aspach

Nicht zuletzt der Zulauf zur PDS zeigt doch, daß viele sich an die „guten alten Zeiten" erinnern, wo es angeblich keine Arbeitslosigkeit gab.
Dabei vergessen sie, wie marode ihr Staat und die Wirtschaft eigentlich waren.

Ernst Lanzer, Lohnsfeld

3. Mai 1998

Guten Morgen, Euro

„Man kann einen Kontinent nicht über Geld einen." Gregor Gysi, PDS

Was hat denn die Nation bisher geeint, etwa kein Geld? Wer wollte denn vor allem die D-Mark, „sonst geh'n wir zu ihr"? Die Herzen allein hätten es gewiß nicht geschafft.

Ein ganzer Kontinent mit Dutzenden verschiedener Sprachen wurde allerdings noch nie mit Geld geeint, das ist neu. Bisher ging das nur mit Kriegen. Diese Lösung sollten wir lieber mit dem 20. Jahrhundert hinter uns lassen.

Der Euro ist auch die Antwort auf ein blutiges Jahrhundert, das die Nationalstaaten auf dem Gewissen haben.

Auch deshalb ist der Satz des Abgeordneten Gysi nichts wert. Er wäre nicht einmal der Erwähnung wert, bekäme man ihn nicht auch anderswo zu hören:
Ach je, der Euro, brauchen wir denn „das" überhaupt?

Ja, wir brauchen „das". Deutschland hat die längsten Grenzen, hat die meisten Nachbarn in Europa. Wir sind die größte Exportnation und leben davon, Waren und Knowhow international zu verkaufen.

Der Euro ist nichts anderes als eine Variation des Themas Globalisierung. Es gibt keinen Rückzug aus der globalen Wirtschaft. In diesem Meer gibt es keine Inseln, man muß mitschwimmen – besser oder

Von der Mark geeint?

Wird Europa durch die gemeinsame Währung geeint, wie auch die Deutschen in Ost und West durch die Mark geeint worden sind? Sind sie das wirklich? Gibt es denn nicht bis heute auf beiden Seiten Frust, Neid, Mißgunst und Zorn, oder wie sonst soll man den Ausgang der Wahl in Sachsen-Anhalt verstehen?
Was der Maastrichter Vertrag wert ist, zeigt der faule Kompromiß um den Posten des künftigen Präsidenten der Europäischen Zentralbank.

Isolde Roth, Schorndorf

Die sonst so kritische Frau Offenbach macht es sich doch sehr leicht mit ihrem Loblied auf den Euro. Jetzt weiß man es endlich, was für eine tolle Sache das ist. Von Risiken und Nebenwirkungen kein Wort.

Peter Krieg, Schwäbisch Gmünd

schlechter. Dann bin ich für besser und schneller – guten Morgen, Euro.

Der Euro ist eine politische Entscheidung. Als sie vorbereitet und beschlossen wurde, hat sich kein Mensch aufgeregt. Wer heute etwas dagegen hat, kommt zu spät.

Die Österreicher freuen sich, die Italiener singen, die Franzosen sind skeptisch und die Deutschen – machen ein miesepetriges Gesicht.

Viele sagen, sie fühlten sich „schlecht informiert". Wie das? Überall fällt man über Euro-Informationen, wahlweise aus Sicht der Spekulanten, der Anleger, der Banken, der Handwerker oder Hausfrauen, ja – wer's braucht – sogar der Croupiers.

Wer jetzt noch nichts weiß, will es wahrscheinlich nicht wissen. Lieber verharrt man im Schmollwinkel: Ob der Euro wohl so hart wird wie unsere liebe D-Mark?
(Als ob die noch so hart wäre.)

Der Euro, sagt Gerhard Schröder, sei „eine kränkelnde Frühgeburt". Da ist es wieder, dieses Gejammer. Was es nicht gibt, ist „deutsches Geld für deutsche Arbeit". Mit dieser Parole zogen die Rechtsradikalen in den Landtag von Sachsen-Anhalt ein.

Wir sollten in dieser Partie starke Mitspieler sein. Das Zeug dazu haben wir.

Wir sind bisher in Zeiten aufgewachsen, in denen nationale Regierungen mehr oder minder autonome (oder willkürliche?) Entscheidungen trafen. Das Recht der Nationalstaaten, Geld zu drucken, Zinssätze festzulegen, Subventionen zu bewilligen oder große Kredite aufzunehmen, war das Königsrecht.

Nun erleben wir zum ersten Mal, daß sich der weltweite Kapitalmarkt mit Macht nach draußen verschiebt. Wir sollten in dieser Partie starke Mitspieler sein. Das Zeug dazu haben wir.

Richtig spannend wird es erst, wenn dem relativ kleinen Schritt Euro der große Satz der politischen Vereinigung folgt. Diese soziale und wirtschaftliche Integration hätte man ursprünglich gerne mit einer gemeinsamen Währung abgeschlossen.

Statt dieser Krönungsmethode gilt jetzt die Motor-Version:
Der Euro treibt alles voran.

Jetzt haben Sie es uns aber einmal so richtig gegeben, mir und der Mehrzahl unserer Mitbürger, uns Kleingläubigen mit dem miesepetrigen Gesicht.
Nein, wir wissen nichts, wollen nichts wissen, haben uns einfach nicht informiert. Wir wollen auch einfach nicht einsehen, daß die Interessen des Normalbürgers doch so völlig übereinstimmen mit denen der Banken und Konzerne.

Eberhard Kuntz, Althütte

Sollte die These stimmen, daß Geld eint, wäre die Sowjetunion nicht in mehr als zwölf Staaten zerfallen.
Eine Auflösung Jugoslawiens hätte nicht stattgefunden, die Slowakei und die Tschechische Republik hätten sich nicht getrennt, Eritrea und Äthiopien wären noch ein Staat, ebenso der Kongo.

Robert Dörr, Steinenbronn

Fortschrittlich und weltoffen, wie Sie sich dünken, haben Sie natürlich, nachdem die Sache entschieden wurde, in den Chor der medialen Euro-Befürworter eingestimmt. Anstelle die – wenngleich sicher nur aus rein wahltaktischen Erwägungen erfolgten – Einwendungen Gerhard Schröders zu kritisieren, wäre es mutiger und ehrlicher gewesen, auf die enormen Einschränkungen und Risiken etwas einzugehen.

Rolf Bauer, Stuttgart

Die Behauptung, in der Vorbereitungszeit des Euro hätte sich kein Mensch aufgeregt, stimmt nicht. Die Regierung und die ihr gehorsamen Medien haben das Thema als Tabu behandelt und jegliche öffentliche Diskussion darüber verhindert. Statt dessen wurde und wird bis heute dem Volk in euphorischen Statements Sand in die Augen gestreut. Die den Euro in seinem Vorfeld begleitenden Tricksereien lassen für die Zukunft nichts Gutes erwarten.

Dr. Elisabeth Nau, Stuttgart

Ich habe seriösen Journalismus immer für mehr gehalten als pures Nachplappern dessen, was Kanzler und Teile der Wirtschaft ebenso unermüdlich wie unfundiert vorbeten. Der Euro kommt zehn Jahre zu früh – die sogenannte Konvergenz wurde oft nur mit Hilfe billigster Buchungstricks erreicht. Stabiler Euro? Diese Phrase schließt nahtlos an „blühende Landschaften", „sichere Renten" und „solide Staatsfinanzen" an.

Hans Habermann, Herrenberg

30. März 1997

Keine Äpfel mehr

Es gibt keine Äpfel mehr. Wie bitte, keine Äpfel? Sind nicht die Obstregale voll von Früchten, glatt und rosig und aus aller Herren Länder?

Schön fürs Auge, vielleicht.
Und fürs Ohr! Golden Delicious – das geht geschliffen über die Zunge. Dafür wird diese mit Geschmack um so weniger verwöhnt – Styropor feucht mit naturidentischen Aromen, so könnte man den Genuß beschreiben.

Wenn Naturprodukte Namen haben, die auch für japanische Autos durchgehen könnten – Elstar oder Jona zum Beispiel –, dann ist das verräterisch. Die Landwirte wissen doch: Nicht mit durchschnittlicher Masse sind Geld und Ruhm zu ernten, sondern mit Qualität.

An der üppigen Apfeltheke frage ich eines der aufstrebenden Talente aus der Jungbauernschar, wo sie denn seien, die Leder- und Rosenäpfel, der grüne Boskoop, Berlepsch oder Jakob Fischer.

Europa ist nicht nur eine Ansammlung wertvoller alter Immobilien.

„Nie gehört. Oder hatte nicht der Großvater ... Aber wissen Sie, das verlangt doch niemand." Aber was soll ein Kunde verlangen, was nicht einmal der Fachmann kennt?

Wenn Erich Kästner das erlebt hätte, wäre sein Vergleich bestimmt noch galliger ausgefallen: „Es ist eine Anmaßung, die Welt veredeln zu wollen. Das Quadrat will kein Kreis werden, auch dann nicht, wenn man es davon überzeugen könnte, daß der Kreis die vollkommenere Figur sei."

Nun werden unsere Landwirte ein anderes Zauberwort für ihre vorauseilende Gleichmacherei bereithalten: Brüssel. Und tatsächlich: Ein feines Versandhaus teilt mit, man wolle – entgegen einer ursprünglich anderen, besseren Absicht – „ein Angebot an alten, charaktervollen Gemüsepflanzen, Stauden, Obstbäumen und Kräutern" zurückhalten.

Denn: „In den Verkehr gebracht werden dürfen nur solche Sorten, die in der ‚Bundessortenliste' vorkommen. So darf eine alte, sehr robuste und geschmacksstarke

12. März 1989

Pfirsich im Halse

Da bleibt einem der Pfirsich im Halse stecken! Für das, was zur Zeit wieder in europäischen Landen grassiert, gibt es wahrscheinlich nur ein altmodisches Wort: Frevel.

Man muß sich die Zahl auf der Zunge zergehen lassen: 250 Millionen Mark zahlen die Europäer jährlich, damit eine Million Tonnen einwandfreies Obst und Gemüse auf den Müll kommen. Wohlgemerkt, das ist nicht Geld für die Bauern zur Stützung ihrer Einkommen, das sind zunächst nur die Kosten für die gigantische Müllabfuhr.

Eine verschleiernde Bürokratensprache nennt das „Intervention". Haben Sie in diesen Tagen schon einmal Milch interveniert? Auf deutsch: weggekippt. In unserer trefflichen Europäischen Gemeinschaft läßt man es nicht so weit kommen.

Dieser Kreislauf ist die Regel:
Ein teures Verfahren macht Frischmilch sogleich zu Magermilchpulver, welches die Landwirte billig kaufen können. Die EG zahlt. Wenn der Bauer wieder Wasser zufügt, gibt er dem Vieh Milch. Ein Liter Frischmilch wäre billiger gewesen.
Allein der Milchsektor mit Butter- und Magermilchpulverberg verbraucht pro Stunde etwa eine Million Mark. Verstehe das, wer kann.

Wir scheinen es ja zu haben. Das ist eines der Beispiele – wegen seiner Größe so schwindelerregend –, wie ein sinnvoller Grundgedanke pervertiert werden kann.

Bauern in benachteiligten Regionen, Familienbetriebe oder neue Mitglieder der Gemeinschaft sollten ursprünglich durch Stützungskäufe ihrer Produkte eine faire Chance am Markt erhalten.

Wir leisten uns eine gigantische Müllabfuhr.

Seit Jahren läuft die Entwicklung aber genau anders herum. Wer das produziert, was es ohnehin schon zuviel gibt, bekommt noch eine Prämie obendrauf. Warum sollte er sich umstellen? Der Bonner Staatssekretär Georg Gallus nennt deutsche Tomatensorte aus Gründen der Reinheit in der EU nicht angeboten werden."

Wir wollen aber keine Tomaten, die von Kiruna bis Kreta identisch sind wie Tennisbälle.

Hat man nicht das Europa der Regionen proklamiert? Nun soll es bereits an Äpfeln und Tomaten scheitern? Als nächstes werden wir dann wohl die Dialekte abschaffen und die Gebäude angleichen – Hauptsache einheitlich.

Europa ist nicht nur eine Ansammlung wertvoller alter Immobilien. Seine Vielfalt, die bisweilen für Sitten und Gebräuche oder für Küche und Keller eigene Nachschlagewerke braucht, macht den Kontinent so reizvoll.

Sogar Fluglinien wagen sich, durch wachsende Zustimmung ermutigt, aus dem angeblich risikolosen internationalen Einerlei in die Besonderheiten ihres Herkunftslandes. Ein zaghaftes „Auf Wiedersehen", ein lokales Lied, eine heimische Speise werden selbst eingefleischten Brüssel-Bürokraten serviert.

Wahrscheinlich wissen diese Brüsseler Spitzen bloß nicht, wie sie Gewürzluiken ins Portugiesische übertragen sollen oder was Geißhirtle auf griechisch heißen könnte. Butterbirnen wären dann ebenso mißverständlich wie die Gute Luise oder die Gräfin von Paris. Deshalb muß man sie lieber mit Stumpf und Stiel ausrotten.

Schauen wir also nur die Geschäfte an und die Gebräuche: Wir haben genug vom massenfaden Gleichen. Was wir suchen sollten, ist der charakteristische, der kleine, feine Unterschied.

GUT, SIE BEHERRSCHEN IHREN JOB – ABER IHR WERKZEUG ENTSPRICHT NUNMAL NICHT UNSEREN VORSCHRIFTEN.

Beispiele: „Im Unterglasbau finanzieren wir Betriebe, die sich anschließend im Verdrängungswettbewerb kaputtmachen, beim Schweinefleisch reicht die Kapazität zum Überfüttern der Europäer längst aus, bei den Milchprodukten ist es fünf nach zwölf, und beim Rindfleisch steht die Überproduktion kurz bevor."

Wenn wir also von allem zuviel haben, weshalb wird nicht gleich weniger angebaut? Braucht es überhaupt so viele Bauern, wenn der Nährstand ein Vielfaches von dem produziert, was wir essen können?

Mit welchem Recht geben wir Mangelländern wie Polen gute Ratschläge, wenn wir angesichts beinahe hungernder Nachbarn mit der Natur derart lästerlich umgehen?

Wenn auch bei uns gespart werden muß, dann schaut die Bevölkerung kritischer hin, wo das Geld eigentlich bleibt. Familien, die Selbstpflückanlagen dankbar annehmen, verstehen angesichts solch offizieller Vergeudung die Welt nicht mehr.

Sollte es aus dieser Sackgasse keinen Ausweg geben außer durch Bankrott? Oder könnten vorher vielleicht doch die Pragmatiker zugreifen?

Es kann doch nicht so schwierig sein, die Lastwagenladungen zunächst einmal statt zur Müllkippe zu Bedürftigen zu bringen.
Das spart zwar noch kein Geld, hilft aber der Moral.

Was hindert uns, dem Zynismus – hier „Intervention", dort Hunger – ein Ende zu machen?

Phantasie und Organisationstalent könnten eine Hilfsaktion ohnegleichen bewirken.
Das wäre ein Wahlschlager!

Die Mittel dazu sind ja nicht gerade spärlich: 29 Milliarden steckt die EG in diesem Jahr wieder allein ins Überschußgeschäft. Das ist zwanzig Mal so viel wie sie für die notwendige Strukturpolitik, für eine bessere Lösung in der Zukunft ausgibt.

Kommentar eines Zeitgenossen: „Als Wahnsinn imponierend!"

28. April 1996

Ich bin Ersatz

Mich schreckt es nicht, als „Gesundheitsressource“ oder als „lebendes Ersatzteillager“ bezeichnet zu werden. Immerhin bescheinigt mein roter Ausweis somit einen brauchbaren Erhaltungszustand.

Gegner von Organtransplantationen prägen solche Begriffe, um Abscheu auszudrücken. Der Mensch als Warenlager.

Das ist die polemische Seite.
Die medizinische wird derzeit diskutiert. Es soll der Hirntod als absolutes Ende des menschlichen Lebens festgestellt werden. Von medizinischer Seite her ist das fachlich annähernd unbestritten.

Wenn dann zwei Ärzte unabhängig voneinander diesen Todesfall bestätigen, und wenn der Patient zu Lebzeiten oder Angehörige einer Organentnahme zugestimmt haben, dann darf sie stattfinden.

In Deutschland allerdings passiert das viel zu selten. Wir brauchen viel mehr Spender von Organen. Viele Menschen können nur überleben, wenn sie eine neue Niere, Leber oder ein Herz bekommen.

Für die Verteilung der Mangelware Organ haben die Beneluxländer, Österreich und Deutschland die zentrale Agentur „Eurotransplant“ im niederländischen Leiden aufgebaut. Deutschland hat aus dem gemeinsamen Pool bisher etwa 1500 Organe mehr bezogen, als es eingebracht hat. Ein Umstand, der in den anderen Ländern nicht gerade auf helle Begeisterung stößt.

Was läßt die Menschen zögern, die hilfreichen Teile ihres toten

30. Oktober 1983

Letzte Dinge

Im Fernsehen feierte sie ihr neues Leben – eine junge Frau, die mit einer fremden Niere lebt. Erstmals wieder lebt, nachdem sie jahrelang dreimal wöchentlich vier Stunden lang an den Tropf mußte, um ihr Blut waschen zu lassen. „Ich könnte es jeden Tag aus dem Fenster rufen, wie schön das Leben ist!“

Sie hat geschafft, worauf zweitausend Nierenkranke oft mehr als zwei Jahre warten müssen:
die Einsetzung eines fremden Organs.

Es geht darum, zunächst einmal bekannt zu machen, daß ein eben Gestorbener einem chronisch Kranken das Leben erleichtern oder neu schenken kann mit einem Organ. Nieren und die Hornhaut des Auges werden am häufigsten verpflanzt, selten auch Herz oder Lunge. Entnommene Nieren müssen nach komplizierten Blut- und Gewebetests innerhalb von 40 Stunden beim kranken Empfänger sein.

Eine hilfreiche und sinnvolle Sache, möchte man meinen. Und doch steht es in der Bundesrepublik schlecht mit der Spendenbereitschaft. Manchmal ziehen sogar die Angehörigen die schriftliche Bereitschaft des Unfalltoten zurück.

Deshalb sollte man seine Gedanken zu diesem Thema mit Verwandten und Freunden besprechen. Aber das, scheint mir, ist der heikle Punkt.

Tod und Sterben sind selten ein Thema, kaum ein Gedanke, erst recht kein Gespräch. Deshalb wohl machen so wenig Leute ein Testament. („Was nach mir kommt, ist mir egal.“) Deshalb auch, so sagen Psychologen, schnallt sich nur die Hälfte der Autofahrer an. Man will sich nicht eingestehen, daß einem selbst auch einmal etwas passieren könnte. Schon der Gedanke wird verdrängt.

Gedanken über den Tod sind wichtig, weil sie zum Menschen gehören wie Geburt und Leben. Vorbildlich jener einfache Mann, der als Vater in gesunden Tagen seine Angelegenheiten regelte. Seine längst selbst erwachsenen Kinder sprechen heute noch davon, wieviel ihnen das an Sicherheit und Vorbild gegeben hat. Sie wollen versuchen, es auch so zu halten. Kann man mehr wollen, als über seinen Tod

Körpers anderen zu schenken? Da ist vordergründig der Argwohn, man könne bei Bedarf schneller für tot erklärt werden, der äußerste – auch scheinbar aussichtslose – Rettungsversuch unterbliebe.

Organtransplantation – der Mensch als Warenlager

Nun hat es gewiß immer wieder Medizinskandale gegeben – auch aus Gewinnsucht wurde mit Herzklappen und verseuchtem Blut gehandelt. Aber die große Mehrheit der Mediziner ist seriös, hochausgebildet und motiviert.

Der moralische Vorbehalt ist es vor allem, der viele zögern läßt. Ist denn nur, so fragen sie, die Würde des Menschen unantastbar oder nicht auch die des Toten? Sogar die Soldaten auf dem Schlachtfeld sorgen nicht nur für die Verwundeten, sondern auch für die toten Kameraden. Darf man also eine (auch seine eigene) Leiche ausschlachten?

Ich weiß nicht, ob man es darf. Ich weiß nur, daß man es muß.

Wer je Menschen, junge Kranke vor allem, erlebt hat, die hoffen und beten und weinen, daß sie noch rechtzeitig an die Reihe kommen, der sollte das mit seinen eigenen Gefühlen abklären.

Hoffnungsvoll stimmt die Beteiligung etwa an Untersuchungen, wenn Knochenmarkspender gesucht werden. Tausende stehen geduldig Schlange.

Aber hier geht es auch nicht um den eigenen Tod. Die Beschäftigung mit ihm scheint die psychologische Hürde zu sein. Man möchte nicht daran denken, auch nicht an etwas, das damit zusammenhängt. Vielleicht hilft ja außer der Aufklärung über die Wichtigkeit von Organspenden – die Zahl der Transplantationen hat sich in zehn Jahren verdoppelt – ein Bonussystem:
Wer sich zu Lebzeiten zur Verfügung stellt, bekommt, falls er je selbst ein Organ braucht, ein Plus auf der Prioritätenliste.

Die Toten sind im geistigen Sinn der Humus der Lebenden. Das biblische Bild heißt Staub zu Staub. In unserem Zeitalter gehört die Medizin mit ihren Möglichkeiten zu diesem Staub.

Es gab Zeiten, da galten Frauen als mutig, die öffentlich bekannten: „Ich habe abgetrieben." „Ich spende", wäre heute eine Kampagne wert – für das Leben und für gesellschaftliche Verantwortung.

Wem dabei doch ein Rest Unsicherheit bleibt: Das ist die Ungewißheit, die Leben heißt. Bis in den Tod.

hinaus in guter Erinnerung zu bleiben? Vielleicht sogar so, daß es jemanden gibt, der sagt: Dieser Mensch hat in meinem Leben etwas bewirkt, er hat für mich eine wichtige Bedeutung gehabt.

In Achtung vor den Lebenden und den Verstorbenen

Und auf die Organspende bezogen, wird es einen Unbekannten geben, der dem stets anonymen Spender sein zweites Leben dankt. Das aber geht nicht ohne gelegentliche Gedanken an die letzten Dinge, ohne das Lied vom Tod.

Nur wer solche Gedanken bei sich zuläßt, kann auch über Organspende nachdenken.

Muß nun ein Organspender Angst haben, daß er, womöglich noch nicht ganz tot, als Ersatzteillager für Kliniken herhält? Verantwortliche Ärzte verweisen solchen Verdacht in den Fundus eines Gruselkabinetts. Gerade Organspender würden besonders gründlich untersucht. Jeder etwa noch vorhandene Lebensfunke würde bei solchen Patienten am ehesten wahrgenommen. Organentnahme wird überdies „in Achtung vor dem Verstorbenen durchgeführt. Der Körper wird in äußerlich unversehrtem Zustand den Angehörigen zur Bestattung übergeben."

Geld verdienen kann man mit seinem Körper zu Lebzeiten oder nach dem Tode allerdings nicht. Die freiwillige Hilfe für andere Menschen wird nicht entlohnt (auch nicht durch Übernahme der Bestattungskosten), kostet aber natürlich auch nichts.

Der Arbeitskreis Organspende (Neu-Isenburg, Postfach 462), der alle seriösen Aktivitäten auf diesem Gebiet koordiniert, gibt Informationen heraus und einen Ausweis mit Willenserklärung. Diesen sollte man mit seinem Ausweis bei sich tragen. Überlegt man sich die Entscheidung doch wieder anders, so vernichtet man einfach das Papier, und die Einwilligung zur Organspende besteht nicht mehr.

Wer also etwas Vernünftiges und Humanes tun will, hat hier eine gute Möglichkeit.

Gerade habe ich meine organgerote Karte in den Paß gesteckt.

20. September 1992

Nie mehr krank

Wohlmeinende Zeitgenossen warnen mich vor diesem Thema: „Du willst doch wieder mal zum Arzt und ordentlich behandelt werden. Leg dich doch nicht mit denen auch noch an.“ Danke, ich will es versuchen.

Die Ärzte haben sich selbst von ihrem Nimbus befreit. Sie haben sich als harte Kämpfer in eigener Sache gezeigt. „Das ist unser gutes Recht“, hört man. Stimmt. Allerdings ist somit auch Schluß mit einem Mehr, das den Besuch des Hausarztes von dem des Klempners unterschied oder den Weg zum Internisten von dem zum Bankschalter. Bei allen geht es ums Wohlergehen des Kunden und ums Geschäft. Gut, daß wir das jetzt so klar haben.

Aber wie unter guten Kaufleuten üblich, sollte es auch fair und einigermaßen redlich zugehen.

Ärzte und Patienten sollen Mißbrauch anzeigen.

So hört man oft die Klage von Ärzten: Wenn wir dem Patienten nicht willfährig sind, geht er um die Ecke zum Kollegen und bekommt dort, was er will. Das mag so sein. Nur sollte das in Zukunft nicht ohne Risiko abgehen.

Wer offensichtlich unbillige Forderungen stellt, etwa Krankschreiben, Zuschuß zur Kur oder massenhaft Medikamente, muß Gefahr laufen, daß seine Krankenkasse oder der Arbeitgeber davon erfahren – mit angemessenen Konsequenzen.

Das gleiche gilt für Ärzte: Wer einem Patienten allzu bereitwillig Rezepte oder Krankmeldungen ausschreibt, muß wissen, daß er auch einen Provokateur vor sich haben könnte, der die Sache mit Namen und Vorgang öffentlich macht und anzeigt.

Genau wie bei der Schwarzarbeit oder beim Deal mit Drogen, bei Hehlerware oder Bestechung – es kann immer sein, daß man auf jemanden trifft, der das Spiel nicht mitmacht.

Dieses Risiko muß auch zwischen Arzt, Patient, Kasse und Pharmaindustrie bestehen, wenn krumme Dinger gedreht werden.

Die Ärzte sagen ja selbst, daß schwarze Schafe in der Branche die ganze Zunft ins Zwielicht bringen.

8. März 1981

Schmutziger Schmuck

Der Nuschelvers ist 15 Jahre alt. Seitdem ist die Lage todernst geworden: „Haschu Haschisch in die Taschen, haschu immer waschu naschen.“ So kalauerten die Apo-Kinder und reichten kichernd Pfeifchen und kleine Kekse in die psychedelische Partyrunde.

Was als Lockerungsübung einer intellektuellen Clique begann, wurde ab 1970 in der Öffentlichkeit bekannt. 30 Drogentote waren es damals, keine zehn Jahre später sind es 630! Drastischer können Zahlen nicht sprechen.

Deshalb noch diese: Am Anfang der polizeilichen Kriminalstatistik standen zwanzig jugendliche Rauschgifttäter. 15 Jahre später sind es fast zwanzigtausend.

Die Bundesrepublik gilt in Händlerkreisen als eines der Länder mit dem stärksten Heroinkonsum.

Diese Bilanz ist bitter. Beschämend und bezeichnend ist, wer sich alles an Schwäche, Schuld und Sucht die schmutzigen Hände wärmt. Bei weitem nicht nur die Dealer, die Rauschgifthändler, sondern auf ganz andere Weise ein ehrenwerter Modekonzern, ein namhafter Schriftsteller und ein Kaugummifabrikant.

Seine Kostüme können sich nur Betuchte kaufen, da gibt es kaum etwas unter vierstellig. Seine Kosmetika werden in den ersten Häusern verabreicht – man riecht sich in diesen Kreisen, als sei das YSL in die Haut tätowiert. Das neue Parfüm von Yves St. Laurent heißt „Opium“. Ist das Gedankenlosigkeit, oder zielt da jemand absichtlich auf eine verruchte, verbotene Welt? Die Schickeria schmückt sich mit dem goldenen Schuß.

Pure Effekthascherei wirft das Deutsche Ärzteblatt dem Bestsellerautor Johannes Mario Simmel vor. In seinem jüngsten Roman „Wir heißen euch hoffen“ stelle er die Drogensucht als Problem verwöhnter Intellektueller dar.

Tatsächlich haben 74 Prozent der Heroinsüchtigen bestenfalls einen

Vertrauen – das in diesem Zusammenhang oft strapazierte Wort – kann es erst wieder geben, wenn es auch gerechtfertigt ist. Und wenn es nicht mehr heißt: Augen zu und weiter so.

Insofern können wir alle zur Reduzierung der Kosten im Gesundheitswesen beitragen. Die Ausrede jedenfalls: Das müssen die anderen machen – die Industrie, das anonyme Krankenhaus, „die“ Ärzte oder „die“ Patienten – gibt es jetzt nicht mehr.

Da Krankheit unbezahlbar geworden ist, müssen alle nicht nur Opfer bringen, sondern auch Mißstände aufdecken helfen. Davon war bisher zu wenig die Rede, weil das ja auch unangenehm ist.

Aber wir haben nur diese Wahl: Entweder unangenehme Wahrheiten aussprechen und handeln – oder nie wieder krank sein.

Hauptschulabschluß, mehr noch stammen aus Familien mit niedrigem Einkommen. Das weist auf psychosoziale Ursachen hin, die man nicht verschleiern sollte.

H kommt harmlos.

Simmel, so das Ärzteblatt, suggeriere außerdem, Sucht sei durch Chemikalien zu bekämpfen: „Es ist mehr als zweifelhaft, daß jemals ein Stoff (aus dem keine Träume sind) gefunden wird, mit dem Sucht bekämpft werden kann, ohne selbst süchtig zu machen.“

Liegt hier nur ein literarischer Mißgriff vor? Und ist das nur eine Sprachschludrigkeit? „Ein Biß, und es durchflutet dich – trau dich.“
Es geht nicht um eine Spritze, das ist die Werbung für einen flüssig gefüllten Kaugummi.

Assoziiert werden soll das „flash feeling“ des Heroinstichs. „Das kann kein Fixer einem anderen besser erzählen“, klagt der Psychologe Heinrich Breuer vom Kölner Arbeitskreis Drogenhilfe über die Werbesprache, die aus der Szene entlehnt ist. Dieses „Trau dich!“ sei eine gefährliche Verharmlosung und passe „sehr gut zu Diskotheken, Glimmer und Roller Skates, fasziniert all die vielen kleinen Travoltas, die sich ständig selbst verfehlen.“

Über harte Drogen läßt sich nicht zart parlieren. Da gilt es ein wirres Knäuel von Labilität, Verzweiflung, Abhängigkeit, Kriminalität und Zerstörung zu entwirren.

Und neben der menschlichen Tragödie auf der einen Seite geht es auf der anderen stets um horrende Beträge.

Simmel-Sentimentalität und flotte Werbesprüche gaukeln nicht nur den gefährdeten Jungen, sondern auch den verantwortlichen Älteren vor, es sei schon alles nicht so schlimm.

4. September 1994

Manns genug

Eine Legende hat sich demnächst auserzählt, die vom armen, reingelegten Vater wider Willen. Denn in absehbarer Zeit soll es die Spritze für den Mann geben, das Verhütungsmittel, das der Pille gleichgestellt ist.

Die Nachricht kommt gerade recht zur Bevölkerungskonferenz von Kairo. Dort soll ein Aktionsplan erarbeitet werden, wie das bedrohliche Wachstum der Menschheit gebremst werden kann.

Das aufrechte Säugetier Mensch vermehrt sich so schnell wie nie zuvor: Jedes Jahr zusätzliche 94 Millionen Menschen, das sind alle Einwohner Deutschlands und der Niederlande zusammen.

Es fehlt also nicht an der Erhaltung der Spezies, diese Sorgen brauchen wir uns nicht zu machen. „Ja, aber die eigenen werden immer weniger", hört man stammesbewußte Germanen greinen.

Wer nimmt die Spritze für den Mann ?

Ein Leser klagte, daß jedes zweite gerade eingeschulte Kind nicht deutscher Herkunft sei. Da zählte er allerdings auch alle die mit, die in zweiter oder dritter Generation hier leben. Ab wann hat eigentlich jemand die Gnade, einer der Unseren zu sein? Jedenfalls ist ein Land ohne Einwanderer „wie ein Klavier ohne schwarze Tasten".

Wie viele Nachkommen der Mensch hat, bestimmt er selbst. Seit der Pille ist in den Ländern, in denen sie frei verfügbar ist, die Geburtenrate zurückgegangen. Dabei ist es niemandem vergnüglich, tagtäglich Hormone zu schlukken (bei Risiken und Nebenwirkungen helfen weder der Arzt noch der Apotheker). Aber immer noch besser, so sagen sich viele Frauen, als ungewollt schwanger zu sein.

Bei Männern, so hieß es beim Verhütungs-Marktführer Schering, sei der Eingriff in das Hormonsystem zu

7. Oktober 1979

Bitte nicht nackt

Zwölf Damen drängen ihren Chef: Bitte nicht nackt. Was sich wie der Dialog in einem zweideutigen Etablissement liest, ereignet sich in der desinfizierten Atmosphäre der Stuttgarter Heilbäder.

Junge, appetitliche Masseurinnen erleben immer wieder: Männliche Patienten, die auf Rezept ihr Rheuma kurieren wollen, genießen die Behandlung sichtlich. Den jungen Frauen (und manchmal auch den Männern) ist das unangenehm. „Bitte umdrehen", heißt dann die angelernte Aufforderung.

Die Frauen nennen das eine „fragwürdige Arbeitssituation, in der junge Mädchen und Frauen mit einem nackten Mann … zurande kommen sollen und müssen unter Aufbietung der damit verbundenen psychischen Leistung, nämlich dem Niederreden der peinlichen Situation".

Was sich hier auf gut amtsdeutsch auszudrücken versucht, ist im Klartext die Frage: Suchen hier Männer vergnügliche Ganzheitstherapie auf Rezept?

Solche Übergriffe kommen zwar auch vor, sind aber die Ausnahme. Wer die weibliche Nähe handgreiflich mißversteht, wird von den männlichen Vorgesetzten vor die Tür gesetzt.

Masseurinnen in mißverständlicher Arbeitshaltung ?

Aber auch Männer, die nicht auf zusätzliche Lustleistung aus sind, können oder wollen die annehmliche Situation nicht verbergen. Der Geist der Zeit kommt ihnen dabei entgegen.

Man präsentiert sich unverhüllter denn je: Nackt ist normal.

Sauna, Sexwelle und Gesundheitsbewußtsein haben die Hüllen fallenlassen. Ohne Hintergedanken – praktisch statt prüde.

Auch die Frauen haben sich's obenrum leichter gemacht: Nahtlos braun heißt die Devise an fast allen traditionellen Badeplätzen. Die Freikörperkultur mit ihren Anhängerschaften gar nicht mitgezählt.

Darf dann eine medizinische Massage nicht erst recht textilfrei sein? Stellen sich ein paar Mädchen bloß zickig an?

Ich sehe das anders. Gerade wenn man dafür ist, daß die Verklemmung früherer Jahre endgültig gelockert wird, sollten Mißverständnisse ausgeschlossen sein. Massage hat mit den Diensten gleichnamiger Salons so wenig zu tun wie die Annahme, kompliziert. Millionen Samenzellen pro Tag seien schwieriger zu beeinflussen als eine Eizelle pro Monat. Wahrscheinlich. Aber „unter drei" – dem Ausdruck für vertrauliche Information – wurde klar gesagt, daß man sich von der Männerpille kein Geschäft verspreche. „Die Männer nehmen so was nicht."

Nun aber scheint eine internationale Arbeitsgruppe an der Uni Münster mit finanzieller Unterstützung der Weltgesundheitsorganisation fündig geworden zu sein – vielleicht auch, weil kein Pharmakonzern mit kurzfristiger Gewinnerwartung dahintersteht.

Praktikabel ist die Verhütungsspritze auch: einen Pieks alle drei Monate – eine leichte Übung. Ein Verlust der Männlichkeit sei nicht zu befürchten, erklären die Wissenschaftler: „Potenz und Libido werden nicht beeinflußt."

Worauf also warten, Jungs? Das ist sie doch, die finale Selbstbestimmung. Von wegen reingelegt. Oder läßt man solch heikle Entscheidungen dann doch lieber den Frauen, „die die Kinder ja auch kriegen"?

Prognose: Die Dreimonatsspritze für den Mann wird ein ähnlicher Flop wie die Sterilisation. Ein Prozent der deutschen Männer hat diesen kleinen Eingriff bisher bei sich machen lassen (Nordamerika 13, Neuseeland 25 Prozent).

Eines allerdings wird neu durch die Männerspritze: es herrscht Waffengleichheit. Jetzt ist es an den Frauen, mit ihren Partnern die Familie nicht nur gemeinsam zu planen, sondern auch zu realisieren.

Zum Trost für Machos und andere Unwillige: Die Spritze wurde sowieso vor allem für die Dritte Welt entwickelt.

Und der Vatikan mag das Zeug auch nicht.

Und islamische Gruppen haben der „lasterhaften Konferenz" in Kairo schon mit Morden gedroht.

Und bei uns soll der Staat schließlich auch nicht ins Schlafzimmer hineinregieren.

Und Wissenschaftler und Kolumnistinnen schon gar nicht. Schließlich findet die Überbevölkerung ja nicht bei uns statt.

daß in Badehäusern auf keinen Fall gebadet werde.

Was die Masseurinnen verlangen, ist nicht unbillig. Ihr Berufsstand ist schließlich ohne ihr Zutun ins Schummerlicht geraten. Deshalb wollen sie größere Kabinen, die mehr als zweimal zwei Meter messen, und die offizielle Bitte an die Patienten, eine Badehose zu tragen. Andernfalls wollen sie keine Männer mehr massieren.

Im Stuttgarter Amt ist solche Aufmüpfigkeit nicht gern gesehen. Man will auf die Stammgäste Rücksicht nehmen. Und die sind jahrelang anstands- und hüllenlos bedient worden.

Aber wäre nicht auch dies angezeigt: Auf ein neues Selbstbewußtsein der Frauen Rücksicht zu nehmen, die vielleicht nicht mehr unter allen Umständen den Herren dienen mögen? Sie wollen vielleicht gar nicht mehr so genau wissen, wie groß der „kleine Unterschied" wirklich ist.

Deshalb sagen sie und sollten damit auch recht bekommen: Bitte nicht nackt.

1. März 1984

Wie in der Apotheke

Unbestritten, sie sind eine Augenweide, unsere Apotheken.

Kaum hat wieder eine aufgemacht, wird nicht nur das Interieur aufs feinste ausgelegt, auch die Fassade atmet Edelstahl und Naturstein. Die Apotheke investiert in Geschmack, in Luxus für den Kunden. Das ist lobenswert. Nur, sie läßt sich das verflixt teuer bezahlen.

So teuer, daß die Medikamente allmählich unbezahlbar sind. Das verdirbt die Freude an der Massiv-Edelholztheke.

Gesundheit muß sein, und zwar zu erschwinglichen Preisen.

Aber die luxuriöse Ausstattung ist nur das Glanzpapier, die Schleife um das Danaergeschenk. Der Inhalt schluckt sich bitter. Die Arzneimittelpreise in Deutschland sind viel zu hoch. Italien- und sogar Schweiz-Reisende wissen längst, daß sie dort Arzneimittel wesentlich billiger kaufen.

Ein Frankreich-Reisender brachte jetzt zwei ebenso zufällige wie haarsträubende Beispiele mit: Er mußte Herzspritzen bekommen. Die Choay GmbH in Erkrath bei Düsseldorf verlangt für eine Ampulle „Calciparin“ DM 7,28, für ihr französisches „calciparine“ DM 3,64 – genau die Hälfte!

Noch krasser kalkuliert Bayer, Leverkusen. Für eine Herzkapsel „Adalat“ verlangt die deutsche Firma in Deutschland DM 0,79 ; die Lizenznehmer berechnen für „adalate“ umgerechnet DM 0,34. In Frankreich kostet das identische Medikament also nur 44 Prozent unseres Preises.

Weshalb wird der Ruhigsteller „Valium“ zweieinhalbmal so oft verschrieben wie Analogpräparate mit absolut gleicher Wirksubstanz, die aber gut dreimal weniger kosten?

Ein krasser Mißstand

Die Verschreibungspraxis vieler Ärzte und die Produkt- und Preisgestaltung der Pharmaindustrie hat Nordrhein-Westfalens Sozialminister Farthmann „einen krassen Mißstand“ genannt. Er weist überdies auf den horrenden Werbeaufwand der Pharmaindustrie hin – vor allem

6. Mai 1994

Letztlich

„... jetzt und in der Stunde unseres Todes. Amen.“ Das Gebet ist gelernt, es spricht sich automatisch. Was aber, wenn die Stunde Monate, wenn sie Jahre währt; wenn der Tod nicht kommen will, aber herbeigesehnt wird?

Julius Hackethal hat Sterbehilfe spektakulär (manche sagen spekulativ) in die Debatte gebracht. Er ließ seiner todkranken Patientin, die ihn darum gebeten hatte, den Zyankali-Becher zukommen. Dies alles hat er abgesichert, mit ihrer Zustimmung fotografiert, filmen lassen, öffentlich gemacht.

Das öffentliche Darstellen, das Laut-über-den-Tod-reden ist es, was viele erregt. Gerade diejenigen Ärzte, die wissen, daß Hackethal-Entscheidungen in noch viel schwierigerer, weil weniger eindeutiger Art täglich in Kliniken anstehen, finden die öffentliche Erörterung skandalös.

Was ist besser: Patienten, Angehörige, Ärzte im schweigenden Dämmer der klinischen Sterbekammern zu lassen, sie vor allem vor dem Zugriff der reglementierenden Justiz zu bewahren, oder das Problem zu diskutieren – allgemein, öffentlich?

Gewiß, eine weniger plakative und von persönlichen Eitelkeiten gezeichnete Debatte wäre dem Thema angemessener: Aber weil es eben von ruhigeren Medizinern so selten deutlich besprochen wird, mag der schrille Ton um der Wichtigkeit der Sache willen hingenommen sein.

Weil wir über Sterben nicht sprechen, weil wir den Tod tabuisiert haben, ist die Reaktion auf Hackethal so hart. Und wenn sein Handeln im Fall der Hermy E. grundfalsch gewesen sein sollte (was nur ganz wenige behaupten), dann hätte er jedenfalls bei vielen Menschen entscheidende Gedanken wie eine Lawine losgetreten: die Rede über das Sterben.

Wenn Wesentliches passiert

Wie ist es möglich und was macht das mit uns, wenn wir die einzige Sicherheit des Lebens – den Tod – derart leugnen?

Wie armselig steht es mit der fabelhaften Selbstsicherheit, wenn man nicht einmal einer alten Frau zuhören kann, die auf die rhetorische Frage nach ihrer Gesundheit antwortet, daß sie nun nicht mehr leben möchte. Was für ein auch bei Ärzten –, der jedes der 36 Millionen Mitglieder der gesetzlichen Krankenkassen mit 120 Mark pro Jahr belastet. Die Methoden dabei sind höchst dubios.

Wer emsig Rezepte für ein bestimmtes Mittel verschreibt, dem winkt eine Reise nach Korfu oder ein netter Paris-Trip.

Was müßte geschehen? Wie wären Prämien für Ärzte, die mit Medikamenten sparsam umgehen? Oder eine Regelung, wie sie fürs bleifreie Benzin vorgesehen ist: Wer billigere Arzneimittel gleicher Wirkung anbietet, kann mit Vorteilen rechnen. Das Bundessozialministerium dazu auf meine Anfrage: Die Ärzte sind schon vom Gesetz zur Wirtschaftlichkeit verpflichtet. Deshalb „erscheint die Gewährung von Vorteilen nicht sachgerecht“. Das größte Ministerium kreißt und gebiert eine Maus: „Ein Modellversuch zur Beratung der Ärzte (über Arzneimittelpreise) wird derzeit mit Förderung des Ministeriums im Raum Dortmund vorbereitet.“ Wir haben ja alle Zeit. Warten wir also auf die Vorbereitung eines Versuchs.

Derweil liegt in Europa „das Preisniveau für über hundert vergleichbare Arzneimittel fünf bis sechzig Prozent unter dem deutschen Niveau“. Werden wir die Billigen reinlassen?

Schließlich müssen sich auch die Patienten selbstkritisch fragen, ob sie nicht in unsere feudalen Apotheken mit dieser Anspruchshaltung hineingehen: Das hier habe ich alles schon bezahlt. Her mit den teuersten Sachen, die dann oft im Müll landen.

Gespräch könnte sich da ergeben! Welche Chance ist vertan mit Abwiegeln und Aufmuntern, wie man es auch ernsthaft Erkrankten zumutet?

Eine Frau wie Elisabeth Kübler-Ross hat gewiß auch nicht für jeden die Methode der Wahl, manches erscheint verallgemeinert und zu stark vereinfacht.

Aber ihr Verdienst ist, zu vermitteln, „was Sterbende sagen wollen“. Dafür versucht sie Verständnis zu wecken.

Denn: „Mir ist sterbenselend“, meint schon der Seekranke an der Reling. Ihn wird niemand ernst nehmen, sondern die Haltegurte fester zurren.

Aber jener Todessehnsucht, die aus unerträglichem Leiden oder aus einem reich gelebten Leben kommt, darf man ihr Demut verordnen? Ich denke, daß dem einzelnen gesunden und auch jungen Menschen nichts Wesentlicheres passieren kann, als über den Tod – den eigenen oder den naher Menschen – nachzudenken.

Krankheit und Tod müssen in Gedanken zugelassen und im Gespräch ausgehalten werden. Manchen ist es nicht erspart, über den Tod oder das Weiterquälen ihrer Nächsten zu entscheiden.

Wie kann man ihnen helfen? Auch, indem man bei Bewußtsein, womöglich sogar in gesunden Tagen, eine sogenannte „Patientenverfügung“ ausfertigt, die über die Umstände des Sterbens den Ärzten und Angehörigen „bedeutsame Entscheidungshilfen“ gibt.

Deshalb ist dies ein Thema, das letztlich – heute oder morgen – höchstpersönlich und unausweichlich behandelt werden will.

Berater der Patienten

Sicher ist in unserem freiheitlichen Gesundheitswesen einiges nicht zum besten bestellt, und gewiß präsentieren sich einige Apotheken zu anspruchsvoll. Auf die Preisgestaltung der Pharma-Industrie haben wir bis heute keinerlei Einfluß. Des weiteren gilt, je teurer ein Medikament ist, desto niedriger ist die Spanne des Apothekers. Wir Apotheker erheben den Anspruch – unserer Ausbildung gemäß –, als Berater sowohl für den Patienten als auch für den Arzt ernstgenommen zu werden.

Karl Weismann,
Präsident Landesapothekerkammer,
Baden-Württemberg

Die Kolumne war wieder ein Volltreffer. Ich bin sehr erfreut darüber, daß Sie immer wieder heiße Eisen anfassen. Mein einziger Helfer bei Atemnot ist ein vom Spezialarzt verordnetes Aerosol. Allergospasmin Aerosol, Degussa Homburg, DM 47 in der Apotheke. Aerosol Ipradol, Cerdena/Barcelona (Spanien), DM 8,70 in der Apotheke.
Wieder einmal konnte ich über die bundesdeutsche Profitgier nur den Kopf schütteln.

Hans Walter Buch, Erbach

Arzneimittelpreise sind in unserem Lande erstaunlich hoch, das liegt aber nicht an den habgierigen Apothekern, sondern daran, daß die Pharmabetriebe „sich am Markt orientieren“, auf gut deutsch: Nehmen, was sie kriegen können!

Christoph Gulde, Stuttgart

Ihre Artikel lese ich meistens sehr gerne. Dieses Mal jedoch habe ich mich getroffen gefühlt – zu Unrecht, wie ich meine.

Dr. Hans La Roche,
Seelberg-Apotheke, Stuttgart

6. Januar 1980

Landplage Lärm

Entwarnung: Wir sitzen zufällig einmal nicht im Glashaus. Sie, die Sie Zeitung lesen, und wir, die sie machen. Aber fast alle anderen Tätigkeiten sind mit Geräusch verbunden. Dieweil sie, spätestens seit Wilhelm Busch, als störend oft empfunden werden. Das trifft die Musik, die Kinder, die Liebe, die Autos – kurz das meiste, was uns wirklich am Herzen liegt. Lärm ist die Landplage unserer Zeit.

Leider hat da niemand Grund, sich zufrieden auf die Schulter zu klopfen, denn selbst die sogenannten Stillen im Lande sind Krachererzeuger. Wir haben unserem Rückgrat das Leben erleichtert, die Nerven müssen nun sehen, wie sie mit den Segnungen zurechtkommen: vom Fußgänger zum Autofahrer, vom gelegentlichen Teppichklopfer zum allgegenwärtigen Staubsauger, von der Sichel zum Rasenmäher. Überschallflugzeuge, Preßlufthämmer, Hubschrauber noch gar nicht gerechnet.

Robert Koch, der die Tuberkulose besiegte, hat vor sechzig Jahren prophezeit, daß wir eines Tages den Lärm ebenso unerbittlich bekämpfen müssen wie einst die Cholera und die Pest. Aber wir bekämpfen diese Seuche mit der Intensität von jemandem, der sich gegen Lungenentzündung vorsorglich ein Hustenbonbon einsteckt.

Liebe leise Leser !

Warum regt es weiter keinen auf, daß die Lärmschwerhörigkeit bei den Berufskrankheiten neuerdings weit an der Spitze steht, lange vor Hautkrankheiten und der berühmten Staublunge?

Krach ist nicht klassenlos. Wer den ganzen Tag im Lärm arbeitet, der kann nachts auch noch an einer belebten Straße schlafen. Sogar bei lustvollen Bällen leiht kein Gast dem

15. Februar 1987

Aids und die Kirche

Die tägliche Aids-Meldung hänge ihnen zum Hals heraus, meinen meine jungen Kollegen. Nachfrage: Und was macht ihr konkret?

Kondome, klar; sogenannter sicherer Sex. Das hat sich herumgesprochen, da sorgen Schule und Gesundheitsministerium für Aufklärung. Ihre Wortwahl sei „degoutant", fanden die katholischen Bischöfe.

Nun kann man über die stolpernden, kalauernden Reime tatsächlich verschiedener Meinung sein: „Ungefährlich bleibt der Spaß, trinken zwei aus einem Glas. Gefährlich wird's und gar nicht heiter, geht der Spaß zu zweit viel weiter." –
„An Aids zu sterben, ist entsetzlich, Kondome sind unersetzlich."

Aber die Bischöfe meinen ja keine Literaturkritik. Ihnen gefällt die ganze offene Sprache nicht.

Nur: Dagegen sein, reicht nicht. Eine Herausforderung, wie sie diese Krankheit darstellt, läßt sich weder auf flotte Sprüche noch auf einen Gummi reduzieren. Aufgabe des Staates ist es, in dieser akuten Situation so schnell wie möglich zu handeln. Daran zu kritteln, ist für Geistliche zu kleine Münze.

Ihr Feld könnte von anderer Qualität sein. Offensiver auch zu altmodischen Tugenden wie Treue, Verantwortung und Enthaltsamkeit Stellung beziehen.

Aber die Rottenburger Sprecherin Dr. Gabriele Miller fürchtet, daß sich „die Kirche äußern kann wie sie will, sie erntet immer Kritik." Mit Nicht-Äußern allerdings ist das Problem erst recht nicht vom Tisch.

Erst etliche Absagen, dann ist der Tübinger Moraltheologe Professor Gerfried W. Hunold doch sprechbereit. Er weist dem Staat zwar Schutzpflichten und Sofortmaßnahmen zu, verlangt aber mehr: „Nur mit Appellen verbindet sich keine Moral. Jeder muß sein eigenes Risiko zur Kenntnis nehmen."

Erotische Kultur – mit welchen Worten ?

Aids ist eine so weitgehende Krankheit, weil sie außer qualvollem Tod auch Angst in die Gesellschaft trägt und die Gefahr von Diffamierung derer, die angesteckt sind. Wie geht man mit dieser Angst um?

Für den Theologen Hunold gibt es keine kurzschlüssigen Modelle, sondern immer wieder neues Lernen. Rigoristisch nach altem Muster gehe gar nichts. Behutsamkeit also und Selbstbeschränkung. Aber geht das nicht an der Lebenspraxis vorbei?

anderen mehr sein Ohr, weil die Musik das Monopol hat. Vielleicht verleiht man den gepflegten Ballmusikern wie den Bierzeltlärmern das Goldene Ohr für akustische Kulanz. Vielleicht können wir diese „Trommelfell-Terroristen" eines Tages noch davon überzeugen, daß heutzutage jedes Kind weiß, wieviel Kraft man aus einer Steckdose herausholen kann. Muß man das ballabendlich beweisen?

Stille ist Luxus. Schwer zu finden, teuer zu bezahlen. Ruhe hat aber auch mit Rücksicht zu tun. Wenn 60 Millionen Menschen in dieser kleinen Republik arbeiten und leben, müssen sie sich klar machen, daß Lärm individuell empfunden wird. Nachbars Rasenmäher zerrt an den Nerven. Aber wie steht's mit dem eigenen? Ein Autostart, vom Bett aus erlebt, ist eine Zumutung. Doch wenn man selbst dabei ist?

Wir müssen die laute Kehrseite unseres Daseins bedenken und in dieser Hinsicht zu Leisetretern werden.

In unserer Sprache ist Krach doppeldeutig. Wenn aber Streit und Arbeit schon Lärm machen, dann sollten wir doch wenigstens das Amüsement auf Zimmerlautstärke spielen.

Spaß bleibt auch leise Spaß. Beispiel: Dieses Medium. Wer liest, lärmt nicht.

Was sagt der Professor seinen Studenten, die ihr Leben und ihre Sexualität genießen wollen? „Da bin ich viel optimistischer als viele Unheilspropheten. Junge Menschen haben ein ungeheures Gespür, was geht und was nicht geht."

Die wilde Promiskuität der Pillen-Ära, zeitweise wie eine gesellschaftliche Pflicht gehandelt, ist ohnehin abgeebbt. Selbst in schicke Cliquen sickert die Erkenntnis ein, daß hwG nicht nur eine süße Nachspeise ist, sondern ihren sehr eignen Preis von Seele und Nerven fordert.

So bekommt das Biologische eine neue Dimension: „Es wird Treue erwartet, auch Treue gesucht. Es geht um ein Empfinden, das sich nicht auf Genitalsex reduzieren läßt."

Sensibilisierung für den anderen, das Wahrnehmen seiner Andersartigkeit – das sind sanfte Vokabeln, die sich schwer tun im Gedröhn der Aids-Schlagzeilen.

Gegen die, sagen die Kollegen, seien sie abgestumpft. Nachdenkliche Fragen aber oder persönliche Antworten, die würden sie sehr interessieren: Wie leben andere mit der Bedrohung Aids?

Ist die Krankheit eine Folge allzu großer Freizügigkeit, sozusagen eine natürliche Korrektur?

Zu oft wurde Liebe auf schnellen Sex reduziert. Wie lernt man erotische Kultur und mit welchen Worten? Kaum zwei Liebende, die die richtigen Worte fänden. Jahrhunderte des Tabus haben hier ihre Spuren hinterlassen.

Hilft Ethik gegen Aids, und was für eine Moral kann das sein? Etwa wieder die „Moral aus Angst" wie in vergangenen Zeiten?

Hauptsache gesund !

Politik, so wird verlangt, müsse gelegentlich auch unpopulär sein. Die das sagen, scheinen allerdings zu meinen, daß die Folgen vor allem die anderen zu treffen hätten. Daß jahrelang im Gesundheitswesen geaast worden ist – und zwar von allen –, daß die Sache unbezahlbar wurde und daß jede Regierung die heiße Kartoffel schleunigst hätte anpacken müssen: das scheint sicher zu sein.

Es zeigt sich, was für haarsträubende Sitten eingerissen sind. „Erstaunliche Arbeitszeiten bis zu 48 Stunden täglich“ hat der Sachverständigenrat für die konzertierte Aktion bei Ärzten aufgedeckt. Und das, obwohl man Mindestzeiten für die einzelnen abgerechneten Leistungen berücksichtigt hatte.

Einzelfälle? Nach Bielefeld wird jetzt in den Räumen Ellwangen, Heilbronn, Ravensburg, Tübingen, Ulm und Stuttgart in 35 Fällen von der Staatsanwaltschaft ermittelt.

Und die Patienten? Die treten oft reichlich fordernd auf, bringen Diagnose samt Arzneiliste gleich mit, verlangen Krankmeldungen und Kuren und würzen ihren Auftritt mit dem Hinweis, widrigenfalls werde man zu einem anderen Arzt gehen, der alle Wünsche erfüllt. Das erzählen die Mediziner aus ihrem Alltag selbst. Und manch einer räumt ein, man sei da vielleicht in der Vergangenheit zu willfährig gewesen.

Und wie erpreßbar ist man, wenn künftig die Verhältnisse enger weden?

Gesundheitswesen – an den Ansprüchen zu Bruch gegangen

Ein Patient liegt die dritte Woche in der Klinik, bekommt weiter nichts als Eisbeutel und Pillen – aber sein Bett bezahlt die Solidargemeinschaft. Ein anderer muß erst das Essen verweigern, ehe derjenige Arzt kommt, der über Entlassungen befinden kann. Danach geht alles rasch,

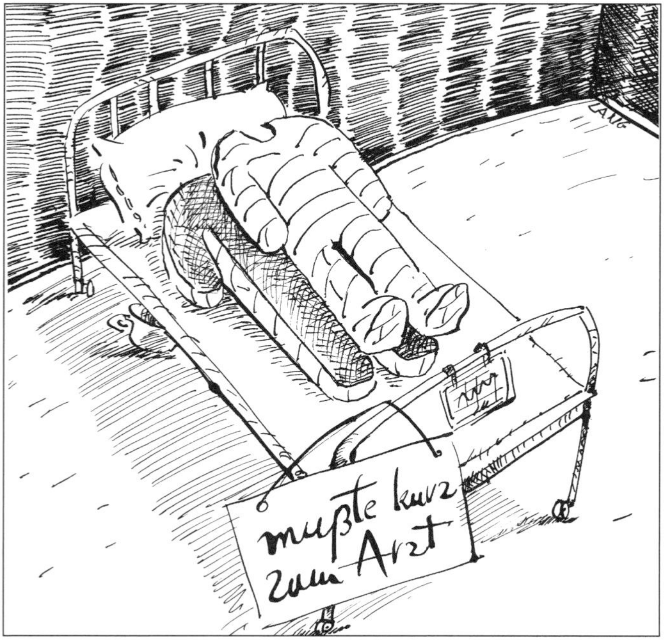

hat aber eine Woche Diskussion gebraucht.

Drittes Beispiel: Ein Hörgeräte-Geschäft bietet als „kostenlosen Kundendienst“ Reinigen und Kontrollieren des Gerätes an. Eine kleine Reparatur ist nötig, ein Blankoformular wird vorgelegt und unterschrieben. Die Kasse weigert sich, die Rechnung zu begleichen. Bei Nachfrage erfährt der Patient: Die Reparatur war mit 90 Mark aufgeführt, die höchstens zehnminütige „kostenlose“ Reinigung und Kontrolle mit 340 Mark der Kasse in Rechnung gestellt.

Müssen wir uns bei solchen Sitten wundern, wenn sich eingewanderte Europäer unseren schlechten Gewohnheiten anpassen?

Ein schon lange bei uns lebender Jugoslawe sagt: In der Heimat habe ich mein Haus, hier das Krankenhaus.

Ein Land, das sich ausnützen läßt, achtet man nicht, man verachtet es.

Unser perfektes Gesundheitswesen, auf das wir so stolz sind, ist an unser aller Anspruchsmentalität zu Bruch gegangen. Infarkt wegen Verfettung.

Wenn beim nächsten Zahnarzt die Standardfrage heißt:
„Wer hat denn das gepfuscht?
Das muß ja alles raus!“ Dann: Ruhe bewahren, Kreditlinie überprüfen und an die Volksweisheit denken: Hauptsache gesund!

Diagnose richtig – Therapie völlig überzogen

*Sie haben wieder, wie so oft, den Nagel genau auf den Kopf getroffen.
Aber bitte, wo soll man Mißbrauch anzeigen? Krankenkassen erhöhen doch einfach den Beitrag. Persönlich möchte ich gern gegen den Plakat-Terror angehen. Sogar relativ seriöse Ärzte hängen sich diese entsetzlichen, schwarzumrandeten, angstmachenden Machwerke in ihre Praxis. Schon daran sieht man die Unsensibilität der Branche.*

Constanze Wolf, Pfullingen

Solange die gesetzlichen Krankenkassen Leistungen bezahlen, die sehr weit in die private Lebensführung reichen, und die Kassenärzte dabei zu Befehlsempfängern der Krankenkassen degradieren, werden weiterhin alle paar Jahre Reformen notwendig werden.

Ute Zänglein, Kornwestheim

*Schlimm ist, daß Susanne Offenbach Ärzte und Patienten zur Denunziation aufruft. Sie verlangt, daß die Ärzte Patienten, die aus eigener Einschätzung ihrer Befindlichkeitsstörung krankgeschrieben werden wollen, dem Arbeitgeber gemeldet werden sollen.
Diese Zeiten haben wir Gott sei Dank hinter uns, und unsere Mitbürger in den neuen Bundesländern leiden heute noch psychisch unter dieser jüngsten Vergangenheit.*

Jürgen Dreher, Ärztliche Pressestelle Baden-Württemberg

*Eine Bemerkung zum Vergleich mit dem Klempner. Ist Ihnen bekannt, was ein Arzt für einen Umsatz bei einem Hausbesuch macht (bei über 50 Prozent Betriebsunkosten)? Ich verrate Ihnen kein Geheimnis: Es sind keine dreißig Mark. Wohl Ihnen, wenn Sie dafür ein Klempner aufsucht.
Daß Patienten im Krankenhaus oft mehrfach untersucht werden, ist richtig. Nicht richtig aber ist, daß dies die Kosten erhöht. Die sind im Tagessatz allemal abgegolten, ob der Ultraschall von einem oder fünf Ärzten gemacht wird.*

Dr. Ewald Conzelmann, Frauenarzt, Stuttgart

*Ihre Diagnose zum kranken Gesundheitswesen ist einigermaßen richtig. Ihre Therapie ist völlig überzogen und absolut unpraktikabel. Ich fürchte schon jetzt die Schlagzeilen:
„Arzt verpfeift Patienten bei Arbeitgeber“, „Patient verklagt Arzt wegen Rufmord“, „Gewerkschaften wehren sich gegen Aushöhlung des Datenschutzes“.*

Dr. Thomas Lagger, Zahnarzt, Göppingen

15. Januar 1989

Pult weg, Papier weg

Der Mensch erkennt, daß es nicht nützt,
Wenn er den Geist an sich besitzt,
Weil Geist uns ja erst Freude macht,
Sobald er zu Papier gebracht.

Oh, Eugen Roth! Es ist, als hätten die Deutschen und ihre Parlamentarier zumal vor allem diese Lektion gelernt: zu Papier.

Wo ist der Geist, der sich mit scharfer Zunge, geschliffener Rede, mit gekonnter Provokation oder dem brillanten Zwischenruf äußert? Fehlanzeige.

Alles „zu Papier" gebracht. Denn was man schwarz auf weiß besitzt ... Traurige Versammlung, fades Parlament – ist es ein Wunder, daß sich kaum noch jemand für diese demokratischen Versammlungen interessiert, wenn sowieso längst alles als Drucksache vorliegt?

Der Abgeordnete Dieter Weirich regt an, „das Vorlesen schriftlich abgefaßter Reden durch Abgeordnete ab sofort zu untersagen".

Er will „eine Neubesinnung auf die freie Rede im Bundestag und in den Länderparlamenten", und er erinnert an das Reichstagsrecht von 1903, das Mitgliedern des Reichstags das Vorlesen nur dann gestattete, wenn sie des Deutschen nicht mächtig waren.

In diesen Verdacht geraten allerdings auch manche Landsleute, wenn man die Mühe wahrnimmt, mit der sie sich ihrer Muttersprache

22. März 1998

www.off.kol.soakt.de ?

„Wer die Welt liebt, sollte die Augen aufmachen - nicht den Mund."
Massai-Weisheit

Manche Wahrheiten bleiben. Auch wenn sie aus der Savanne stammen, können sie für Hochtechnologie taugen.

Hierzulande geht es viel zu oft nach dem Kindermotto: Augen zu, Mund auf. Augen zu vor der technologischen Herausforderung, Mund auf bei der ideologischen Verbrämung. Da will die Lehrerin aus Haigerloch „meinen Kindern die reale Welt erfahrbar machen und sie nicht mit diesem virtuellen Zeug zumüllen". Und was stellt sich heraus? Sie ist es, die davon nichts weiß, bisher aber auch keine Lust hatte, sich zu bemühen. Mit der stoischen Gelassenheit von Brauereipferden stehen sie unkündbar in Schulen und Universitäten, die Ignoranten des elektronischen Zeitalters. Beredt in der Ablehnung, unfähig zur Tat.

Derweil dreht sich die Welt und kümmert sich null, ob die Deutschen auf dem Marktplatz des globalen Dorfes dabei sind.

Am auffälligsten ist das Dilemma in den Schulen. Hier unterdrücken zu viele Lehrerinnen (Lehrer dürfen sich bei Bedarf mit angesprochen fühlen) das Techno-Fieber. Dabei ist der „Durchseuchungsgrad" in Deutschland vergleichsweise gering.

In Schweden etwa versuchen Firmen, Eltern und Schulen Computerwissen samt Englisch so früh wie möglich an die Kinder zu bringen. Das behindert nicht deren Kreativität, es befördert sie.

In den USA klickt sich Vater in der Mittagspause per Internet in den Kindergarten ein und beobachtet seine Tochter beim Spielen. Besser als nichts, oder? In Singapur haben 41 Prozent der Haushalte einen PC, in der Schweiz 44 Prozent, in den Niederlanden immer noch 34 Prozent. Deutschland dümpelt bei 26 von hundert Haushalten – das ist international untere Hälfte, immerhin mit Zuwachsraten. (Irgendwann ist auch dieses Blatt im Netz: www.off.kol.soakt.de)

In deutschen Ländern, deren Repräsentanten immer Bildung als bedienen. Vorteilhaft wäre die freie Rede auch für Konzentration und Kürze. Wer nur redet, was er im Kopf hat, ist schneller fertig.

Die wenigen Talente des politischen Show-Geschäfts muß man ohnehin mit der Lupe suchen.

Lothar Späth mit seinem phänomenalen Gedächtnis gehört dazu und Oskar Lafontaine. Wer noch? Joschka Fischer, Rita Süßmuth, Norbert Blüm, Jutta Ditfurth vielleicht?

Woher kommt dieses krampfhafte Klammern ans Papier? Vor allem ist es die Rückversicherungsmentalität. Nur nichts Spontanes! Der französische Staatspräsident Mitterrand bringt seine deutschen Gastgeber schon dadurch in Verlegenheit, daß er es ablehnt, ihnen vorher ein Redemanuskript zu geben. Rhetorik ist ohne Risiko nicht zu haben.

Nur wer wirklich etwas will und weiß, kann dieses Anliegen auch für sich vortragen. Er hat es „by heart", auswendig. Nur so findet er den Weg zu den Herzen seiner Hörer.

Aber schon in der Schule ist Auswendiglernen aus der Mode. Dabei ist das eine der Voraussetzungen fürs Redenlernen. Statt dessen bringt die Pädagogik das Kopieren bei. Papierkrücken – so sehen nachher auch die „Redner" aus. Hinter einem Bollwerk von Pult verschanzt sich der, der sich eigentlich öffnen sollte.

Deshalb bin ich dafür: Weg mit dem Pult, raus an die Rampe und frei reden. Wer dann besteht, hat ein Recht, vor großem Publikum aufzutreten.

Rhetorik ist ohne Risiko nicht zu haben. Einer der großen Redner der Republik, Bundespräsident von Weizsäcker, hat zwar oft ein Manuskript – aber dann was für eins! Wenn der Gedanke ungewöhnlich, die Formulierung ein Fund ist, dann mag das Papier seine Berechtigung haben. Aber für die meisten parlamentarischen und sonstigen Reden gilt das nicht.

Auch den Journalisten bekäme das Zuhören besser als das Abschreiben. Das ist nur deshalb möglich, weil der Vorsatz „Es gilt das gesprochene Wort" kaum je in die Tat umgesetzt wird. Man kann sich mittlerweile fast taub darauf verlassen, daß der Redner ja doch nicht vom Pfad der vorformulierten Tugend abweichen werde, zu eingeschliffen sind die schlechten Bräuche.

Rhetorik ist ohne Risiko nicht zu haben.

Zu diesen gehört auch die elektronische Lesehilfe im Fernsehen.
Sie will uns den perfekten Kommentator, die makelfreie Moderatorin vorspiegeln. Aber hinter dem leicht starren Blick auf den Teleprompter verbirgt sich Unsicherheit. Produziert wird nicht Präsenz, sondern Perfektion, die keine ist.

Johannes Gross, einer der wirklich versierten journalistischen Redner, hat es auf diesen Nenner gebracht: „Wer für die Nachwelt schreibt, soll sich auch von ihr bezahlen lassen."

ihren wichtigsten Rohstoff preisen, geht es nach dem Motto:
Wenn schon dumm, dann Hauptsache glücklich.

Diese Kuschelpädagogik unterfordert die Kinder. Sie möchten mit den neuen Systemen umgehen und werden daran gehindert. Das ist, als ob man sie von der Welt der Buchstaben und Zahlen abschnitte zugunsten eines „Glücks im Winkel".

In der Lernwelt von morgen wachsen die Kinder weitgehend ohne Hilfe von Eltern oder Großeltern auf, weil die Erwachsenen weniger denn je helfen können. Auch die Lehrer sind nicht immer schlauer – trotz Vorbereitung. Oft lehrt ein Schüler den Rest der Klasse samt Lehrer. Warum nicht?

Zu viele Lehrer sind elektronische Ignoranten.

Daten-Däumlinge

„Wir haben zuviel zu wissen bekommen, und fangen zuwenig damit an."
Sören Kierkegaard, Philosoph

Die drei Unterhaltungsmusketiere Thomas Gottschalk, Udo Jürgens und Cher finden es witzig, noch nie eine Maus angefaßt zu haben. Eine lebendige sowieso nicht, aber auch keine, mit der man sich in die Welt der elektronischen Daten hineinwühlen kann. Sind sie beschränkt oder bequem? Kokett allemal in ihrer Art der Vorwärtsverteidigung: Graue Panther statt grauer Zellen. Funktioniert aber nur bei Prominenten. Ihr abendliches Fernsehbekenntnis: Ach nee, diese ganze virtuelle Welt, nichts für uns.

Erleichtert nicken da die deutschen Daten-Däumlinge. Wenn schon unsere Vorbildmänner sich öffentlich bekennen, dann müssen wir auch nicht. Nur daß da der Charme des Erfolges fehlt. Der normal Computer-Abstinente ist nämlich schlicht beschränkt.

Natürlich kann jeder in seinem Leben weglassen, was er will. Weder muß man schwimmen noch Fahrrad fahren lernen. Zum Überleben braucht es auch keinen Führerschein, und wenn man einen kennt, der telefonieren kann, reicht das – mindestens für einen uralten Kalauer. Messer und Gabel, das kleine Einmaleins und die Tonleiter – das war Pflicht, früher. Heute kommst du ohne Windows zu keiner Tür herein. Das gilt für uns Normale. Alle jenseits des Durchschnitts dürfen da begrenzter sein, etwa Chefs, Künstler und Co. Nur die können noch mit dieser Ignoranz punkten.

Alle anderen leisten sich auf ihre Weise etwas ganz Exklusives: eine Steinzeit-Diskussion pro oder contra Computer.

Computerskeptiker: Sie diskutieren Probleme und verpassen Chancen.

Während Indien die besten und billigsten Programmierer hat und deutsche Informatiker nach Amerika abwandern, schäkern unsere Schüler in freiwilligen Arbeitsgemeinschaften an einigen wenigen Bildschirmen.

Unsere Konkurrenz sitzt nicht mehr am anderen Ende der Welt, sondern einen Mausklick entfernt. Bei IBM senden Mitarbeiter am Feierabend ihre Aufgaben nach Asien.

Hürden sind die horrenden Gebühren für die Netze

Als Grund für die Internet-Abstinenz vieler Deutscher sieht Frau Offenbach vor allem selbstgemachte Hürden im Kopf. Sie übersieht dabei aber einen viel wichtigeren Grund, nämlich die horrenden Wegelagerer-Gebühren unserer Netzbetreiber wie Telekom und andere.
W. Rupprecht, Kaiserslautern

Wie kann man eigentlich nur so engstirnig sein und diejenigen, die noch keinen Internet-Anschluß haben oder nicht einmal mit einem Computer umgehen können, als beschränkt bezeichnen?
Was hat ein Internet-Surfer eigentlich einem Normalsterblichen voraus?
Was bringt der Informations-Highway für mein persönliches Leben?
Werde ich durch den Computer vielleicht kreativer?
Hat jemand, der sich mit Computern auskennt, vielleicht mehr Geist?
Übrigens: Ich benutze den Computer gern als nützliches (Schreib-)Werkzeug. Aber mehr ist er in meinen Augen auch nicht.
Matthias Gaßner, Münsingen-Hundersingen

Welch wunderbar heile Welt und welch maßlose Arroganz. Dies ist der Beitrag eines Users per E-mail, der aber trotzdem noch die Vorzüge eines Waldspaziergangs gegenüber denen eines „Cyber-Durchmarschs" zu schätzen weiß.
Frank Winter, Gäufelden

„Graue Panther statt grauer Zellen." Wieso statt? Graue Panther kommt von grauen Zellen (von dem, was im Kopf, und nicht von dem, was auf dem Kopf ist). Daß wir und viele unserer Mitglieder zwischen 18 und 99 (einige über 80jährige schreiben noch Bücher damit) Computer und das Internet seit Jahren nützen, ist selbstverständlich.
Gucken Sie ruhig mal unsere Homepages an.
Erich R. Waldner (Die Grauen) Ludwigsburg

Wieder einmal treffen Sie mit Ihrem Beitrag „Daten-Däumlinge" ins Schwarze!
Brigitte Wenzel, Stuttgart

Stellen Sie sich vor: Ich bin inzwischen fast 71 Jahre alt geworden, ganz ohne Computer, Internet, Handy, Kreditkarte und was derlei wichtige Dinge mehr sind, und ich fühle mich wohl dabei.

Dort beginnt gerade der Arbeitstag. Wenn der Mensch morgens an seinen Schreibtisch zurückkommt, ist das Thema schon eine Arbeitsrunde weiter.

„Das Internet", so die Expo-Chefin Birgit Breuel, „spaltet die Menschen in User und Looser." Gerade Frauen hätten dabei ihre Chance, zu den Gewinnern zu gehören.
Hier haben Heim-Leuchten ihre hohen Reize. Aber die Hürden, die selbstgemachten im Kopf, sind vielen noch zu hoch.

Und die Gefahren? Wird der Mensch nicht gläsern, wenn er alles von sich preisgibt: Adresse und Mailbox samt Internet-Auftritt? Typisch deutsch: zuerst nach Gefahren statt nach Chancen zu fragen. Dabei ist unsere größte Gefahr, Chancen zu verpassen. Ach ja, der Datenschutz. Was hat man sich erregt anno 1988, als Volkszähler wissen wollten, wie viele Köpfe auf einem Korridor beisammen leben und wieviel Kilometer der Schlaf- vom Arbeitsplatz entfernt liegt.

Tatsache ist: Der Bildschirm hat keine Gardinen. Deshalb ist Leistungskontrolle per Computer in manchen Betriebsvereinbarungen verboten. Jederzeit könnte nämlich gemessen werden, wer wie schnell geschrieben hat, wann sein System an- und ausging.

Komplette Überwachung, aber nur als quantitatives Prinzip. Qualität – *was* jemand geschrieben hat – erkennt kein noch so großer Rechner. Er kann eben nur zählen, nicht wägen. Und insofern ist er zwar eindrucksvoll schnell, aber dennoch dumm.

Und sicher vor Mißbrauch? Die Verschlüsselungen werden immer feiner. Aber auch hier gilt: Wenn jemand einbrechen will, kommt er rein. Man kann es ihm nur möglichst schwer machen. Wer es sich allerdings so leicht macht wie unsere Unterhaltungsgrößen, überläßt auf jeden Fall Fremden das Feld. Selbstbestimmung ausgeschlossen.

Das Glück des Menschen ist in Innerlichkeiten verborgen und nicht in der Überflutung mit (scheinbaren) Informationen, die meist schon kurz nach dem Sehen von anderen Einflüssen überdeckt oder gelöscht weden.

Helmut Conrad, Hechingen

6. Oktober 1980

Die oberen Tausend

Zu viele Häuptlinge, zu wenig Indianer – so kalauert man über die Bürokratie, in der vor lauter Haupt-, Ober- und Leiterposten nur mühsam einer zu finden sei, der die Arbeit mache. Das ist die eine Seite.
Die andere, die ihr nur scheinbar widerspricht, sieht so aus:
Wir brauchen eine Elite. Oder mindestens ein Klima, in dem sie gedeihen kann.

Aber da höre ich sie schon aufheulen, die ehemals neue Linke. Klassenschranken niederreißen, Chancengleichheit für Frau und Mann, für hoch und niedrig, so war man angetreten im Mai 1968, mit flatterndem Langhaar über der Demonstrationsuniform Parka/Jeans. Äußerlich und überhaupt gleich wollte man sein. Elitär – ein Schimpfwort.

Der befreiende Wind dieser Jahre hat in seinem Schatten aber auch handfeste Tabus erzeugt. Elite ist eines davon. Wer mag sich heute offen zu ihr zählen, wer sie anstreben und das auch zugeben? „Studienziel: Papst" müßte er sich verspotten lassen.

Dabei ist die Elite nicht etwa eine feste Gruppe, eine Clique oder Kaste, die nur durch Geburt, vielleicht noch mit Geld, aber keinesfall durch Neigung erreicht werden kann.

Elite bezeichnet jene Auswahl von Leuten sehr unterschiedlichen Standes, die in ihrem Bereich überdurchschnittliche Begabung, Fleiß und Einsatz bringen. Und die deshalb Maßstäbe setzen, Verantwortung tragen und Entwicklungen steuern.

Man mag einwenden, die gäbe es doch heute wie je. Möglicherweise. Da aber der Begriff Elite und die Existenz der oberen Tausend abgelehnt und tabuisiert werden, ist der Nachschub in Gefahr. Man braucht Tausende von Sportvereinen, um einige Olympiaverdächtige heraus-

11. Januar 1981

Die Un-Blumen

Ein Blick auf die nahe Vegetation belegt: Entlang der Landstraßen und in den städtischen Grünräumen sieht es aus wie auf einem Fußballfeld. Die Straßengräben sind zu Standspuren erstarrt, Alleebäume gelten als Erzfeinde der Automobilclubs, und die Autobahnränder stehen dauernd zur kostspieligen Rasur an. Wieso bloß?

Gegen diese Art von naturfernem Schönheitssinn hat jetzt Hamburg Front gemacht. Man braucht kein Grüner zu sein, um aufzuhorchen, wenn der dortige Umweltschutzsenator unverblümt erklärt, er finde „militärisch kurzgeschorenen Rasen scheußlich". Er fragt sich, weshalb in manchem Park oder Garten „kein Kräutlein und keine wilde Blume wachsen dürfen". Seine Konsequenz: In der Hansestadt sollen Brennesseln und Schmetterlinge, Frösche und Rebhühner wieder eine Lebenschance erhalten (oder sollen wir auch noch die Frösche im Zoo besichtigen?).

Tatsächlich wurde die Natur mit Salamitaktik zurückgeschnitten.
Es wurde halt überall aufgeräumt, gestaltet, begradigt, jedes einzelne Stück als Fortschritt begrüßt.
Aber alles zusammen wirkt pedantisch und öde.

Unter der Cotoneaster-Kultur der Vorgärten verschwand so ziemlich alles, was für unsere reiche Vegetation typisch ist. Ich weiß, daß ich gegen einen heiligen Hort – das Wort, das Garten bedeutet – verstoße, wenn ich für den Löwenzahn, den Wegerich und die Zaunwinde plädiere.

Ich weiß auch, daß ich den Distel-Erlaß gegen mich habe, der das Schwebenlassen von Unkrautsamen verbietet. Aber was ist Unkraut? Eine nicht geplante Sonnenblume, eine Königskerze oder eine Distel? Sind die „pfui", sind sie böse Kräuter oder Un-Blumen? Wie war das damals mit der Arche? Da kamen doch zwei von jeder Sorte rein.
Von Un-Tieren, die nicht mitdurften, ist nichts bekannt.

Wir aber treffen hierzulande eine allmählich endgültige Auslese. Ausgemerzt wird, was nicht geplant war. In meinem Garten stelle ich immer wieder fest, daß das meist die schönsten Exemplare sind, die ihren Standort selbst gefunden haben. Eher müßte man Menschen, die dafür kein Auge mehr haben, als Un-Gärtner bezeichnen.

Gewachsene Strukturen erkennen und zu ihnen zurückkehren, das mögen auch die Motive eines Esslinger Bürgers sein, der vor seinem Haus keinen Gartenarchitekten zirkeln lassen will, sondern der auf der Alb nach einer Bäuerin gesucht hat, zufischen, es braucht Mengen von Gymnasiasten, um die besten theoretischen Köpfe zu ermitteln, und selbst die großen Künstler haben irgendwann mit Handwerk und Schule begonnen.

Die schwierigste Aufgabe aber ist, bei aller Mühe mit den Mittelmäßigen und den Fußkranken, trotzdem noch die Begabungen zu erkennen und zu fördern.

Ich habe den Verdacht, daß heute in den Schulen und Vereinen jene als Lehrer sitzen, die vor zehn Jahren für eine mißverstandene Gleichheit auf die Straße gingen. Sie verpassen vor lauter Förderung nach dem ehrenwerten Motto „Wir sind so stark wie unser Schwächster", wenn sich in der letzten Bank ein ungewöhnlicher Geist meldet.

Wir brauchen ein Klima für Eliten.

Die Frage ist auch, ob an der Basis der Mut zum Marathon nach oben vermittelt wird. Oder ob nicht ein Geist vorherrscht, dem das Mittelmaß allemal reicht.

Das Klima im Land ist danach: Anspruch und Absicherung, Tarif und Mitbestimmung, Gesetze und Verordnungen. Viele dieser segensreichen Einrichtungen, dieses Mehr an Demokratie mit seinem Mehr an Gremien, hemmen zugleich die Ungewöhnlichen, entmutigen die Kantigen. Da genügt nicht das Prinzip Hoffnung, die wahre Begabung werde sich schon durchsetzen.
Für eine Industriegesellschaft, die der Elite dringend bedarf, ist das zu dürftig.

Wir müssen jene Ventile offenhalten, durch die freche Ideen, kühne Visionen oder Erfindungen über die solide Mitte hinausschießen.
Bei uns sind mit den „oberen Zehntausend" nur die gemeint, die einen überdurchschnittlichen Show- oder Geldwert vorzuweisen haben.
Sie gehören eher zu der Sorte inflationärer Häuptlinge.
Von denen haben wir genug.

von der er Wiesensamen bekommt. Am Hang soll es sprießen dürfen wie damals in der Kindheit: Glockenblumen und Margeriten, Gräser und Hahnenfüße. Und zweimal wird gemäht, mehr nicht.

Das Gegenteil von „ökologischer Nische" erlebt man in den Blumenläden. Viele Floristen gehen mit ihrem „Werkstoff" um wie mit einem Tuschkasten – Hauptsache bunt.
Passen sie etwa zusammen: Iris und Nelken – die Sumpf- und die Felsenblume? Dazu exotische Chrysanthemen und Spargelkraut.

Solche verunglückten Mixturen sind keine Geschmacksache.
Sie zeigen vielmehr, wie weit sich selbst sogenannte Fachleute von der Natur entfernt haben. Gemacht wird eben, was gefällt.

Aber wann gefällt der Natur nicht mehr, was wir machen?

Einen zweiten Noah, mit dem alles ganz von vorne anfangen könnte, gibt es nicht.

COMMANDER – SOLLEN WIR UNSEREN KURS VON DEM MÜLL DA VORNE BEFREIEN?

Liebesbrief und Wanzen

Eine sehr gescheite Kolumne. Sie wissen ja, ein paar Gartenarchitekten gibt es, die nicht nur Cotoneaster pflanzen. Bekanntlich beeinflussen visuelle Eindrücke in hohem Maße das seelische und körperliche Wohlbefinden des Menschen. Wir sollten den Mut haben, das, was wir vorfinden, nicht nur nach ökologischen Gesichtspunkten in Ordnung zu bringen, sondern auch etwas Neues zu gestalten. Und: „Das Unkraut und die Wanzen gehören auch zum Ganzen."

Professor Hans Luz, Stuttgart

Für die „Un-Blumen" müßten Sie einen Liebesbrief erhalten. Ihre bescheidenen Zaunwinden und Königskerzen, für die Sie in so rührender Weise eine Lanze brechen, sind fast schon ein „letzter Gruß" auf dem Grab von allem, was einmal Natur hieß.

Reiner Thiel, Kusel

11. August 1996

Klatsch kommt gut

Was ist der Unterschied zwischen „Mit so einer Dicken geh ich nicht ins Bett" und „Tom ist zeugungsunfähig" und „Caroline hat Brustkrebs"? Der letzte Satz ist 180 000 Mark wert, weil er nicht stimmt. Der mittlere soll 60 Millionen Dollar bringen.

Der erste bringt nur Schnittchen und Sekt, obwohl es noch dicker kommt: „Mir würde was abfaulen, wenn man mir eine Dicke auf den Bauch legte."

Allen Sätzen gemeinsam ist: Sie sind Klatsch, und zwar in aller Öffentlichkeit.

Klatsch, heißt es, sei die Verdauung der Seele. Wenn das stimmt, hat unsere Zeit Durchfall.

Da setzt Prinzessin Caroline von Monaco in einem vierjährigen Rechtsstreit gegen die Illustrierte „Bunte" durch, daß sie das höchste Schmerzensgeld bekommt, das je gezahlt wurde. Und der Hollywood-Schauspieler Tom Cruise verklagte das gleiche Blatt werbewirksam zum Start seines Films, weil „es die Schlußfolgerung nahelege, er sei zeugungsunfähig".

Niemand hat die Hand dazwischen, keiner weiß, wie es wirklich war. Aber das ist auch unerheblich für ein Gerücht.

Beim Gerücht geht es weniger um Information als um lustvollen Gebrauch. Es ist wie ein kollektiver Kaugummi: Alle kauen mit, er

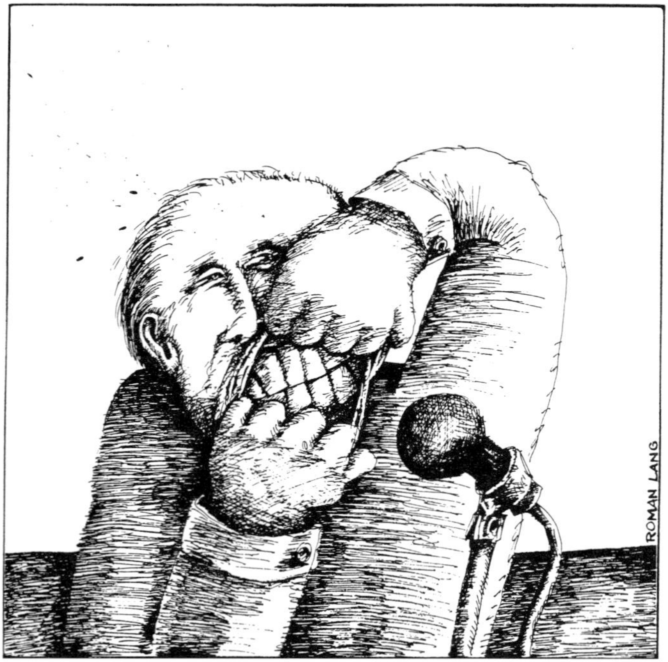

17. März 1996

Echt? Ehrlich!

„Das habe ich doch mit eigenen Augen gesehen!" So klingt der Inbegriff von gesicherter Erkenntnis. Wer hätte diesen Satz nicht schon gesagt oder wenigstens gedacht?

Außerdem gibt es die wohlbekannten optischen Täuschungen: Fata Morgana ist die bekannteste.

Oder der Effekt, den Filmschüler lernen: Eine kurze Bildfolge von einem Menschen, der im Wald geht. Zuerst mit Originalgeräuschen, dann mit wechselnder Musik. Aus dem harmlosen Spaziergänger wird je nach Musik ein Grübler, ein Kerl, der Übles im Schilde führt, oder ein fröhlicher Optimist.

Der Wald verwandelt sich dabei zur drohenden Kulisse oder steht als feierlicher Dom da. Alles immer wächst und wächst, und am Ende platzt die Blase.

Das kann teuer werden, wenn nur heiße Luft drin war. Wie im Fall Caroline. Das angebliche Interview ist nie mit ihr geführt worden. Das zeigt einmal mehr, wie unverfroren manche Blätter vorgehen. Das muß hart bestraft werden.

Wirkungsvoller wäre, wenn auch die Leser ihren Unwillen durch Abstinenz spüren ließen. Denn das ist die einzige Sprache, die Schmuddelgazetten jeder Art verstehen – wenn's an die Kasse geht.

Aber damit ist weniger denn je zu rechnen. Der Reiz des Indiskreten ist eine der neuen deutschen Eigenschaften.

Nie tratschten die Deutschen lieber als heute. Und was das Aufregendste zu sein scheint: Man klatscht über sich selbst. Gleich ein halbes Dutzend erfolgreicher und billigster Fernsehserien leben von Voyeuren und Exhibitionisten, von denen, die sich ausstellen, und von denen, die hinglotzen.

Die Leser könnten Ihren Unwillen durch Abstinenz spüren lassen.

Freiwillig – und das ist der Unterschied zu Caroline, Cruise und Co. – entblößen sich da Fette, Frigide und Frustrierte. Für ein Butterbrot beichten Balzhähne („Im Urlaub geh' ich fremd"), spreizen sich Reiche („Mich interessiert nur Kohle"), geben Geile zu Protokoll: „Dein Busen haut mich um."

Ob Ilona, Bärbel, Jürgen oder Hans – wie Großinquisitoren locken, fordern und fragen sie, als seien sie Volkes Stimme. Tatsächlich sind sie Diener ihrer Quote um jeden Preis.

Die Kandidaten begreifen oft erst hinterher, was sie da mit sich und ihren Nächsten angerichtet haben. „Ich hatte in zwölf Ehejahren keinen Orgasmus." Der Ehemann sitzt daneben und ringt um Fassung.

Einerseits beklagen wir die Zudringlichkeit der Medien, andererseits genießen Millionen schadenfroh die Gerüchte.

Klatsch kommt gut, heißt es in der Zeitgeistsprache. Wann könnte Schluß sein? Vielleicht, wenn die Tratschenden ihre Tragik selbst zum Thema machen: „Gerüchte haben mein Leben zerstört."

die gleichen Bilder, die man doch „mit eigenen Augen ..."

Unsere fünf Sinne sind stumpf, sie lassen sich betrügen. Und sie werden betrogen. Mehr denn je besteht diese Gefahr. Und als ahnten die so Geleimten, was ihnen da blüht, heißt die derzeitige Hauptforderung: mal ehrlich!

Beim Fernsehen heißt die Zauberkiste „paintbox", was mit „Malkasten" rührend naiv übersetzt wäre. Denn dieses Gerät und seine Hochleistungs-Verwandtschaft kann jedes Bild nicht nur bis zur Unkenntlichkeit verändern, sondern bis zur Umkehrung seiner Aussage. Damit ist dem Mißbrauch Tür und Tor geöffnet.

Mit einem Stift, einer Art digitalem Pinsel, läßt sich fast alles in Sekundenschnelle verändern, vergrößern, ergänzen, und niemand kann mehr sagen, was echt oder falsch ist.

Noch ist diese Situation eher selten. Aber da sie möglich ist, muß man mit ihr rechnen. Das Mediengewerbe wird härter. Da sinkt die Moral schon mal mit der Sonne. Welche Rolle spielt beim Thema Glaubwürdigkeit das Publikum? Zunächst fordert es Vertrauenswürdigkeit – vor allem vom Fernsehen.

Beispiel: die Karaoke-Begeisterung. Ist das etwas anderes als die Illusion, im viel zu großen Mantel eines Sängers oder Dirigenten auch größer zu wirken? Die Playback-Technik macht's möglich. Offensichtlich möchte sich mancher gerne ein bißchen betrügen.

Am meisten, so gaben Wähler zu Protokoll, erwarten sie von einer Partei, daß sie glaubwürdiger/ehrlicher werden und Versprechen einhalten müsse. Ja, wenn das im Zeitalter des Klonens und Genmanipulierens so einfach wäre.

Als augenfälliges Beispiel für die junge Kunst der unmerklichen Bildveränderung steht jene Anzeige einer Zeitung, in der ein Scharping zum Kanzler Kohl mutiert oder Kritiker Karasek zu Marcel Reich-Ranicki. Perfekte optische Unterhaltung, aber eben auch der Beweis, wie schnell das Ende der Augenzeugen gekommen sein kann.

Wer also nicht mehr glauben mag, was er (etwa von der Politik) zu hören bekommt, sollte auch skeptisch sein bei dem, was ihm vor Augen kommt. Bei Gericht gelten seither Bilder nur noch bedingt als Beweis.

Und an dieser Stelle – sind hier Bild und Bericht noch echt? Ja, ehrlich!

15. November 1981

Offenbachs Nichte

Es ist billig und heilsam, einmal auf der anderen Seite des Schreibtisches zu sitzen. Für Journalisten heißt das: Einmal nicht Berichterstatter sein, sondern das Objekt, über das berichtet wird.

So ist es mir (nicht zum erstenmal) ergangen, als Folge meiner „Zweiteilung“: Mit dem einen Bein in der Presse, mit dem anderen Bein im Fernsehen stehend. Tatsächlich eine heilsame, weil recht ernüchternde Prozedur.

Grundsätzlich gilt: Wer austeilt, muß auch einstecken können. Wer also kritisiert, muß selber auch Kritik vertragen. Etwa die von Lesern. Dabei sollten gerade Leserbriefschreiber ihren Einfluß nicht unterschätzen.

Weil Journalisten in ihrer Rolle als Kritiker viel zu wenig der Kritik ausgesetzt sind, passen sie oft eitelempfindlich auf, wenn sie selbst aufs Korn genommen werden.

Kritik vertragen sollte man auch von Kollegen. Nur, da sieht es leider schon finster aus. Die professionelle Fernsehkritik zeichnet sich – von Ausnahmen abgesehen – durch Geschmäcklertum und fast völlige Ahnungslosigkeit von der Praxis des elektronischen Mediums aus.
Das kann man fast täglich belegen, wenn man das Fernsehgeschäft von innen kennt.

Schon falsch gebrauchte Fachausdrücke oder unzutreffend beschriebene Sachverhalte verraten, daß der Fernsehkritiker vom Fernsehen als Handwerk oft keine Ahnung hat.

Eine beispielhafte Erfahrung, die mir kürzlich zuteil wurde, betrifft das Biederblatt „frau aktuell“ aus Düsseldorf. Dort hatte ich die Ehre, als „Schauspielerin (26), eine Nichte des verstorbenen Künstlers Joseph Offenbach“, vorgestellt zu werden. Erstens habe ich mich nie als Schauspielerin versucht, das würde wohl auch nichts.

Zweitens das Alter. Da können glatt zwölf Jahre dazu. Und schließlich die ehrenhafte Verwandtschaft: Meinen Namen habe ich angeheiratet, so daß die Story mit der Nichte schon aus diesem Grund nicht stimmen kann.

Oh, Onkel Joseph, so eine widersetzliche Nichte hätte er auch nicht verdient!

24. Januar 1982

Falscher Dampfer

Viele Wortschlachten werden auf fremden Feldern geführt. Man nennt das Stellvertreterkriege.

Einer dieser falschen Dampfer ist diese Diskussion: Soll es zu unseren drei Fernsehprogrammen noch drei, fünf oder zehn weitere geben?

Das Fernsehprogramm sei ohnehin schlecht genug. Braucht es da noch mehr Feierabendkiller?

Als Beteiligte bin ich befangen, aber eben auch informiert. Ich meine, daß viele Beiträge des Fernsehprogramms sehr ordentlich sind.
In der Mischung so gut wie die Zeitungs- oder Buchproduktion, die in älterem, aber nur deshalb höherem Ansehen stehen. Weil aber das Fernsehprogramm so schlecht nicht ist, kann es auch ziemlich anstrengend sein. Ein aufmerksamer Betrachter müßte eine Dreiviertelstunde lang konzentriert Augen und Ohren aufsperren, um jedes Detail, jede Anspielung mitzubekommen.

So ein Zuschauer wäre dann ziemlich ermattet, er hätte eine Denkpause nötig.

Tatsächlich sieht es aber oft genug so aus: Neben einem Dokumentarfilm löst man Kreuzworträtsel.
Man holt Bier oder Bügelbrett und schaut ab und zu auf den Schirm. Klar, daß viele Beiträge dann zusammenhanglos und wertlos erscheinen. Dies war die, wie ich meine, fällige Vorrede gegen ein modisches Pauschalurteil.

Aber unabhängig von der Qualität: Schaden mehr Fernsehprogramme nicht schon deshalb, weil es mehr sind? Die Kulturpessimisten und jene selbsternannten Volkspädagogen, die immer so genau wissen, was für andere gut ist, sorgen sich. Sie befürchten, daß Kinder und schwache Erwachsene noch weniger Zeit für eigene Kreativität verwenden und noch mehr vor der „Glotze“ sitzen, dieser vorfabrizierten Zerstreuung Fernsehen.

Das mag schon sein. Und deshalb warnen Medienpolitiker von links wie rechts, wenn vom verführerischen vierten Programm die Rede ist. Tatsächlich – und das müßten gerade Politiker wissen – gibt es das vierte Programm längst: Selbstgemacht auf Videocassette.
Das Verzeichnis des Deutschen

Ein Anruf in der Redaktion, ein Blick ins Telefonbuch hätte den Unsinn geklärt. Aber „frau aktuell" gibt sich doch nicht mit Tatsachen ab, wenn statt dessen der freie Wind der Erfindung durch die Seiten wehen kann.

Den Neid der Kollegen hart erarbeiten

Die Münchner Abendzeitung duzt „die Susanne" gleich in der Überschrift und zitiert dann ausführlich, was sie alles gesagt hat – und die AZ weiß sogar wie: „schmunzelnd oder fiebernd". Tatsächlich hatte ich nie – weder mit dem Blatt noch mit der Autorin Inge Stoll – das Vergnügen. Aber das sind ja nur zwei Beispiele. Und Ausrutscher – wenn man es gnädig so nennen wollte – gibt es schließlich überall.

Deshalb müssen alle gegenhalten: Zuerst wir selbst, die Kollegen, indem sie Roß und Reiter nennen. Dann die betroffenen öffentlichen Personen, meist Künstler, indem sie solchen Quatsch nicht furchtsam schlucken, sondern sich wehren.

Und vor allem die Leser, indem sie noch wachsamer und kritischer hinsehen als bisher.

Gute Reaktion

Sicher werden viele Leser mit Vergnügen festgestellt haben, einmal das gedruckt zu lesen, was sie oft für sich, beim Lesen der sogenannten „Regenbogenpresse", gedacht haben.
Wer, wie ich, nicht nur das liest, was ihm Freude bereitet, sondern informativ auch in den Teil schaut, der nicht seinem Geschmack entspricht, stellt immer wieder fest, daß, manchmal sogar in Blättern des gleichen Verlages, in dem einen Blatt dieses oder jenes Ehepaar gerade in Scheidung lebt, während man im anderen Blatt publiziert, wie glücklich es verheiratet ist.
Für meinen Begriff ein Beweis dafür, daß diese Zeitungen nichts weiter als „moderne Märchenbücher" sind.
Nun hat man ein solches Spielchen auch mit Ihnen getrieben, und Ihre Reaktion ist einfach gut.

Herta Lindner, Stuttgart

Videoinstituts in Berlin, das gerade erschienen ist, enthält allein 1500 Titel. Dabei ist es noch längst nicht vollständig. Dazu kommen all die privaten Aufzeichnungen beliebter TV-Programme und – statistisch überaus relevant – die Porno-Videos.

Der „Glotze" trotzen kann nur der Mensch.

So müssen sich wohl manche Erziehungsbeflissenen die Augen reiben: Die Fernsehgemeinde ist volljährig und damit für die Auswahl ihrer optischen Zerstreuung selbst verantwortlich.

Sorgt sich eigentlich jemand, ob es zu viele Kinofilme gibt oder zu viele Bücher? Ist es anstößig, wenn Theater und Oper ständig neue Aufführungen anbieten? Oder beruht nicht unser Gesellschaftssystem gerade darauf, daß wir die Menge des Angebots und damit seine Vielfalt eben gerade nicht beschränken?

Trotzdem gibt es das Problem des vielen Fernsehkonsums – eben weil das Fernsehen so schlecht nicht ist.

Aber dagegen helfen keine Verbote, sondern nur bessere Angebote – Zuwendung und Zeit.

Damit ist der Mensch konkurrenzlos und unschlagbar gegenüber der Maschine.

Der Vater, der seinen Sohn zum Schlittenfahren und Schneemannbauen einlädt, ist garantiert attraktiver als jeder Bonanza-Film. Das ist der richtige Dampfer.

Nur eine Ausrede

Es ist das erste Mal, daß ich von journalistischer Seite eine solch klare Stellungnahme in dieser Richtung lese. In einer Demokratie hilft uns weder Verteufelung noch Verhinderung, sondern nur eine Forderung: Erziehung zum rechten Umgang mit dem Medium Fernsehen.

Alfons Kaiser, Ludwigshafen

Es ist nur eine Ausrede, wenn man den „mündigen Bürger" vorschiebt, der die seichte amerikanische „Pferdeoper" ausschaltet, um mit seinen Kindern einen Schneemann zu bauen. Konsumorientierte Menschen sind nicht mündig. Wie könnten es sich die TV-Anstalten sonst leisten, jahrein, jahraus diese geisttötenden Gut-Böse-Klischees auszustrahlen?

Dietrich W. Schmidt, Stuttgart

12. Juni 1994

Money und Medien

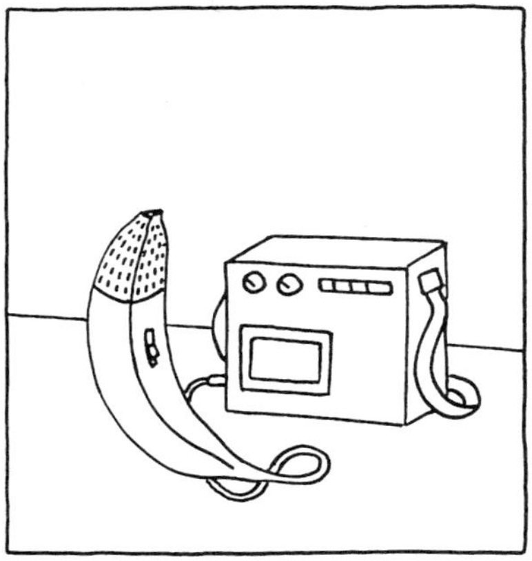

IRGENDEINEN AFFEN BEKAM ICH DANN DOCH VORS MIKROPHON.

Eine Einladung in die Stuttgarter Landtagsgaststätte: Dort werden Matratzen ausgebreitet, junge Männer hüpfen darauf herum, nennen das „Levitation", geistkörperliche Erhebung, faseln von „höherem Bewußtsein" und „unbesiegbarer nationaler Verteidigung".

Spätestens an dieser Stelle müßte der seriöse Journalist sein Glas austrinken und gehen. Aber „Spaß muß sein", eine Glosse sei die Sache doch allemal wert, meint die Kollegin von der Deutschen Presse-Agentur, immerhin „will sich die Splitterpartei an den Wahlen zum Europäischen Parlament beteiligen". Sie will nicht, sie steht längst auf der Liste.

Was dpa nicht mitteilt und leider auch nicht recherchiert: Die Naturgesetzpartei ist eine Gruppierung der TM-Vereinigung, vor der sogar die Bundesregierung als einer Jugendsekte warnen darf.
Dies hat das Bundesverwaltungsgericht (7 C 2.87) entschieden, denn die Leute vom „Weltfrieden" sind streitbar.

Geld spielt dann keine, sonst allerdings die Hauptrolle, wenn es darum geht, psychisch labilen Menschen Meditationskurse für mehrere tausend Mark aufzudrängen.

Und jetzt also Partei für Europa. Wer schaut eigentlich hin, welche Typen sich da tummeln? Kann jeder kommerzielle Club landesweit und gratis für sich werben?

Zuständig für die Kontrolle sind die Politiker des Bundeswahlausschusses. Diese prüfen aber nur, ob die formalen Voraussetzungen erfüllt sind (4000 Unterschriften), „Hintergrund und Programm" interessieren offenbar nicht.

7. Februar 1993

Schüssel auslöffeln

Zu einer sterbenskranken Frau kommt zusammen mit dem Notarzt auch ein RTL-Fernsehteam.
Der Freund der Frau lehnt ab, die Redaktion aber versteht die Aufregung nicht. „Explosiv" hätte der Beitrag werden sollen, und „da muß man eben ran".

Was sich im richtigen Leben notfalls noch mit einem beherzten Rausschmiß regeln läßt, ist im Bereich der Fiktion fast schon nicht mehr beherrschbar. Gewalt im Fernsehen. Darüber wird viel geklagt und diskutiert.

Ein Leser zählte die Leichen einer Woche im Programmheft. Auf sieben Morde pro Tag kam er leicht. Das empört und „sollte hart bestraft werden", wenn es nach dem Intendanten des Mitteldeutschen Rundfunks, Udo Reiter, ginge. Auch Lizenzentzug müsse man in Betracht ziehen.

Aber warum geht es nicht nach ihm? Nicht einmal der Intendant nimmt das Heft in die Hand. Udo Reiter zeigt (mit Recht?) auf „die anderen", die Privaten, die zur „hemmungslosen Jagd nach Einschaltquoten" geblasen hätten.

Ohne Zweifel: Was da an brutaler Ekelhaftigkeit zu jeder Tages- und Nachtzeit in bunter Farbe und schneller Folge zu haben ist, da kann einem speiübel werden.

Aber muß man es haben?
Wer ist es denn, der sich Dach um Dach, vom Balkon bis zum Erker, mit diesen runden Häßlichkeiten ausstattet?

Die Menschen tun es, und zwar freiwillig, wohl wissend, was da kommt. Wer eine Schüssel hat, soll sie auch auslöffeln.

Alles andere ist Heuchelei und Scheinheiligkeit. Erst die Schüssel kaufen, dann sich an Gewalt und Sexnummern delektieren und am nächsten Morgen Resolutionen gegen Gewalt im Fernsehen unterschreiben.

Intendant Reiter meint noch, die öffentlich-rechtlichen Anstalten

Die Medien sind in diesem Fall leichtfertige Steigbügelhalter bequemer Politiker. Unbesehen drucken Zeitungen nach, was ihnen die dpa vorsetzt, oft zusätzlich eingerahmt im Kasten. „Focus" und „Frankfurter Rundschau" bezahlen sogar noch für manipulierte Fotos vom „Fliegen" durch Meditation.
Zwar macht man sich lustig über die komischen Nummern auf dem Europawahlzettel, informiert aber nicht, wer dahintersteckt. Das wäre ja mühsam.

Journalisten als Steigbügelhalter

Eine Kennerin der Sektenszene nennt denn auch die TM-Aktion ironisch einen „Geniestreich". So viel Aufmerksamkeit läßt sich der alte Inder in Holland gefallen! In einem Fernsehinterview nannte er offen drei seiner Ziele: „Money, money, money!"

Billiger und besser kann man keine Werbung haben, bis hin zur ARD-Wahlberichterstattung.
Auch diese Kolumne trägt indirekt ihren Teil zu weiterer Bekanntheit bei, das ist mir bewußt.

Nur, das gibt es eben nicht: Wasch mir den Pelz, aber mach mich nicht naß.

dürften sich an dieser „hemmungslosen Jagd" nicht beteiligen, „selbst wenn wir nur noch zehn Prozent der Zuschauer erreichen".

Scheinheilig bei Sex und Gewalt

Selbst wenn. Möge er es ausprobieren. Dann haben wir endlich einen schlüssigen Beweis, ob wirklich 90 Prozent so etwas wie „Zersäg mich in der Lederhose" sehen wollen.

Derweil sucht eine Fernsehproduktion Vermißte, um sie unter dem Kennwort „spurlos" – natürlich in aller Öffentlichkeit – in Mutters Arme rückzuführen. Wer „Callboy-Erfahrung" hat, ist bei einer Frauenzeitschrift willkommen, die auch die todernste Geschichte erzählen will von „Menschen, die sich am Selbstmord ihres Partners schuldig fühlen".

Wer sexuell mißbraucht hat oder wurde, wer gestohlen hat und öffentlich bereut, wen einfach nur Gewissensbisse beißen – alle sind gefragt. Striptease en gros.

Und die Gesuchten werden sich melden. Das ist der Sündenfall.
Der geldgeile Produzent kommt erst danach.

Illustrierte und Couchen im Studio sind beliebte Beichtstühle.

Derweil donnert Kardinal Meisner von seiner Domkanzel auf „ein gottvergessenes, unmenschliches Land". Den Feind hat er auch ausgemacht: Die Medien, die „permanent Kirche, Christentum und Gott demontieren und den Ast absägen, auf dem wir alle als abendländische Wertegemeinschaft sitzen".

Aber warum, Eminenz, beichten immer mehr Leute im Studio und immer weniger in der Kirche?
Wegen der Medien?

Wir wollen doch nicht Ursache und Wirkung verwechseln. Es gibt in unserer Gesellschaft absichtlich von allem zu viel – Bücher, Käsesorten, Kirchen, Autos. Das haben wir per System so gewollt.

Die Lebensarbeit besteht im Weglassen, im Auswählen, was wichtig und zuträglich ist.

Haar und Suppe

Gebt uns doch endlich auch gute Nachrichten! Das ist eine Sehnsucht in schwieriger Zeit.

Manchen Zeitgenossen schlägt die Lage derart aufs Gemüt, daß sie sich verweigern: selten Zeitung, Fernsehen schon gar nicht, allenfalls die süße Soße der Serien, die knisternde Spannung der Rate-mal-Kinkerlitzchen.

Den Rest der Welt hält man kaum mehr aus: Bestechung und Bedrohung, soweit das Auge reicht.

Stimmt. Aber das ist nur die halbe Wahrheit, nur die eine Seite der Medaille. Gewiß kann man für die Misere die Medien haftbar machen, so wie man einst auch dem Boten, der die schlechte Nachricht brachte, den Kopf abschlug.

Aber Journalisten können nun mal die Welt, über die sie berichten, nicht besser machen. Was sie aber ändern können, ist die Blickrichtung auf diese Welt, sie sollten beide Seiten der Medaille zeigen.

Die Forderung steht zu Recht, damit sich die Abwärtsspirale nicht unnötig verstärkt. Die problematischen Faktoren kennen wir zur Genüge: die wirtschaftliche Lage, die Arbeitslosenzahlen, der zähe Aufschwung Ost, die fremdenfeindlichen Umtriebe, Krieg und Krisen in vielen Ländern um uns herum.

Und bei allem der Eindruck: Die Politik löst die Probleme nicht, sie beschäftigt sich mit sich selbst; die Regierung regiert nicht, außer daß sie dem Volk kräftig in die Taschen langt. Und mit dem Schlagwort „Politikverdrossenheit“ lehnt der Bürger sich bequem zurück. Aber das ist nicht abendfüllend.

Wer gute Nachrichten will, muß an ihrem Entstehen mittun. Sonst wird nichts. Wenn sich die Verdrossenen, statt ihre Verdrießlichkeit zu pflegen, in Vereinen oder Initiativen engagierten, wäre ein Teil ihrer Probleme lösbar.

Aber schon quengeln die Bedenkenträger weiter: Ich allein richte doch nichts aus, was bewirke ich denn schon?

Wie wär's denn mit etwas weniger Weltuntergangsstimmung? Registrieren sollten wir unsere Schwierigkeiten, aber eben auch relativieren. Die Erregung herunterfahren und auch die andere Seite der Medaille gelten lassen. Beispiel Leichtathletik-Weltmeisterschaft.

Grund zur Freude und zum Feiern in Stuttgart und überhaupt in deutschen Landen. Junge Sportler aus der ganzen Welt, strahlender Himmel, großzügige Gastgeber.

Ist es da zu fassen, daß die bevorzugten Nachbarn des Athletendorfes Beschwerde führen, weil der Autoverkehr aus Sicherheitsgründen in ihr feines Wohnviertel umgelenkt wird – für knapp zehn Tage?

Ebenso könnte man heute schon mäkeln, daß dies eine Veranstaltung der Verlierer sei, weil tatsächlich immer nur einer gewinnt, oder die Hubschrauber, die heuer tiefer fliegen, die Festmusik, die länger spielt – den Miesepetern fällt immer etwas ein.

Wichtig ist, daß den positiv Gestimmten auch genug einfällt, und daß sie es laut sagen. Wer wollte, konnte letzte Woche in einer Nacht mehr als tausend Sternschnuppen sehen (und sich was wünschen), obwohl es nicht so viele waren, wie man erwartet hatte.

Journalisten können die Welt nicht besser machen.

Die Wohnungsnot vor allem in Ostdeutschland hat sich in den vier Jahren Freiheit so verringert wie in den vier Jahrzehnten vorher nicht. Jede vierte Wohnung ist bereits renoviert. 25 000 sind neu gebaut. Ist das nichts – auch wenn 100 000 gebraucht werden?

Im journalistischen Handwerk gibt es ein berühmtes Beispiel für Berichterstattung: Der Saal ist halb voll oder halb leer – der Tatbestand ist derselbe, nur der Blickwinkel ein anderer.

Wir sollten uns beider Blickwinkel bedienen. Zu oft, so scheint mir, dominiert in letzter Zeit der negative. Vielleicht hat das auch mit dem deutschen Charakter zu tun, der vor allem dann als gefestigt gilt, wenn er tief gründelt.

Auch Kolumnen halten es ja eher mit Problemen. Deshalb ein selbstkritischer Blick auf die eigenen Vorlieben samt der Aufforderung, über der Suche nach dem Haar die Suppe nicht zu vergessen.

Wie also läßt sich lächeln, selbst wenn einem zum Heulen zumute ist? Vielleicht von Satirikern lernen: Sie sind so gut mit ihren Scherzen, weil sie sonst den Schmerz der Welt nicht ertragen könnten.

Schlechte Nachrichten untergraben die eigene Energie

Die Meckerer über schlechte Nachrichten sind nicht die, die Verdrießlichkeit pflegen, sondern die sich engagieren in Initiativen. Sie haben keine Zeit, schlechte Nachrichten anzuschauen, weil diese ihre Energie und Kraft, ihr positives Denken untergraben. Ich weiß aus Erfahrung, schlechte Nachrichten rufen, wenn's hoch kommt, zu Mitleid, aber nicht zu Eigeninitiativen auf.

Brigitte Eisenmenger, Ludwigsburg

Mit dem Hinweis auf Ihre Kollegen der schreibenden Zunft, mehr positiv über den „halbvollen Saal" zu berichten, sprechen Sie auch die verdrossenen Zeitgenossen an, die verängstigt morgens den neuesten Lagebericht über Ozonwerte und Schadstoffe studieren, ehe sie ihren Tageslauf beginnen.

Hans Bauer, Asperg

Es ist eigentlich toll, wie Frau Offenbach es immer wieder schafft, einem so richtig aus der Seele zu sprechen. Sie argumentiert brillant und bringt es auf den Punkt.
Leider gibt es Zeitgenossen, die die Wahrheit nicht ertragen und deshalb an ihr mitunter geharnischte Kritik üben, aber das sollte sie nicht bekümmern.

Kurt Kreter, Detmold

Hoffentlich haben Ihre Journalistenkollegen von Ihren Ausführungen auch Kenntnis genommen.
Sie sollen sich Ihre Empfehlung, die Erregung herunterzufahren und auch die andere Seite der Medaille gelten zu lassen, hinter ihre Ohren schreiben.

Heinz Höffler, Kaiserslautern

Sie haben, denk ich mir, viele Leute, die Ihnen sagen, daß man die Kolumnen mit großer Aufmerksamkeit liest. Aber vielleicht freut Sie's, wenn ich es Ihnen auch sage, daß Sie Ihre Sache vorzüglich machen – mutig und in einem richtigen Deutsch geschrieben.

Albrecht Goes, Stuttgart

8. Januar 1984

Ganz subjektiv

Viele fordern es immer wieder von uns Journalisten: Seid doch objektiv!

Ich will es gleich sagen: Das geht nicht, das ist – besonders für eine Kolumnistin – unmöglich. Warum? Es gilt von einer lieb gewordenen Illusion Abschied zu nehmen: Objektiv, das gibt es, wenn überhaupt, allenfalls in Annäherungswerten. So, wie es „die" Wahrheit auch nur in kleinen Portionen gibt.

Nehmen wir das berühmte Journalisten-Beispiel: „der Saal ist halb voll, oder der Saal ist halb leer". Wie ist er objektiv? Beides sind Beschreibungen desselben Zustands – aber aus subjektiver Sicht des Beobachters. Bei vielen Leserbriefen klingt aber durch: Objektiv ist, was meine Meinung ist. Wer nicht auf meiner Seite steht, der ist nicht objektiv.

Aber, das ist – mit Verlaub – eben auch „nur" subjektiv. Auch wer sich für besonders sachlich hält, für eher im Stande der Wahrheit, hat eben auch seinen sympathiegetrübten Blick.

Die eigene Meinung – ist nur eine. Sie ist aber nicht weniger wert als der sogenannte objektive Tatbestand, falls sie hartnäckig recherchiert, gegengeprüft, untermauert, offengelegt und begründet ist.

Daran mißt sich ihre Qualität, nicht an der vorgeblichen Objektivität. Mit einem Meinungsartikel – einer Kolumne zumal – ist im besten Fall erreichbar, daß sich durch einige Gedanken zwischen Schreiber und Leser Übereinstimmung einstellt: „So etwa hatte ich das auch schon gedacht."

Vom Wert der eigenen Meinung

Aber Vorsicht mit dem angenehmen Wiedererkennen eigener Gedanken: Mit Objektivität hat das nichts zu tun.

Fast jeder kennt die optische Täuschung mit einer Kamera. Ihr Objektiv bildet ab, was es sieht – objektiv also. Aber wie subjektiv ist der Ausschnitt! Wie wenig zeigt das Bild vom Ganzen, vom Zusammenhang. Der Ausschnitt ist im besten

5. Februar 1984

Liebesgeflüster

Eine Mode hat sich eingebürgert: Anonymes Liebesgeflüster in Anzeigenspalten.

Zwischen einem Sonderposten Ledersesseln, einem aus dem Urlaub heimgekehrten Ohrenarzt, dem entlaufenen Kater und mehreren Miezen ganz anderer Art, neben vielen Toten und wenigen Geborenen haben sie sich ihren teuren Platz erobert: die Posaunisten hinter vorgehaltener Hand.

Das Mauerblümchen inseriert selbst: „Hallo Lausbüble!" schreibt sie ihrem Herzallerliebsten. „Danke für die traumhaft schönen Stunden. Ich liebe Dich: Immer in der Wirklichkeit, wie in der Erinnerung – Mimoose."

Nun soll sich der neugierige Leser so seine Gedanken machen – honni soit qui mal y pense. Wer aber ist diese seltsame Mimoose? Dieses „Moos" – Anspielung auf eine besondere Unterlage oder nur ein Druckfehler?

Am nächsten Tag: „Goldmädchen, ich liebe nur Dich." Ist das die Antwort? Unterschrieben hat ein geheimnisvoller „I. L. D." Wir werden seine Identität so wenig erfahren wie die vom „Boden-Kauz, der seine Wald-Eule grüßt". Eine Ausgabe weiter: „Hallo Peter, ich denke an Dich! D. v. N."

Diese Verschlüsselung ist der Trick. Man treibt ein Versteckspiel in aller Öffentlichkeit. Der Reiz liegt darin, daß man sich die laszivsten Sätze zurufen kann, aber alle anderen verstehen den Code nicht.

Weshalb schreiben sich oder telefonieren die beiden nicht – viel länger, viel schneller und billiger könnten sie sich ihrer Liebe versichern?

Posaunisten hinter vorgehaltener Hand

Aber so ein profaner Vorschlag hieße den Reiz des öffentlich Gedruckten zu unterschätzen. Einmal in der Zeitung stehen, höchstpersönlich gemeint sein – das ist offenbar unwiderstehlich. Ob's die Beschenkte auch liest? Oder wird ihr die Ausgabe diskret zugespielt? Für 200 Mark Blumen und Geschenke, wäre das nicht sinnvoller? Vielleicht. Aber nicht so kitzlig. Viel Erotisches

Falle typisch, auf jeden Fall aber subjektiv.

So bleibt also die Sehnsucht nach dem Wahren, die Suche nach der Objektivität. Sie ist so uralt wie vergebens. Allein die Annäherungen sind der Mühe wert.

Für mich gilt als eine Art journalistische Richtschnur die Neugier, die der Wahrheit auf ihren verschlungenen Wegen auf der Spur bleibt. Dabei ist vor allem die Suche spannend, kaum die Hoffnung, je etwas Endgültiges zu finden.

Eher sollte der Mut zum Subjektiven wachsen: Statt „man" oder „wir" ruhig „ich". Warum nicht? Damit macht man sich nicht wichtig, sondern liegt eher richtig.
Gerade, was einem wichtig ist, dazu sollte man auch stehen – und zwar nicht als irgendwer, sondern als „ich".

Kolumnen finden vielfache Verwendung:
Sie bestimmen das Familiengespräch am Frühstückstisch. Sie sind Rohstoff für Reden und Bausteine für Briefschreiber.
Sie sind auch Lehrmittel der Landeszentrale für politische Bildung.
Diese druckte „zur Gestaltung des politischen Unterrichts" eine Kolumne über die Meinungsfreiheit.

ist dabei und allerhand Exhibitionistisches.

„1095 Tage und an jedem habe ich Dich geliebt. Wuschel." Keinen Tag mehr und keinen weniger, woher der das so genau weiß? Sollte man sich davon eine Scheibe abschneiden, wo man doch sogar den Hochzeitstag vergißt?

Oder: „Guten Morgen geliebter Panther, am 412. Tag sollst Du besonders glücklich sein, Dein H."

Nur Pessimisten werden argwöhnen, daß dergleichen Signale aus der Unterwelt stammen, wie sie aus Schweden bekannt wurden. Dort dienten verschlüsselte Botschaften dieser Art als Treffs und Nachrichten aus der Drogenszene.

In schwedischen Zeitungen können Leser aber auch einen „symbolischen Blumenstrauß" einrücken – zum Beispiel den Dank für eine Hilfeleistung. Das tägliche Warten der Leser ist groß: Ob ich auch mal dran bin?

Der Sänger Udo, der dem Schnuckiputzi ein akustisches Denkmal setzte, ist veraltet. Die Kosenamen sind phantasievoller geworden. Aber das weiß man erst, seit es diese neue Sorte von Anzeigen gibt. „Oasenmädchen, Mogge, Schnorgele, Sportzel, Drückerle, Quälgeist, Vipsle und die verrückten Ollen" lassen grüßen.

Allemal besser, sie tun das gedruckt, als daß sie, wie weiland die Großeltern, ihr „liebes Wort" in die Linde schneiden.

Schere im Kopf

Ist Meinungsfreiheit bei uns überhaupt ein Thema, um das man sich sorgen müßte? Schließlich steht sie ausdrücklich im Grundgesetz.
Und dort steht sie gut. Also künstliche Aufregung, die Luxussorgen der Wohlstandsgesellschaft? Hierzulande existiert die Freiheit in Wort, Schrift und Bild.

Das heißt aber nicht, daß bei uns die Menge der Informationen die volle Wahrheit garantiert.
Mit Menge kann man nämlich gut zudecken, was eigentlich dringend gesagt gehörte. Wer einen wunden Punkt nicht ansprechen möchte, redet elegant darum herum. Wer ein Tabu erhalten will, muß nur das Publikum anderweitig unterhalten.

So machen das nicht nur Politiker. Auch manche Schriftsteller scheinen ihre Themen nach dem Motto zu wählen: Was ich erst gar nicht anpacke, kann mir auch nicht zu heiß werden. Bei anderen Schreibprofis schneidet die Schere schon im Kopf. Einige Journalisten sind Meister der Selbstzensur.
Sie bekämpfen nicht, sondern lassen weg, was Widerstand hervorrufen könnte. Auch Verleger erkennen selbstkritisch: Man habe „zuviel zu ungeprüft" auf den Markt geworfen.

Meinungsfreiheit muß man aktiv nützen. Am meisten die Leser, weil sie die Freiheit des Wortes am meisten angeht.

Viele konsumieren und haben verlernt, zwischen den Zeilen zu lesen. Dort, wo die Halbwahrheiten hinrutschen. Denn Unfreiheit passiert heutzutage kaum mehr frontal, sondern passiv, durch Weglassen. Es genügt deshalb nicht, zu beurteilen, was dasteht. Man muß vermissen, was fehlt. Das ist ein anstrengendes Stück Arbeit. Aber Freiheit ist anstrengend.

27. Januar 1985

Fernsehen zum Fressen

Als sich die Neuen Medien ankündigten, da schwangen sich die Oberlehrer der Nation (und das sind beileibe nicht nur Lehrer) auf, um die Kultur des Abendlandes zu retten.

Was wurde da nicht alles beschworen! Der neue Analphabetismus, die Beziehungslosigkeit der Gesellschaft, die Verderbnis der Jugend.

Der Aufschrei hallte ins Leere, denn die Telefreunde hatten längst höchstselbst für sich entschieden. Sie bevölkern seitdem die Videoläden und machen sich ihr Programm selbst. Einschließlich soviel Gewalt und Porno wie belieben.

Das mag man bedauern, zu ändern ist das jedenfalls weder mit Verboten noch mit Händeringen. Attraktive Gegenangebote für Kinder, – aber ebenso dringend für Erwachsene – scheinen mir die einzige überzeugende Möglichkeit.

Und nun, kurz bevor neue Programmanbieter tatsächlich zugelassen werden sollen, gibt es neue Erregung. Befürchtet wird eine Zwei-Klassen-Gesellschaft aus den Armen, die nur die herkömmlichen drei Programme sehen können, und jenen Privilegierten, die zwischen sechs, acht oder zehn Möglichkeiten wählen können.

Schluckt das Publikum klaglos ?

Dabei geht es um Macht und den eigenen Vorteil. Der liegt für einen Politiker wohl noch lange bei den herkömmlichen Sendern, weshalb diese auch sogleich eine komfortable „Bestandsgarantie“ erhielten.

So etwas ist nicht nur unnötig (weshalb muß man dem Goliath noch eine Keule schenken?), es widerspricht auch jedem marktwirtschaftlichen Grundsatz – von Chancengleichheit gar nicht zu reden.

Noch spannender finde ich die Frage, ob wir, die Medienkosumenten, mit der TV-Zukunft zufrieden sein werden. An Kritikern der derzeitigen Mattscheibenkultur fehlt es ja nicht.

Nun rennt angeblich halb Südwestdeutschland zu den flotten Jungs aus Luxemburg. Das sind die, die alles so flockig darbieten.

Wo ist der Aufschrei nach Qualität, die bisher angeblich so schmerzhaft zu wünschen übrig ließ?

Ich habe den Verdacht, daß es mit den Maßstäben so weit nicht her ist. Wahrscheinlich schluckt das Publikum nämlich in den nächsten Jahren klaglos, aber keineswegs kostenlos handwerkliche Billigware.

Radio Luxemburg zum Beispiel ist auf seinen Winzigetat so stolz wie eine Nachkriegsmutter auf ihren Kuchen aus Kaffeesatz. Das Ergebnis ist danach.

1. Januar 1989

Einmal und nie wieder

Wem nichts mehr zum Meckern einfällt, der schimpft auf diese Wiederholungen im Fernsehen. Und er kann sich vielfachen Beifalls sicher sein.

Wh – das Reizkürzel. Was aber werden wir zur Jahreswende wieder tun? „Dinner for one“ sehen – „Same procedure as every year, James“. Und genau darin, in der Wiederholung, liegt der Reiz.

Nicht weil es neu ist, haben wir zu lachen, sondern weil wir jeden Stolperer prustend erwarten – deshalb haben wir unsere helle Freude daran.

Man sieht nur, was man kennt. Dieser Satz gilt gerade für Wiederholungen. Weil wir nicht von der bloßen Handlung fasziniert sind, sondern weil wir wissend erwarten, sehen wir Neues, Unentdecktes.

Nicht die Froschperspektive des Neulings, sondern die souveräne Optik des wissenden Beobachters verspricht eine Entdeckungsreise.

Wer behauptet, er brauche etwas nicht nochmal zu sehen, das kenne er schon, der kommt mir vor wie jener, dem man kein Buch schenkt, weil er ja schon eines hat.

Gerade der Vergleich mit Büchern ist aufschlußreich. Weshalb fühlt man sich wohl in ihrer Nähe?

Nicht weil man sie ständig benützte, sondern weil darin die Freiheit steckt, sich etwas wieder-zu-holen.

Der Jammer über Wiederholungen ist eine Form der Arroganz.
Darin steckt der Anspruch: Ich habe alles aufs erste Mal kapiert. Nichts entging mir.

Wurden also bisher Perlen vor die Säue geworfen? Nichts gegen Säue, aber manche optische Spezialität muß wohl untergegangen sein, sonst würde sie jetzt vermißt.

Kreativität und Ideen sind nicht nur für Geld, aber auch nicht gänzlich ohne solches zu haben. Unbedingt notwendig aber sind Abnehmer, die neue Impulse zu schätzen wissen. Und daran, fürchte ich, fehlt's.

Wer sich seinen Max Schautzer zur guten Nacht und den Montanarachor aufs Frühstückstablett wünscht, der wird das in Zukunft auf Knopfdruck bekommen, zuverlässiger denn je.

Die anderen, die schwerer verdaulichen Gänge, gibt es vermutlich auch noch im Menü.

Ich bin nur neugierig, wer und wie viele sie bestellen werden.

Deshalb: Einmal und nie wieder! Sie sind zu bewundern, diese Leute mit dem lückenlosen Gedächtnis.

Der Jammer über Wiederholungen ist eine Form der Arroganz.

Nein, sie brauchen die ewigen Wiederholungen wirklich nicht, unsere Könner.

Für sie ist die tibetische Gebetsmühle ebenso wenig gemacht wie der christliche Rosenkranz oder die römische Repetitio. Sie üben weder fremde Sprachen noch Musik, denn das ist alles Wh.

Auch das sportliche Training entfällt, das ewig Gleiche.

Dabei geht diesen allzeit frischen Zeitgenossen nur eine Erfahrung flöten: die des Wunders, wenn nach der x-ten Wiederholung ohne Zutun und Planbarkeit plötzlich der Groschen fällt. Nur Wiederholer kennen diesen befreienden Fair-Lady-Effekt:
Sie hat's! Es grünt so grün ...

Das meiste (und nicht das Schlechteste) im Leben ist Wiederholung. Was wären wir ohne sie?

Gefragt, welches ihr größter Fehler sei, antworten die meisten Zeitgenossen: Ungeduld.

Man würde gern länger hinhören, mehrmals hinsehen – aber es hat wieder nicht gereicht. Da ist die Sehnsucht standzuhalten, statt zu flüchten.

Das immer Neue ist eben nur selten der Aufbruch zu neuen Ufern, öfter handelt es sich um schlichtes Ausbüchsen.

17. April 1994

Recht so !

„Unter den Talaren – der Muff von tausend Jahren." So skandierten sie auf den Straßen, die Studenten von 68 ff. Sofern sie die Justiz meinten, hatten sie recht. Was aber schlimmer ist: Es hat sich bis heute wenig geändert.

Rechtssicherheit ist eine der wichtigsten Säulen eines freien Landes. Jeder muß wissen, welche Folgen seine Handlungen haben, ob vor Zivil- oder Strafgerichten. Wie sieht die Wirklichkeit aus? „Recht haben und Recht bekommen ist zweierlei", so lautet einer der populärsten Sätze zu diesem Thema. Das Vertrauen in Gerichte nimmt dramatisch ab.

Das gilt für die individuelle Ebene. Auf der gesellschaftlichen ist es nicht besser. Wie oft hören wir, wenn unser Staat nicht mehr handlungsfähig ist, den Satz: „Das läßt der Rechtsstaat eben nicht zu." Doch was wie eine verständnisheischende Beschwichtigung klingt, könnte auf längere Sicht zur Entwertung unseres Rechtsstaates werden.

Von der zunehmenden Rechts-Verunsicherung profitieren vor allem Rechtsschutzversicherungen. Sie haben Zulauf wie nie. Weil viele Menschen den (zutreffenden) Verdacht haben, daß sie unfähig sein könnten, einen Rechtsstreit psychisch und finanziell durchzustehen, versichern sie sich gegen etwas, das ihnen zusteht – ihr gutes Recht. Eine Perversion in unserer Gesellschaft.

Andererseits verleitet der Rechtsschutz die Prozeßhansel zum Gang vor den Kadi – oft genug wegen nichtiger Kleinigkeiten. Man ist ja versichert. Und Anwälte wissen auch, wo es warm rauskommt. Dem ausgeprägten Standesbewußt-

Viel Zeit und Geld vor Gericht

Hier stimmt jeder Satz, jedes Wort! Auch wir kamen leider in den „Genuß", einen dieser „Halbgötter in Schwarz" zu erleben. Seitdem haben wir keine Achtung mehr vor dem Gericht. Für gerichtliche Auseinandersetzungen braucht man nicht nur viel Zeit, sondern auch ein dickes Fell und vor allem eine ganze Menge Nerven!

Gerhard und Kerstin Kreuter,
Frankenthal

Recht so? Leider nein. Die Justiz hat ihre Probleme, aber nicht die von Ihnen beschriebenen.
Ich gebe Ihnen gerne die Telefon- oder Faxnummern der Richter und Justizbehörden.
Sie können sich selbst aus eigener Praxis ein Bild machen, wo und wie intensiv die Richter arbeiten, ob sie wirklich durch Nebenämter aufgefressen werden und ob es für Prominente tatsächlich Bonus gibt.
Wenn ich Ihnen all das erkläre, glauben Sie es mir ja doch nicht.

Dr. Bettina Freimund,
Pressereferentin, Justizministerium
Rheinland-Pfalz

sein der Justiz, das man auch Dünkel nennen könnte, steht eine schwerfällige Gangart gegenüber, die zunehmend kritisiert wird. So hat die Unternehmensberatung Kienbaum schon vor drei Jahren festgestellt, daß die Akten für einen normalen Prozeß vor dem Amtsgericht von zwei bis drei Stunden bis zu 300mal hin- und hergeschoben würden.

Keine falsche Ehrfurcht: Über Gerichtsurteile diskutieren

Die Gerichtsorganisation vollzieht sich immer noch mit den Methoden des 19. Jahrhunderts, die Bürokommunikation scheint an der Justiz vorbeigegangen zu sein. Einen Richter telefonisch oder per Fax zu erreichen, gleicht einem Kunststück.

Von einer meterhohen Barriere herunter wird der Bürger auch im Zivilverfahren mit unverständlichen Formulierungen traktiert,und das in einem Ton, der wahrscheinlich selbst auf Kasernenhöfen selten geworden ist. Die Verkleidung mit schwarzem Talar soll wohl noch Würde verleihen – ein Possenspiel.

Alles Äußerlichkeiten? Dann gerne zu den Inhalten: Die richterliche Unabhängigkeit – auch eine der Säulen des Rechtsstaates. Sie dient, folgt man der Studie, besonders als Schutzzaun für Privilegien.

So arbeiten viele Richter nebenbei für die Wirtschaft: Konzerne vergeben Gutachten an Juristen, vor deren Gerichten dann über Konzernangelegenheiten geurteilt wird.

Der Bonner Petitionsausschuß hatte sich vorgenommen, diese Zustände dadurch zu ändern, daß Nebenämter offengelegt werden müssen. Werden sie?

Das „Recht auf informelle Selbstbestimmung der Richter", meint die liberale Justizministerin Leutheusser-Schnarrenberger, sei wichtiger. So muß man den zugewiesenen Richter akzeptieren, denn Ablehnung wegen Befangenheit hat wenig Erfolg, so lange Informationen über Nebentätigkeiten fehlen.

Oder die politischen Urteile: Im Fall der Blockierer von Mutlangen konnte man studieren, wie kräftig Zeitgeist und justizinterne Kontroversen die Entscheidungen beeinflussen.

Über Urteile sei nicht zu urteilen, so wurde in meiner journalistischen Ausbildung gelehrt. Und in schwebende Verfahren sei unter keinen Umständen einzugreifen.

Heute weiß ich: Diese „Ehrfurcht" vor Talaren damals war ein Fehler. Nach Lage der Dinge, die jetzt derart verkrustet und veraltet sind (in den Strukturen), die derart aufgedunsen wirken (im Erscheinungsbild), muß über Gerichtsurteile diskutiert werden.

Man darf nicht vergessen, daß im Deutschen Bundestag zu Beginn der 12. Wahlperiode allein 148 Juristen waren.
Diese Übermacht der Juristen sorgt natürlich dafür, daß die Gesetze so kompliziert formuliert werden, daß ohne Rechtsanwalt niemand zu seinem Recht kommen kann.

Bernhart B. Merker, Stuttgart

Als Vermögensbetreuer habe ich einen regen Schriftverkehr mit Amtsgerichten. Hierbei bemerke ich bei jedem Schreiben, welcher obrigkeitsanmaßende, besserwisserische und bürokratische Ton immer noch herrscht.
Das Anschreiben beginnt mit „Sehr geehrter Herr Empfänger!"
Es wird nur angeordnet, aufgegeben und nach Aktenlage entschieden.

Gottfried Behrend, Mühlacker

Die Gerichtsorganisation ist sicher verbesserungsbedürftig. So schlecht wie sie die Verfasserin aus der Untersuchung der Kienbaum Unternehmensberatung GmbH über die Organisation der Amtsgerichte generalisierend entnehmen zu müssen glaubt, ist sie nicht. Ich lade Sie ein zum Amtsgericht Ulm, für das ich Verantwortung trage.

Hans-Otto Nagel, Ulm

Schuld an diesen untragbaren Zuständen sind weder Justiz noch Exekutive.
Schuld sind wir, das „Wahlvolk", die wir Parteien in die Regierung gewählt haben, die mit einem bisweilen aufreizenden Liberalismus Gesetze beschließen.
Also, was regen wir uns auf?

Dieter Schwarz, Ulm

10. Januar 1999

Recht - mäßig

„Zur Strafe komme ich morgen wieder."
Harald Schmidt, Fernsehmoderator

Den Mut leistete sich Helmut Schmidt nicht erst mit 80 Jahren als Altkanzler. Er sagte schon zu seiner aktiven Zeit: „Wir Deutschen sind so paragraphengläubig und regelungswütig geworden, daß man an unserem Verstand zweifeln muß."

Zum Beispiel: Der Stadtstaat Hamburg beschäftigt mehr Richter als ganz England. Oder: Deutschland benötigt etwa ebenso viele Richter wie die dreimal größeren USA.

Es kann als sicher gelten, daß auch die neue Justizministerin Herta Däubler-Gmelin die Zahl der heute geltenden Bundesgesetze nicht kennt. Und ob sie die Zahl derer reduzieren will, die „im Namen des Volkes" rechten, wird sie uns erst nach hundert Tagen im Amt sagen.

Das deutsche Volk muß inzwischen vor seinen Rechtsgelehrten geschützt werden. Denn ob beamtet oder in Kanzleien organisiert, sie haben dafür gesorgt, daß Verordnungen keine Ordnung schaffen und Gesetze schlecht eingehalten werden können.

Denn: Niemand kennt sie, keiner versteht sie. Das juristische Fell ist mit Vorsatz völlig verfilzt.

Beispiel: Zahlungsmoral. Schlecht ist sie in Ost wie in West. Säumig ist besonders die öffentliche Hand. Ein Handwerks- oder Mittelbetrieb kann daran kaputtgehen. „Bisher ist doch die erste eine Durchlaufinstanz."

Wer es sich in Sachen Zahlungsmoral leisten kann – und eine Behörde kann das allemal –, geht in die zweite.

„Diese Unwucht werden wir ändern", kündigt die Ministerin an. „Transparenter, zügiger und endgültig soll in der ersten Instanz entschieden werden. Die zweite wäre dann nur noch für formale Fehler zuständig."

Inzwischen aber ist unser Unternehmer eingesperrt, verurteilt wegen Konkursverschleppung. Zu lange hatte er gehofft, die säumigen Auftraggeber würden ihre

23. September 1984

Irrtum kostet

Gegeben wird: Der Widerspenstigen Zähmung, zweiter Akt. Die Reform der Reform des Scheidungsrechts soll die Damen zur Räson bringen.

Das jetzt gültige Scheidungsrecht hat die Frauen selbstbewußter gemacht: Bei zwei Drittel aller Eheauflösungen ging 1983 die Initiative von den Frauen aus. Kein Ruhmesblatt, aber immerhin eine Neuigkeit im Staate, denn vorher waren die Konditionen für Ehefrauen und Mütter nach einer Scheidung so unwürdig, daß viele in elenden Ehen ausharrten oder die Sozialhilfe bemühen mußten. Die Reform brachte angemessene Verteilung der Güter.
Wer sich jahrelang um Mann und Kinder bemüht hat, erwirbt für die Zeit nach der Scheidung Unterhalts- und Rentenanspruch.

Der Zugewinn der Ehezeit wird geteilt, und zwar unabhängig von der Frage, wer „schuld" hat am Scheitern.

Dabei geht man von der zutreffenden Annahme aus, daß ein schwerer Konflikt meist ein ganzes Knäuel von Ursachen und kaum je nur einen Schuldigen hat.

Es mag Härtefälle geben, wo sich die Sprechstundenhilfe nach kurzer Ehe mit dem Chefarzt auf dessen finanziellem Niveau und für Jahre hat aushalten lassen, aber mit einem jüngeren verschuldeten Freund zusammenleben wollte. Wofür sind Gerichte da, wenn nicht dafür, solche Übertreibungen zu verhindern?

Wie sieht es aber bei der Mehrheit aus? Nach einer Untersuchung der Universität Hannover verzichteten im vergangenen Jahr fast 60 Prozent der geschiedenen Frauen von sich aus ganz auf Unterhalt. Offensichtlich haben sie ihr Auskommen und wollen die leidige Geschichte einer gescheiterten Ehe hinter sich haben.

Viele können sich aber solche Gedanken nicht leisten, weil sie sonst keine Einkünfte hätten. Was richtet eine ältere Hausfrau heute auf dem Arbeitsmarkt aus?

In Zahlen des Familienministeriums: Nur fünf von hundert Frauen konnten von ihrem Unterhalt leben, die anderen gingen trotz Kindererziehung arbeiten oder nahmen die Sozialhilfe und damit die Allgemein-

Schulden bezahlen. Weil er seine Geldstrafe nicht aufbringen kann, muß er ins Gefängnis.

„Wer hier zum ersten Mal herkommt, ist fix und fertig“, beschreibt eine Anstaltsarbeiterin die Lage. Dabei hätte der Mann, statt Haft oder Geldstrafe zu erleiden, einen Antrag auf gemeinnützige Arbeit stellen können. Aber woher weiß er das? Hätten Sie's gewußt?

Das juristische Fell ist mit Vorsatz verfilzt.

30 000 Häftlinge gehen jedes Jahr in den Knast, weil sie eine Geldstrafe nicht aufbringen können. Die Gefängnisse sind übervoll – auch mit Leuten, die da nicht hineingehören wie Arbeitslose oder Sozialhilfeempfänger.

Das könnte man sofort ändern. Mit ministerieller Hektik hätte das null zu tun. Das muß man wollen und machen.

Selbst sprachlich geübte Leute stellen fest, daß sie nicht verstehen, was ihr Ureigenstes ist. Da wird dein Leben verhandelt, und du kapierst nicht einmal den Schriftsatz – verfaßt in der gemeinsamen Muttersprache.

So etwas bringt keine andere als die Rechts-Branche fertig.

Also die Ministerin: „Schnell und verständlich“ sollen Urteile gesprochen werden. „Und auf verständlich lege ich größten Wert.“

Besonders wichtig wäre das für Jugendliche. Da muß die Strafe verstehbar auf dem Fuße folgen. Nach einem Jahr ist das Wichtigste verdrängt und vergessen.

(Selbst Harald Schmidt kommt zur Strafe ja schon morgen wieder).

Für unkonventionelle Lösungen und menschlichen Mut seien gerade Frauen besonders geeignet, heißt es.

Dies habe ich oft genug bezweifelt. Jetzt gibt es viele Richterinnen und sogar eine Bundesministerin der Justiz. Da laßt mich bitte Unrecht haben!

heit in Anspruch. Sollen hier nicht wieder, wie schon vor der Reform, die Widerspenstigen gezähmt werden?

Die jetzige Regelung erlaube es dem Mann nicht, sofort nach der Scheidung wieder eine neue Familie zu gründen. Nein, das tut es nicht. Warum auch?

Wer gewinnt bei der Scheidungsreform ?

Das ist ja eben das Mißverständnis, daß man menschliche Beziehungen wechseln könne wie das Hemd. Eine Ehe ist vielleicht eine etwas wichtigere Sache, als daß man sie – Beschädigungen hin, Niederlagen her – wie eine kleine Münze zwischen Menschen handeln sollte.

Nicht einmal aus einem ganz normalen Vertrag für ein Zeitschriftenabonnement kommt man ungeschoren heraus; sollte das bei einem Ehevertrag – bei dem der Vertragsgegenstand immerhin die Menschen selbst sind – glimpflicher sein?

Wer sich für Ehe und Familie entschieden hat, kommt aus diesen Pflichten nicht durch die einfache Feststellung heraus, man habe sich eben geirrt. Das mag so sein. Aber die mindeste Konsequenz ist:

Der Irrtum kostet. Er kostet übrigens alle Beteiligten Nerven, Geld und oft genug Jahre ihres Lebens.

Die seelische Belastung ist sicher der größte Brocken für beide.

Möglichst allen gerecht

Mit ihrer Diagnose mag sie recht haben, daß hierzulande „das juristische Fell" völlig verfilzt sei.
Mit der von ihr vorgeschlagenen Therapie, „das deutsche Volk vor seinen Rechtsgelehrten zu schützen", hat sie aber Unrecht.
Offenbar weiß sie nicht, wer in der parlamentarischen Demokratie der Gesetzgeber ist: Das sind nicht die von ihr gescholtenen Rechtslehrer, sondern die gewählten Politiker, die in unserer „Gefälligkeitsdemokratie" möglichst allen „gerecht" werden.

Helmut Breitmaier, Stuttgart

Ihren Satz „Das deutsche Volk muß inzwischen vor seinen Rechtsgelehrten geschützt werden" kann ich aus Erfahrung bestätigen.
Früher litten wir Kriegs- und Hungersnot, heute leiden die Bürger an den Folgen der Überbürokratisierung.

Erhard Demko, Stuttgart

Der Bundestag und die Länderparlamente müßten sich Obergrenzen für die in einem Jahr zu verfassenden neuen Gesetze auferlegen, und zwar möglichst niedrige Grenzwerte bitte.

Dr. Klaus Tiedje, Stuttgart

19. Oktober 1980

Baumgrenze

„Wenn ich wüßte, daß morgen die Welt untergeht, würde ich heute noch ein Apfelbäumchen pflanzen."

Mit dem Bäumchenpflanzen hätte er heutzutage seine liebe Not, der Dr. Martin Luther. Wo kämen wir auch hin, wenn jeder so einfach seine optimistischen Vorsätze verwirklichen wollte? Nein, da sei unser Bürgerliches Gesetzbuch vor!

Das regelt seit achtzig Jahren, daß uns die Bäume nicht in den Himmel wachsen. Wichtiger noch: daß sie sich nicht in Nachbars Garten hinüberstrecken.

Und falls doch – das ist ja das Ärgerliche an der Natur, daß sie sich nicht an rechte Winkel hält –, dann regelt das BGB fast alles ganz genau. Grenzüberschreitende Wurzeln darf der Nachbar abschneiden und behalten, Zweige darf er kappen, Früchte kann er auflesen. Einen verwachsenen Panoramablick hingegen kann man sich nicht einfach freischlagen.

Aber dieser Teil des BGB muß im Frühling entstanden sein, an den Herbst haben die Autoren nicht gedacht. Jetzt ist es nämlich wieder soweit: Die Bäume bekommen graue Haare. Und immer mehr werden die Gerichte mit dem lästigen Laub befaßt. Wer ist für die Kalamität zuständig – der hüben oder der drüben?

„Baum, tausendjähriger Kamerad des Menschen", meinte Le Corbusier. Aber er hat eben die fliegenden Folgen des Kameraden nicht bedacht.

Anders das Landgericht Wiesbaden. Dort weiß man, was Birkenblätter auf der Terrasse nebenan verursachen: „1 1/2 bis 2 aber nicht hoch gehäufte Kehrschaufeln Blütenteile." Diese fallen ein halbes Jahr lang an, das entspricht 13 Stunden à 8 Mark. Folglich: Rund 100 Mark Anspruch des Nachbarn gegen den Birkenbesitzer. Wehe, wenn dieses Urteil Baum-Schule macht. Das wäre wohl der Gipfel!

An unsere Baumgrenze stößt Sigismund von Radecki: „Noch aus jedem Idyll wird schließlich ein Parkplatz."

Nein, soweit muß es nicht kommen. Da bäumte sich das Rechtsempfinden des Landgerichts Stuttgart. Bäume sollen sein, und „ein normaler herbstlicher Laubfall und das Herabfallen von Blüten- und Samenteilen" ist zu dulden.
Nun weiß die Natur endlich, was sie darf in dieser Zeit.

Im Land der Kehrwoche hat die Justiz außerdem festgestellt, daß „ein gewisser (herbstlicher) Arbeitsaufwand zumutbar" sei und keinen Ausgleichsanspruch in Geld begründe. Womit auch bewiesen ist:
Die Kehrwoche ist eine gerechte Sache, und obendrein fördert sie baumfreundliches Bewußtsein.

9. November 1986

Das Kronzeugen-Übel

Sein R rrrollt noch grollender als sonst: Gebhard Müller, der große alte Mann der Politik, zur Frage des Kronzeugen: „Einem Juristen wie mir dreht es den Magen herum."

Der Kronzeuge, eine umstrittene, eine schillernde Figur, soll in unser Recht eingeführt werden.
Grund: Der Terroristenszene sei nicht anders beizukommen, sagen Polizei und Generalbundesanwalt.

Aber: Damit werde eine der wichtigsten Positionen des Rechtsstaats – die Gleichheit vor dem Gesetz – ausgehöhlt, sagen die Gegner.
Der Kronzeuge im angelsächsischen Strafprozeß ist der Hauptzeuge.
Er ist aber zugleich an der Tat beteiligt und sagt aus, weil ihm Straffreiheit oder Begnadigung (in unserem Fall noch reichlich Geld und eine neue Identität) versprochen sind.

In Großbritannien muß der Richter die Geschworenen auf die Gefahr dieses Beweismittels hinweisen.

Und dazu gibt es reichlich Grund. Denn hier wird nichts Geringeres gemacht als ein Deal mit dem Dealer.

Wer überzeugend aus der Rauschgiftszene raus will und dazu noch seine Kumpane verpfeift, bekommt einen Bonus vom Staat obendrauf.

Wer den Innendruck seiner mordenden Terroristenbande nicht mehr aushält, weil auch in diesen Kreisen nicht nur nach außen, sondern auch untereinander terrorisiert wird, der kann – vor allem, wenn seine Aussagen auf die Spur weiterer Täter führen – mit Minderung seiner Strafe rechnen.

Rächen oder Kriminalität eindämmen ?

Wem würde es da nicht den Magen umdrehen? Und woher weiß man, ob der Täter wirklich reuig, ob seine Hinweise tatsächlich tauglich sind?

Atmen wir eigentlich nur die Luft, die unser eigener Baum verbessert hat? Werden wir in Zukunft auch noch Ozonzäune errichten? Oder gehört wenigstens die Luft allen? Bewundern wir nur unsere eigenen Rosenrabatten? Oder dürfen wir uns auch über die Blüten in Nachbars Garten freuen? Allmählich bekommt man Zweifel.

Die müssen auch die Stuttgarter Richter geplagt haben. Unmißverständlich erklärten sie dem „vernünftigen Durchschnittsmenschen“: In „einer Zeit zunehmenden Bewußtseins gegenüber umweltschädlichen Einflüssen“ sei eher daran gelegen, „daß die für die Sauerstoffversorgung einer Großstadt lebenswichtigen und auch wegen ihrer Schönheit schützenswerten Bäume erhalten bleiben“.

Die pflegeleichte Atlaszeder aus dem Vorgarten läßt grüßen. „Mein Freund, der Baum.“

SIE GEBEN ALSO ZU, SICH IN ALLER ÖFFENTLICHKEIT ENTBLÄTTERT ZU HABEN?

Mörder leben mit unseren Millionen und einem neuen Paß auf den Bahamas – so lautet die griffige Formel aus der Wahlkampf-Munitionskiste. Das aktuelle Übel ist, daß das schwierige Thema „Kronzeuge“ in die zeitliche Wahlkampfklemme gerät.

Die Regierung will schnell, stramm und stark dastehen: Hurra, es geschieht etwas. Wir greifen durch!

Die Gegner polemisieren zurück. Auf der Strecke bleibt die Nachdenklichkeit, die so nötig wäre.
Auf der Strecke bleibt, das zögernde Trotzdem des Gebhard Müller.

Denn: Nicht Sühne und Rache sind die Grundlage unserer Rechtsordnung, sondern „die erste Aufgabe der Justiz ist es, Kriminalität von der Gesellschaft fernzuhalten“.

Da ist schon einer, der sich aus der Szene löst, ein Gewinn. Falls man dadurch noch anderer habhaft werden kann, um so besser. Die Belohnung, die dabei winkt, ist der makabre Preis für Menschenleben.
Den bezahlen wir aber auch heute schon; etwa einem Geiselgangster, der freies Geleit, Millionen und ein Fluchtauto verlangt.

Peinlich ans Licht kommt in diesen Tagen, daß es bei der Fahndung immer wieder heftig hapert.

Auch das Duodezfürsten-Gehabe um Kompetenzen der Länder oder des Bundes versteht außer den Beteiligten niemand. Wenn die Fahndung solche Schwächen hat, muß wenigstens die Justiz ein zusätzliches Mittel – den Kronzeugen – in die Hand bekommen.

Und schließlich soll die ganze Aktion des Aussteiger-Zeugen (dieser Ausdruck trifft die Sache genauer als Kronzeuge) auf zwei Jahre befristet sein. In dieser Zeit kann man beobachten, was an Konkretem herauszuholen ist.

Gegen den Terror muß mit allen Mitteln gearbeitet werden.

Und ehe man keinen oder zu wenige schnappt, ist die mögliche Belohnung des Aussteiger-Zeugen zwar kein glänzendes Mittel, aber doch wenigstens das kleinere Übel.

22. März 1998

Kapitaler Bock

Bonn – Berlin. Wer bleibt, wer wird Hauptstadt? Für Berlin sprechen ein unbestimmtes Gefühl und Inge Meysel und Harald Juhnke. Aber sonst – genau besehen – verblüffend wenig.

Ehemals Hauptstadt, wieder Hauptstadt, sagen die Traditionalisten. Nur ist die Tradition reichlich kurz, und mit der von Paris oder London ist sie überhaupt nicht zu vergleichen. Außer in den zwanziger Jahren und in der Nazizeit war der Platz an der Spree so bedeutend wie Mannheim für die Kurpfalz oder Altötting für die Bayern.

Begründet wird die Traditionsthese mit dem vagen und gewagten Hinweis, jedes Volk brauche als Symbol einen Mittelpunkt. Gerade die Deutschen hätten Anspruch darauf. Aber was könnte so eine verordnete Mitte bringen außer einem neuerlichen „Wir sind wieder wer"?

Andere Vaterlandsfreunde bringen ein Argument, das ich auf den ersten Blick bedenkenswerter finde: Mit Berlin stelle man sich an dem Ort, von dem das Unheil ausging, der eigenen stalinistischen und nationalsozialistischen Vergangenheit. Man sei eher bereit, vor Ort die doppelte traumatische Erfahrung zu verarbeiten.

Schön wär's ja. Aber leider zeigt die Erfahrung, daß Judenfriedhöfe selbst in den kleinsten Dörfern verschwiegen wurden, und mit den SED-Größen wird es ähnlich gehen.

Wenn es so einfach wäre: Man erklärt die Stadt mit jener Wannsee-Villa, in der der europäische

12. Juli 1992

Toleranzstr.

Mit den Straßen kann man's ja machen. Passen ihre Namen nicht mehr ins Set, wird eben umbenannt.

Das ist, als ob man den Vater- oder Mutternamen nachträglich ändern würde, weil es zu Hause Krach gegeben hat.

Beispiel Berlin: Dort gibt es neuerdings eine Toleranzstraße. Kein Witz. Es handelt sich um die ehemals berühmte Wilhelmstraße, entlang derer die Ministerien der Weimarer Zeit standen. Sie wurde in Otto-Grotewohl-Straße umbenannt und nun – in gesamtdeutscher Geschmacklosigkeit – Toleranzstraße getauft.

Judenmord beschlossen wurde, und mit den Folterkellern der Stasi zur Hauptstadt, und schon beschäftigt sich die Nation mit ihren Makeln.

Nicht der Geschichts-Ort bringt zum Nachdenken, sondern immer nur der Wille dazu – Geschichte findet im Kopf statt oder nirgendwo.

Was hilft ein Zentrum? Bündelt es die Kräfte, wie die Befürworter meinen? Oder blutet es nicht vielmehr alle anderen Landesteile unangemessen aus, degradiert sie zur Provinz? Ich meine dies.

Die wirtschaftlich wie kulturell erfolgreiche Nachkriegsgeschichte hat gezeigt, daß sich Kunst-, Einkaufs-, Tourismus- und Naturzentren bilden, die sich ihren Ruf verdient haben. Regionale Schwerpunkte entstehen oft mit internationalem Format. All diese Eigenschaften zusammen in einer Kapitale wären unmöglich – ein kapitaler Bock. Außerdem ist Berlin schwer geschädigt:

Im Ostteil ein hartleibiger SED-Klüngel, kulturell kleinkariert und persönlich korrumpiert. Im Westteil eine verwöhnte Wirtschaft, die bis weit über die Jahrtausendwende hinweg an der Nabelschnur der Alimentation in Milliardenhöhe hängen wird.

Gegen Berlin als Hauptstadt

Dieses geschädigte Berlin braucht Zeit, wieder „eine ganz normale Stadt" zu werden. Eine Hauptstadt ist es noch lange nicht. Mit einer Kapitale ist es wie mit der Autorität: Sie muß sich bilden, sie kann nicht verordnet werden.

Die Bundesbürger sehen das derzeit auch so: 48,7 Prozent sind für Bonn als Hauptstadt und nur 32,3 Prozent für Berlin. Bonn als Hauptstadt habe sich bewährt, sagen 82 Prozent der von „Infas" Befragten, vor allem jüngere Menschen sehen das so. Nimmt man die enormen Kosten dazu, die ein Umziehen aller Bundesbehörden und Verbände verschlänge, wird die Sache vollends unvertretbar.

Geld für Investitionen wird in Berlin gebraucht für die Funktion der Stadt als Drehscheibe nach Osten. Das ist ihre Zukunft. Bonn bleibt Regierungssitz – eine Arbeitsteilung wie zwischen Washington und New York. 41,4 Prozent der Bundesbürger favorisieren diese Lösung.

Das ist kein Kompromiß, wie manche meinen. Es ist vor allem die europäische Lösung.

So nämlich müßte es im Europa der Regionen zugehen: Keiner dominiert den anderen, aber jeder kann seine typischen Talente entfalten.

Pikanter Doppelsinn: Dort räkelt sich auch das Rotlichtmilieu. Vielleicht hat man eine italienische Anleihe genommen: Im Süden bezeichnet „casa di toleranza" das Freudenhaus.

Und dicht dabei: Der Führerbunker oder was davon übrig ist. Abteilung Leibstandarte Adolf Hitler, „Freskenraum" mit Wandgemälden.

Es gibt Widerstand gegen den Plan, die Anlage zu schützen und sie eines Tages der Öffentlichkeit zugänglich zu machen. Sack Zement drauf, vergessen – so sähe für viele die beste Endlösung aus.

Wenn es um Fachwerk geht, heißt es ja auch immer: Das muß für die Nachfahren bewahrt werden. Das Unerfreuliche, das Grausame gehört leider dazu. Denn selbst wenn wir, wie bei den Straßenschildern, die Geschichte auswechseln wollten, andere beschreiben die ganze Wahrheit, und wir stünden als Lügner da.

Die Gegenwart der Vergangenheit ist auszuhalten.

Wenn wir in den letzten Jahren etwas gelernt haben, dann doch dies: Die Gegenwart der Vergangenheit ist auszuhalten.

Die Mauer kann auch nicht verschwiegen oder wegdiskutiert werden. Ein Stück steht noch, es gibt ein Museum und zahllose Dokumente dieses antifaschistischen Prunkstücks. Aber es gibt auch die Micky-Maus-Ausgabe der Mauer im Vorgarten des Hotels Intercontinental. Dort wirken die Stücke allerdings wie Gartenzwerge aus dem Todesstreifen.

Vergangenheit unterpflügen – oft versucht, nie gelungen. Wir können uns nur der Geschichte stellen. Alles andere rächt sich bitter.

24. Februar 1991

Berlin bleibt B... ?

Oh Mann, Berlin, watt haste dir verändert!

Gerne bin ich hingekommen in die Frontstadt. Dann in die Teil- und Hauptstadt zum Auftanken, zum Aufspringen auf dieses Karussell, das sich schneller drehte als irgendeine andere Stadt im Lande.

Berlin war eine Sumpfblüte von eigenartigem, leicht exotischem Reiz – kreativ, nervös, atemlos.

Das Sanfte jedenfalls war Berlins Sache nicht, eher ist man dort direkt, schnell und schnodderig.

Wir Wessis erhielten ein Lernstück in anderer Lebensart; da mußte man einen Zahn zulegen – und als Staat kräftig zahlen natürlich. 13 Milliarden pro Jahr. Wer eine Insel hat, der mußte sich die etwas kosten lassen.

Und die Berliner sind mit ihrer Pingpong-Stadt zurechtgekommen, in der man sich nie verlieren konnte, weil man immer von irgendeiner Mauerwand zurückgeworfen wurde. Man hatte sich in seiner Besonderheit eingerichtet.

Es gab Jugendliche in Dahlem, die bis zum gymnasialen Schulausflug noch nie die Mauer gesehen hatten.

Und nun? Der Muttermetropole sind die Korsettstangen herausgezogen, sie geht aus dem Leim. Wehleidigkeit, wo früher Humor war:

„Berlin bekommt nichts einfach geschenkt. Nicht einmal das, was der Stadt historisch und politisch zusteht". (Eberhard Diepgen)

Man wolle selbständiges Bundesland werden, wegen des Länderfinanzausgleichs, jammert ein Senatssprecher.

Den Besucher springt die Veränderung an: Verstopfung der Stadt bis zum Infarkt, Aggressivität auf der Straße bis zur Handgreiflichkeit. Die Nerven liegen blank wie Drähte – es funkt.

Am Himmel über Bolle braut sich etwas zusammen, das man mehr spüren als beweisen kann.

Aber dies berichten Besucher wie Bewohner:

Berlin war anregend, jetzt ist Berlin anstrengend.

16. Juli 1995

Hülle und Fülle

Er war keine Eintagsfliege, der verhüllte Reichstag, und er sollte auch keine sein. Wer dieses Riesenteil und die Menschen drum und dran erlebt hat, weiß, daß hier mehr als ein großes Fest gefeiert wurde. Die Deutschen können streßfrei und unorganisiert feiern.

Und nach dem Fest kein Katzenjammer, keine Randale, allenfalls nach wie vor unterschiedliche Meinungen. Warum nicht? Der Kanzler blieb weg. Auch recht. Jeder schützt sich – wenn er's denn braucht – vor starken Eindrücken, so gut er kann.

Andere entschuldigen sich fast, daß sie ihre Meinung änderten. Vom Saulus zum Paulus der deutsche Innenminister Kanther, der Spiegel-Herausgeber Augstein oder die Autorin Monika Maron. Auch das eine neue deutsche Wirkung.

Warum sollte es verwerflich sein, seine Meinung zu ändern und dies auch öffentlich zu sagen, wenn das Urteil des grünen Tischs von der Wirklichkeit auf den Kopf gestellt worden ist.

Wie sehr wünschten wir uns öfter so eine Haltung bei Politikern: Ran an die Fakten und dann ohne Fraktionszwang urteilen, abstimmen, handeln.

Nicht, wer seine Meinung ändert, ist der Schurke, sondern wer wider besseres Wissen in der einmal vorgegebenen Rille mitläuft.

Bei Journalisten kennen wir diesen Effekt leider ebenfalls zur Genüge: Ich lasse mir mein liebgewordenes Vorurteil doch nicht durch Fakten wegrecherchieren.

„Wrapped Reichstag" und die Folgen: „Nie würden Amerikaner, Engländer oder Franzosen ihre Parlamente zu Kunststücken umgestalten lassen." Diese vermutlich zutreffende Feststellung des FDP-Abgeordneten Burkhard Hirsch will er als Kritik verstanden wissen, mit den Nachbarn als Kronzeugen.

Aber wird nicht umgekehrt ein Schuh daraus? Gerade was anderswo undenkbar ist, hier wird's Ereignis. Hat es dem Hohen Haus geschadet? Im Gegenteil.

„Vorher ist mir der Reichstag gar nicht so richtig aufgefallen", sagt der Stuttgarter Student Manfred Schöpp, der zum Verhüllungsteam gehörte. „Jetzt werde ich mir das Ding unverhüllt ansehen". So geht das nicht nur jungen Leuten.

Die Hauptstadt will alles: Olympia, Regierungssitz, Bundesland. Etwas anderes, so Diepgen, werde „vor der Geschichte keinen Bestand haben“. Gut, daß wenigstens einer weiß, was in den Geschichtsbüchern über uns stehen wird.

Den USA, der Schweiz oder Kanada hat die Trennung von Haupt- und Regierungsstadt nicht eben geschadet. Das erstickende, desolate Berlin sollte vielleicht erst einmal auf die Beine kommen, bevor die nächst größeren Sprüche geklopft und Ansprüche gestellt werden. Café Größenwahn läßt grüßen.

Die Schweizer Prognos AG hat für den Umzug der Regierungsstadt Bonn nach Berlin Kosten bis zu 60 Milliarden Mark ermittelt. Für den Regierenden Bürgermeister ist das Erbsenzählerei. Man dürfe nicht nur das Geld sehen, sondern auch die Bedeutung. Wenn sechzigtausend Millionen nicht mehr der Rede wert sind, darf man fragen, von welcher Größenordnung an in Berlin gezählt wird?

Berlin war anregend, jetzt ist es anstrengend.

Als ich am 17. Juni 1990 über den „Kapitalen Bock“ schrieb, der mit einer Konzentration aller Hauptstadtfunktionen in Berlin geschossen würde, gab es einige Zustimmung, aber auch Kritik. Noch lange gingen die Berlinfans auf die Bonnfreunde los und umgekehrt. Jeweils mit viel Gefühl, das ja in der Politik sowieso der beste Ratgeber ist. Bundespräsident von Weizsäcker sprach kurz darauf bei einer Ostberliner Veranstaltung eines seiner sanften Machtworte: Berlin bleibt B...

Aber irgendwie muß König Silberlocke, wie ihn die Berliner mit Restwitz nennen, dann doch der Slogan im Halse steckengeblieben sein. Vielleicht hat er einfach sein Berlin nicht wiedererkannt. Seither ist aus dem Präsidialamt nichts mehr zur Hauptstadtfrage zu vernehmen.

Unser Kanzler dagegen hat zu seiner Basisqualität zurückgefunden: aussitzen. Nur nichts überstürzen, fiel ihm zu Berlin ein, und: „Nichts übers Knie brechen.“ Es gebe dringendere Fragen.

Wahrhaftig. Wo er recht hat, hat er recht.

Zu dem schwarzen Monster im Niemandsland hatte es hauptsächlich Historiker hingezogen. Jetzt kennt ihn jeder, den Klotz am Kanal.

Wenn er nun umgebaut wird vom britischen Architekten Norman Foster, dann wird das Volk teilnehmen am Werden seiner Vertretung.

Und wieder wäre es „undenkbar“, daß in Amerika, Großbritannien oder gar Frankreich ein „ausländischer“ Architekt diese nationale Aufgabe bekäme, so lange auch nur ein inländischer Baumeister einen rechten Winkel rechnen kann. Glückwunsch, Berlin, zu dieser Entscheidung!

Für uns sind Europäer offenbar schon eher Inländer. Laßt sie arbeiten und beurteilt sie im Lichte des Ergebnisses.

Denn das wenigstens hat uns der verhüllte Reichstag gelehrt, daß vielleicht der Künstler, aber kaum sein Publikum die Wirkung einer Arbeit vorher kennen kann.

Eine Nation blickt leidenschaftlich auf ihr Parlament.

Und genau diese intensive Wirkung hat zu unzähligen Diskussionen auf dem Platz und überall in der Welt angeregt: Was ist das nun, „Kunst, Kommerz, Kitsch“?

Wird damit Geschichte greifbarer oder wird sie geschändet? Rennen die Menschen, weil die Medien berichten, oder berichten die Medien, weil die Menschen rennen?

Unabhängig von den Antworten – auf die Fragen kommt es an. Wann hat je eine Nation so leidenschaftlich auf ihr Parlament geblickt und so angeregt und meinungsfreudig darüber diskutiert? Und dazuhin noch eine, die sich gerade mühsam zusammenfindet?

Auch wegen dieses gemeinsamen Themas, dieses Diskurses, ist die Reichstagsverhüllung für die Deutschen genau zur rechten Zeit gekommen. Sie ist eine Zäsur, die wir einem zähen Zirkusdirektor verdanken, der im Hauptberuf Künstler ist.

Christos und Jeanne-Claudes genialer Wurf wird noch ein Nachspiel haben: die Taufe.

Der Reichstag heißt Deutscher Bundestag. Er entspricht damit der Anforderung gegen die Mogelpackung: Drin ist, was draufsteht.

Der Wunsch dazu: mehr Fülle als Hülle.

2. Dezember 1984

Süßes blaues Gefängnis

Die Damen und Herren Trendsetter wissen es längst: Die Blauen müssen raus.

Vorbei ist die Jeans-Zeit, da man sich an jedem Morgen rund um die Welt in die blaue Röhre reinzog. Das Ende des blauen Wunders – ist das überhaupt der Rede wert?

Immerhin sind die Jeans die einzige Uniform, die unaufgefordert und geschlechtsneutral getragen wird.

Ich habe nie Jeans besessen. Ich verweigere Uniformen, gleich, wer sie vorschreiben will.

Die Freunde aus der Zeit meiner politischen Erweckungsbewegung produzierten meine ersten Zweifel an ihren Überzeugungen.

Oh, diese Nonkonformisten, wie sie sich selbst einschätzten: alle Autorität sei Schrott. Aber unten blau, oben grün – unten Jeans, oben Parka – so war es obligatorisch. Wehe, wer da aus der Drillich-Reihe tanzte.

Ich habe mir oft vorgestellt, wenn so etwas verordnet würde – ein Aufschrei ginge durch die Nation, ein Aufstand der Zwerge. Der selbstgemachte blaue Zwang indessen ist offenbar ein süßes Gefängnis.

Nun soll also Schluß sein mit den Sorgen der Frauenärzte, die wegen der knallengen Dinger Alarm schlugen. Jetzt werden keine besorgten Mütter die Töchter mehr aus den Badewannen ziehen, in denen die Hosen auf Hautsitz schrumpften.

Der einzige Kult, der die Cola-Kinder der fünfziger Jahre mit der Turnschuh-Generation unserer Tage verbindet, scheint fadenscheinig zu werden. Trotz Markenbewußtseins, denn mancher blieb länger bei einer

3. Mai 1981

Gesinnungskluft

„Mode ist Stoff gewordener Luxus.“ Diesem Satz merkt man den Staub an. Er stammt aus jenen Zeiten, als die Haute-Couture-Könige Paris, sowie Rom und dem Erdkreis verkündeten, was man zu tragen hat. Die Könige sind tot, es lebt die Mode.

Aber die Mode wird längst von denen gemacht, die die Royalisten verächtlich den Pöbel nennen.

Auf der Straße wird die Mode geschöpft. Was da üblich ist, gilt.

Bei offiziellen Einladungen ist die Garderobe vorgeschrieben: „Dunkler Anzug, langes Kleid“. Aber auch die Turnschuhgeneration und vor allem die sogenannten progressiven Kreise haben ihre verklausulierte Kleiderordnung.

Den meisten jungen, alternativen, feministischen oder allgemein bekennenden Zeitgenossen klingt „gut angezogen“ nach stieseligem Stenz, nach madamiger Maßkonfektion mit Hut oder – noch schlimmer – nach Modediktat der Konzerne, ferngesteuert aus Paris oder New York.

Dagegen hat man sich einst aufgelehnt. Mit Jeans und Parka zuerst, dann mit Trödel aus zweiter Hand. Alle Haare wuchsen so lang, wie die Natur sie vorgesehen hatte, denn auch die Friseure waren verdächtig, willfährige Werkzeuge einer internationalen Verschwörung zur Durchsetzung fremdbestimmter Kleidervorschriften zu sein. Verweigerung!

Und jetzt? Das Diktat der Pariser Modezaren gibt es längst nicht mehr.

Ist damit die große textile Freiheit angebrochen?

Inzwischen jedoch haben sich andere auf den Thron geschwungen, und ihr Moderegiment ist strenger als alles vorher Dagewesene – nur sagt das niemand.

Unausgesprochen ist das Anzugvorbild innerhalb einer Gruppe – so verbindlich wie ein elftes Gebot. Die Gruppen sind die Mode-

Jeansmarke als bei seiner Freundin.

Was hat wohl den Wandel bewirkt? Die US-Hersteller, deren Aktien derzeit in den Keller fahren, würden wohl ein Vermögen dafür geben, wenn sie die Antwort auf diese Frage wüßten. Vor allem, wenn sie den Genossen Trend umstimmen könnten.

Mutmaßungen mögen erlaubt sein: Der Po- und Hüftenkult (Mädchen möglichst knabenhaft) ist mit der feministischen Bewegung unwichtiger geworden.

Zuerst fanden die Frauen ihren Stil (freilich auch einen vorgeschriebenen), der in Großraumhemd und Wallersack schwelgt.

Die Jungen scheinen einen Gegenstand des Protests zu suchen. Und wie könnte der sich äußerlich besser demonstrieren lassen, als gegen das, wo sich von der Omi bis zum Mann mit Karriereköfferchen alle einig sind: bei den Jeans. Bloß Jeans nicht, hört man sie stöhnen, die Coolen mit den Tigerhosen und den Kellnerjacken. Sie schnippeln, schmieden, schweißen so lange irres Zeug zusammen, bis sie eine löchrige Garderobe beieinander haben, die weder mit Garde noch mit Robe verwandt ist. Das ist eine kreative Leistung, die anzuschauen und vermutlich auch herzustellen Spaß macht. Daß sie provoziert, liegt an denen, die sich lassen.

Ich habe nie Jeans gekauft.

Was machen jetzt die Armen, die bisher ihre Edeljeans für ein Vermögen erwarben?

Welcher Modeweg wird denen gewiesen, die ihr Selbstbewußtsein an bestimmten Buchstabenkombinationen aufrichten?

Ist es das doppelte F oder das YSL, das große H oder die heimische Jil? Kenner wissen um die Bedeutung.

Ich rege eine Liga gegen Stoffaufnäher an; sonst finden wir eines Tages am eigenen Haus nicht mehr den Namen der Bewohner, sondern den des Architekten.

In dieser Frage sei ich heillos unrepräsentativ, hat mir jüngst eine Verkäuferin versichert. Das scheint zu stimmen.

2,5 Jeans besitzt durchschnittlich jeder Bundesbürger, 1,4 blaue Beinkleider kommen pro Kopf und Jahr dazu. 148,3 Liter Bier wird in dieser Zeit von diesen Köpfen konsumiert – alle Babys und Omas immer mitgezählt. Ich sehe schon, ich passe wirklich nicht ins Set – keine Jeans, kein Bier, keine Aufnäher.

Aber an einem Gedankenspiel beteilige ich mich gerne: Was sollte man für unsere Enkel Typisches aus unserer Zeit aufheben? Keine Frage – die Jeans, die Uniform unserer Zeit, sie wäre dabei.

diktatoren von heute: Versuchen Sie mal (falls Sie weiblichen Geschlechts sind), in ein Frauenlokal mit normalem bürgerlichem Äußeren zu gehen. Nach der Höhe der Absätze, dem Lidschatten, nach der Handtasche werden Sie sofort als eines jener bejammernswerten Geschöpfe eingestuft, dessen Bewußtsein noch weit unter der Befreiung liegt.

Dieses Taxieren und Abschmecken, ob man mit dem nötigen Stallgeruch versehen ist, unterscheidet sich höchstens in Nuancen von der optischen Anmaßung, die einer Frau in jedem herkömmlichen Lokal zuteil wird.

Die Reihe der Beispiele ließe sich mühelos fortführen, denn auch die Skifahrer, die Tennisspieler, die Berufsdemonstranten, eine bestimmte Sorte Oberschüler – sie alle haben ihre Gesinnungskluft.

Die unterscheidet sich (oft nur für Eingeweihte erkennbar) in der Art des indischen oder palästinensischen Halstuchs, eines bestimmten Emblems auf dem Polohemd, eines Kontraststreifens auf dem Halbschuh.

Progressive Kreise mit intensivem Stallgeruch

Wie differenziert wir doch sind und wie folgsam, wenn die Gruppe es verlangt! Käme aber jemand und würde blaue Drillich-Hosen, einen groben Pullover und Turnschuhe zur Uniform erklären, der Aufstand der Zwerge wäre nicht auszudenken!

Die Textilbranche hat diesen Umstand schnell begriffen, und sie versucht, sich ihn zunutze zu machen. Für sie ist von überlebenswichtiger Bedeutung, „das schnell wechselnde Gruppenverhalten zu erforschen oder zu erraten".

Wer weiß denn schon, was die Popper, die Prolos, Punks, Rocker, Grünen, Zottel, Trampel gerade anmacht?

Es geht eben nicht nur um eine praktische Pelle. Es muß der richtige Gesinnungsgeruch dran sein.

Insofern ist Mode eben doch nach wie vor „Stoff gewordener Luxus".

22. Juli 1979

Großhemd und Wohnhose

ACH – UND IHRE HOSENTASCHEN HABEN SIE AUCH NOCH VERMIETET.

Sie kennen sie nicht, die wundersamen Wallerkostüme? Dann ist dazu wenig zu erklären. Diese Sachen muß man erleben, erwohnen eben.

Die neue Sommermode – lohnt sie überhaupt eine Kolumne, oder ist das zuviel der Klamotten-Ehre? Sie lohnt, wenn man die Dinge nicht so eng sieht. Denn hier geht es nicht um eine Schulterpasse mehr oder weniger. Es geht um ein neues Bewußtsein.

Mode als Bekenntnis also: Der Minirock ist tot, es lebe die Wohnhose. Gemeint sind jene indisch-türkischen Beinkleider, bestickt, gerafft und an Trägern aufgehängt. Oder die Großhemden, die ihren reinseidenen Sex-Appeal allenfalls entfalten, wenn man sie – drunter ohne – zur Pool-Party mitnimmt. Dazu Sandalen, wie sie weiland Jesus beim Einzug in Jerusalem getragen haben mag.

Mit Figur ist da nichts, dafür mit Freiheit. Bequem ist beautiful.

„Für mich war das eine tolle Erfahrung: Schritte so groß wie ich will, und auch ein Kirschenbauch hat mal Platz“, schwärmt eine der ehrenamtlichen Wirtinnen der Stuttgarter Frauenkneipe. Erst hatte sie Hemmungen („der Schritt sitzt am Knie“), aber dann siegte das Selbstbewußtsein: „Wichtig ist, daß ich weiß, worin ich mich wohl fühle.“

Solche Konsequenz ist kühn für Frauen, besonders, wenn sie figür-

16. November 1980

Zur Brust genommen

„Oben ohne“ war bisher strenges Gebot bei Deutschlands Spitzensportlern. Und zwar aus moralischen Gründen. Oben ohne Reklame.

Das Trikot der Flitzenden und Flankenden mußte so rein sein, wie es die einschlägige Werbung verlangt. Aber die Werbung selbst, die mußte wegbleiben vom Körper.

Nun soll ganz offiziell Schluß sein mit der paradiesischen Unschuld. „Werbung am Mann“, so will es der Deutsche Sportbund, sei „zwar grundsätzlich unerwünscht, aber nicht mehr verboten“.

Im Klartext: Was uns vom nächsten Jahr an erwarten kann auf Brust und Rücken der Sportler, ist ein kunterbunter Krieg der Werbeetats – Kakao gegen Kosmetik, Schnaps gegen Schallplatten.

Der Stadionbesucher und Fernseher wird entlang der Arena dann nicht mehr nur die Transparente, sondern einen gut sortierten Querschnitt durch das weltweite Werbeschaffen zu sich nehmen können. Die Sportschau als Werbefernsehen.

Demnächst soll der Beschluß „Werbung am Mann ist zulässig“ in die Tat umgesetzt werden.

Das ist ein glatter Vertragsbruch. Denn die beiden Fernsehanstalten haben Verträge mit dem Sportbund, die solches ausdrücklich verbieten. Früher hatte es Krach schon gegeben, als ARD und ZDF sich weigerten, Sportereignisse zu übertragen, die sich in Werbeshows verwandelt hatten.

Spitzensport, so hört man zur Begründung, sei ohne Einnahmen aus der Werbung nicht mehr zu finanzieren. Tun wir also etwas für unsere notleidenden Fußball-, Tennis- oder Skiasse, die nach allem, was man hört, kaum die Butter aufs Brot verdienen.

Fürst Pückler auf dem Popo

Sie waren ja auch bisher schon recht behend, wenn es galt, beim Interview im Ziel fix die Skibretter hinzuhalten oder vor dem Gespräch im Studio rasch die Trainingsjacke mit unübersehbarem Firmennamen lich nichts zu verbergen haben.

Schließlich ist es noch gar nicht lange her, daß man Rezepte tauschte, wie Jeans noch knackiger sitzen – mit Schuhlöffel oder Badewanne. Gynäkologen verschrieben Salben.

Wer von dieser Ära nicht genug hat, „fährt heute voll auf Disco-Glitzer ab", Lack auf der Haut, Schlitze im Kleid und hoch die Hacken.

Nicht nur Waldorfschüler und Studenten aus der Alternativszene wenden da verächtlich ihr absichtlich ungeschminktes Antlitz.

Ich mag diese Modeverweigerung. Nicht, weil ich viel für baumwollene Beiderwand-Kultur übrig hätte oder jemandem seine Umsätze mißgönnte, sondern weil hier Nachdenklichkeit im Spiel ist.

Ich sehe Leute gern, die sich hübsch machen, ich selbst genieße gelegentlich das morgendliche Kleidungsritual. Aber daß es auch anders geht, ist der Rede wert: Die zweite Modewende seit dem Minirock.

Ich genieße das Kleidungsritual.

Damals wurde mit Kniefreiheit Freiheit demonstriert, heute nehmen sich viele Frauen die Freiheit, nichts zu demonstrieren.

Sind auch die Herren die enge Optik leid? Genehmigen sich modische Männer einen Ausflug ins Unkomplizierte? Heinz Dürr, in vieler Hinsicht trendbewußter Metall-Vorsitzender Baden-Württembergs, wird in Kleiderfragen von seinen vier Frauen beraten. Die drei schönen Töchter monieren jeden glücklosen Griff in den Krawattenschrank, Ehefrau Heide kauft die gesamte Vorauswahl. („In einem Laden ist er unerträglich.")

Bewußt Bequemes akzeptiert er nur für die Freizeit. Sie leistet sich für sich selbst schon mal was Lockeres, „das brauche ich, das ist mein innerer Protest".

Um den geht es. Für unsere seelische Verdauung haben wir korsettfreie Tage nötig.

Aber eben nicht nur im stillen Kämmerlein oder auf dem Campingplatz, sondern auch in Büros und Betrieben.

Mit einer Wohnhose ist ein bequemer Schritt in diese Richtung immerhin möglich.

anzuziehen, damit der Werbechef auch das nächste Mal gewogen sei.

Unser aller Goldrosi wurde vom Weltmeister der Sportwerber, einem Mister McCormack, gar so hart ins Geschäft gezwungen, daß die Bergbauerntochter ihren Verehrern anvertraute: „Früher habe ich gelacht, wenn es lustig war. Jetzt lache ich, wenn es blitzt."

Und dies alles passiert künftig nicht erst nach den Wettkämpfen, sondern immer schön mittendrin.

Darf man sich die künftige Eisprinzessin vielleicht vorstellen mit einer Gelati-Motta-Bombe zwischen den Brüsten, den Partner mit Fürst Pückler auf dem Popo? Wehe dem, der dann den doppelten Rittberger verpatzt. Dann ist es aus mit den Werbeprämien.

IHR WOLLTET DOCH BEI EUREN NEUEN TRIKOTS MEHR BEINFREIHEIT.

Die Sportfunktionäre betonen, der Sport sei schließlich „keine Insel der Seligen". Auch dort würden die Gesetze der Gesellschaft praktiziert: Kasse machen. Wirb oder stirb.

Ein Vorschlag zur Gerechtigkeit: Andere TV-trächtige, gesellschaftlich relevante Gruppen sollten von den Sportlern lernen.

Abgeordnete des Bundestages zum Beispiel könnten bei der nächsten Plenarsitzung Lufthansa-Krawatten oder das Firmenzeichen, das ihren Beratervertrag schmückt, im Knopfloch tragen.

Wenn dann noch die Ministranten beim Papstbesuch auf dem Rücken Klosterfrau Melissengeist zeigten, wäre das ein unschätzbarer Werbeeffekt. Oder ist wenigstens die Kirche eine Insel der Seligen?

21. Juni 1992

Sie labern

Das Wort kommt aus dem Jiddischen und beschreibt, was wir alle beklagen: Es wird immer mehr gelabert.

Die Inflation der Wörter ist so gewiß wie die des Geldes, nur gibt es dafür keinen Index. Ein Indiz indessen gibt es: Das allgemeine Weghören.

Am auffälligsten ist das in der Politik. Dort gäbe es reichlich zu tun, oder wie das auf Bonndeutsch heißt: Handlungsbedarf.

Statt dessen vernimmt man nur Worte: Die Taten bleiben aus.

Ob bei Asyl oder beim Fraktionszwang zum Paragraphen 218, bei der Pflegeversicherung oder den Karenztagen – verbale Nebelschwaden überziehen das Land bis zum Horizont. Gut möglich, daß das auch beabsichtigt ist: viel reden, nichts sagen, und schon gar nichts Genaues.

In dieser Disziplin des wattierten Nichtssagens gibt es Weltmeister. Genscher als Außenminister war so einer. Aber man hat ihn eben auch gelassen. Die Fernsehjournalisten vor allem.

Wie oft hört man des Abends zu einem wichtigen Thema eine Nachricht. Dazu das Statement des zuständigen Ministers. Inhalt: gegen Null.

Mag ja sein, daß er zu diesem Zeitpunkt nichts sagen darf oder will. Aber warum dann das hohle Ritual senden, die Verlautbarung abdrucken? Bessere Lösung: Papier-

16. Oktober 1983

Deinen Namen gerufen

Die Dinge benennen, ihnen damit eine unverwechselbare Eigenart geben – das ist ein menschliches Bedürfnis. Nicht nur Menschen und Tieren geben wir Namen, auch Sachen, die uns nahestehen, sollen benamst werden.

Computer heißen „Charly", damit sie nicht so unpersönlich seien. Selbst schreckliche Wirbelstürme werden weiblich-lieblich „Emily" getauft, als ob man damit den Dämon besänftigen könnte.

Um wieviel mehr brauchen da unsere technischen Familienmitglieder, die Autos, einen Namen. Man soll ihnen gut zureden, sie beschimpfen, verfluchen können. Auto, dein Name sei ... ja, wie denn?

Kräftig soll er wehen, der „Passat" und sich bis zum „Scirocco" steigern. Mit Windschlüpfrigkeit hat das nichts zu tun, eher mit Windmachen.

Denn: Je rechtschaffener das Gefährt, desto anspruchsvoller die Sportart, nach der es genannt ist: Vom „Golf" über „Derby" zum „Polo" – richtiger Jedermann-Sport als Namenslettern für Allerweltsautos.

Aber Bescheidenheit steht selten Pate, wenn schon Kaffee „Krönung" genannt wird.

Unterhaltsam immerhin geht es zu bei der Namens-„Fiesta": Fiat macht den „Ritmo" dazu, und Talbot sorgt für „Samba".

Die Mädchen dürfen dabei nicht fehlen. Als „schön aufregend" preist Alfa Romeo seine „Giulietta", Nissan bringt die königlichen Reize der „Silvia", eine kurze Gedenkminute gilt der leider verblichenen „Isabella", und geradezu überwältigend ist „Mercedes" in den verschiedenen Geschmacksrichtungen – von schlank bis üppig in Verbrauch und Ausstattung.

Auffallend: In diesem Reigen herrscht katastrophaler Männermangel. Dem ist nur mühsam durch einen „Maestro" abgeholfen.

korb. Der heilige Proporz spielt hier gewiß eine Rolle, aber auch die geistige Bequemlichkeit.

Viele unverbindliche Wörter zu finden, ist einfacher als wenige klare. Verständlichkeit geht zur Sache, sie zielt auf die Tat.
Und: Wer die Sache hat, hat das Wort.

Die Phrasen-Redner entlarven sich durch eine neue Prächtigkeit, die sie entdeckt haben:

Kein Verfall, der nicht unaufhaltsam, kein Wille, der nicht unbeugsam wäre. Selbst Helden alleine reichen nicht – sie müssen strahlend sein.

Mit dieser Anhäufung überflüssiger Adjektive ist es wie mit zu viel Schlagsahne – es wird einem leicht schlecht. Die Entwertung der Sprache durch Labern wird durch eine andersartige Entwicklung verstärkt.

Im Europa der elf gleichberechtigten Zungen wird sich eine vergröberte Alltagsverständigung einbürgern. Anders geht das gar nicht. Das ist auch ein Preis der kulturellen Vielfalt und Buntheit.

Phrasen-Redner entlarven sich durch Prächtigkeit.

Um so weniger darf die eigene Muttersprache auch noch durch Laberer entwertet werden. Sie sind viel gefährlicher als die englischen Lehn-, Mode- oder Computer-Wörter, die so vielen Älteren noch ein Ärgernis, der nächsten Generation aber schon selbstverständlich sind.

Man muß sich doch nur selbst beobachten, wie sorgsam (oder nicht) man mit der Sprache umgeht.

Stehen da nicht eine Menge Formen auf der Roten Liste der aussterbenden Arten, einfach, weil sie nicht benutzt werden?

Das Plusquamperfekt zum Beispiel oder der Dativ, der Genitiv sowieso und die vollendete Zukunft. Starke Worte allesamt, allerdings kurz vor dem Ableben.

Aber die Sprache hat ja auch Zuwachs – nicht nur in der Menge. Die witzigsten Wendungen (auch die schrillsten) kennt die Jugendsprache und die Werbung.

Das zeigt, wie verkrustet unsere Alltagssprache geworden ist, wie sehr ihr die „Ekschn“ fehlt.

Statt dessen spart man nicht mit gesellschaftlicher Stellung: Ford trumpft mit „Consul“, Opel kontert mit „Senator“. Da kann Citroën mit einem schlichten „Club“ natürlich nicht mithalten.

Die Society verlangt nach „Prestige“ oder doch besser gleich „LeBaron“ von Chrysler.

Die christliche Seefahrt bietet ihr Bestes, von „Kadett“ bis „Admiral“.

Sonst mögen die Autohersteller erbitterte Konkurrenten sein, wenn es um „Rekord“ geht, sind sie sich einig. Name ist Vorzeichen.

Die Automobilausstellung in Frankfurt zeigt, daß uns neue Dimensionen erwarten. Es darf abgehoben werden: „Space“ dichtet Mitsubishi, „Shuttle“ sekundiert Honda, und Ford präzisiert „Orion“. Ja, wir düsen im Sauseschritt, aber beim nächsten Plattfuß landen alle – auf dem Bauch. Namen sind Nachrichten.

Autos heißen wie Mädchen, Tiere oder Sport.

Und Städtenamen sind nicht geschützt. Hätte sich „Ascona“ träumen lassen, daß sein Repräsentant so bieder ausfällt? „Granada“ und „Monza“ mögen noch zufrieden sein, aber ob sich der schöne „Taunus“ mit seinem technischen Namensvetter richtig repräsentiert fühlt? Und wie erst die „Prärie“? Sie alle können sich nicht wehren, sie müssen mit ihren Vornamen leben wie die Menschen auch.

Selbst wenn Willkür im Spiel sein sollte. Oder macht „911, 928, 944“ einen Sinn? Vielleicht die Quersumme von der Personalnummer des Chefs?

„Ich habe dich bei deinem Namen gerufen.“ Schöpfung ist eben nicht immer logisch.

Unter den nominellen Schöpfungen am bemerkenswertesten – der fahrbare Zoo. Tierisch, was sich da alles versammelt: „Panda“ und „Jaguar“ und „Manta“. Aber was sind die gegen die Kosenamen, die der Volksmund seinen Lieblingen gewidmet hat? Sie sind nicht nur die treffendsten, sie sind auch langlebig: „Käfer“ und „Ente“.

14. März 1999

Populistin – ja, bitte !

„Der Pfau steht in schlechtem Ruf, weil er sich mit eigenen Federn schmückt."
Johannes Gross, Publizist

Der Populist ist der derzeit meistgescholtene Typ. Kanzler Schröder sei einer, weil er sich in Fernsehshows gemein mache. Auch der zurückgetretene Schattenkanzler Lafontaine sei einer, sagen seine Gegner. Diese Leute hätten – so ein anderes beliebtes Bild – die Lufthoheit über den Stammtischen erobert.

Verachtet mir die Stammtische nicht und nicht die Populisten!

Was ist verwerflich, wenn man sich dem populo, dem Volk, zuwendet?

Weil ihm Luther aufs Maul schaute, hat er eine Reformation ausgelöst. Und Demokratie sollte nichts anderes sein als die Herrschaft des Volkes. Die braucht Mehrheiten. Nicht mit den wenigen vermeintlich Rechtgläubigen ist Staat zu machen. Die vielen, möglichst die meisten, gilt es zu überzeugen. Man muß deshalb niemandem nach dem Mund reden.

Ich möchte jedenfalls meine Leser nicht mit Handschlag begrüßen und beim Vornamen nennen können. Nein, es sollen möglichst viele sein, die sich angesprochen fühlen – zustimmend oder kritisch. Wenn das populistisch ist, warum nicht?

„Der Populist", so beschreibt ihn Professor Hans-Georg Soeffner aus Konstanz, „hat ein erotisches Verhältnis zur Menge, will von ihr geliebt werden." Ich hatte Erotik bisher für andere Bereiche reserviert, aber so kann man es auch sehen.

Positiv ist das nicht gemeint: Populistisch ist ein Schimpfwort mit Totschlagscharakter.

Dabei ist Populist selbstverständlich immer der andere. Oder gibt es noch jemanden, der von sich sagt: Ich bin ein Populist, und ich bin es gern?

Meine Leser nicht mit Handschlag begrüßen

Boris Becker vielleicht oder Anne-Sophie Mutter? Ohne massenhaften Zuspruch wären sie nicht, was sie sind. Selbst solche Ausnahmetalente können sich ihre Claqueure nicht handverlesen, sie müssen vielen gefallen. Und auf die Qualität ihrer Arbeit muß sich das nicht auswirken: Gewinnen, gut spielen und trotzdem faszinieren – das ist das Ziel.

18. September 1983

Professionell

Ein Wort gerät in Verruf: professionell. Tatsächlich passiert aber mehr: Meisterschaft wird in Mißkredit gebracht.

Wer heutzutage die kulturellen Zirkel durchwandert, trifft sie immer häufiger, die Schimpfkanonaden auf „diese Professionellen".

Gemeint sind gleichermaßen Filmleute, Politiker oder Mediziner, auch Musiker können dazugehören.

Was ihnen vorgeworfen wird, ist Nüchternheit. Sie seien cool bis technokratisch. Alles stimme stets, sei aber eben auch glatt und fix und fertig.

Ob da ein Fernsehprogramm produziert, ein Künstler gemanagt oder eine Rede gehalten werde, man komme nicht mehr durch die aalglatte Fassade.

Wer von der Kälte der Professionalisten eisig angehaucht ist, sagt etwas, was viele empfinden.

Sie wollen es spontaner, ohne Umschweife. Sie halten sich auch viel auf ihre Sensibilität zugute, die sie indirekt den Profis absprechen. Gerade mal das beste an dieser Klage ist, daß sie freimütig geführt wird.

Wo der Amateur zum Markenzeichen wird, muß aber auch nach dem Ergebnis gefragt werden. Welche neuen Qualitäten bringen die Neulinge, die frisch-fromm vor oder hinter der Kamera agieren, für das Programm und seine Zuschauer?

Welche unerhörten Einsichten vermitteln jene, die der geschliffenen Rede abgeschworen und das Schwätzen-wie-einem-der-Schnabel-gewachsen-Ist zur neuen Kommunikationsform erhoben haben?

Es ist eben – leider – selten wahr, daß eine lockere und von handwerklichen Sachzwängen unbeschwerte Art auch schon die höhere Qualität hervorbrächte.

Wer seinen Beruf gut gelernt hat (und nichts anderes sagt „Profession"), der ist in der Regel wenigstens auf diesem Gebiet sattelfest.

Diese Art von Perfektion zu denunzieren, versucht auch eine Form von Kultur zu zerstören. Zum Beispiel die Freundlichkeit im

Das gilt auch für weniger olympische Höhen: Fernsehpfarrer Fliege gilt der Kulturkritik als Populist, weil ihn viele verstehen und „besuchen". Das neiden ihm seine Kollegen der Kirche. Sie predigten ihre Häuser leer, wie auch mancher Theaterintendant seine Reihen leerspielte nach dem Motto: Was viele mögen, kann nicht gut sein. Am liebsten mögen sie die qualifizierte Minderheit.

Der Populist (noch mal Soeffner) ziele „auf das Weiterfahren des gesellschaftlichen Karrens in immer wieder benutzten, unaufhaltsam tiefer werdenden Spuren".

Nicht mit den Spuren, aber mit dieser Taktik sind die Grünen groß geworden. Sie haben immer die gleichen Themen behandelt, die einer wachsenden Zahl von Menschen wichtig waren.

Das war ihr populistischer Erfolg, auch wenn sie das vor lauter politischer Korrektheit selber wohl so nicht nennen möchten. Darum bleibt der Erfolg jetzt auch aus. Dazu die späte Erkenntnis der Kerstin Müller: „Wir müssen uns wieder mehr um die Themen kümmern, die die Menschen betreffen." Eben. Wieder populär werden.

In der Politik, so der „Kleine Meyer", ist der Populismus eine Strömung, deren Führer vorgeben, eine volksnahe Politik zu betreiben. Sie sei in der Regel unscharf und unverbindlich.

Gewiß, der Populist ist kein Provokateur. Aber ein Demagoge, ein Volksverführer ist er, bei aller Erotik der Macht, auch nicht.

Wer immer die anderen als Populisten beschimpft, hält sich selbst natürlich für den besseren, klügeren, differenzierteren Menschen. Was im Einzelfall erst zu beweisen wäre.

Fremdenverkehr. Sie ist gewiß überwiegend professionell, denn keiner der Millionen Bediensteten kann in jeder Minute, mit jedem Satz seine ganz persönlichen Gefühle mobilisieren.

Frisch von der Seele weg muß nicht gut sein.

Deshalb muß diese Freundlichkeit aber nicht glatt und unverbindlich sein. Sie ist, so wie sie ist, ein angenehmes Stück unseres Lebens.

In der Medizin wird mit Recht ein menschlicheres Krankenhaus gefordert. Aber das kann nicht Maßstab für alles sein. Denn, so ein Chirurg, „wenn es um die Wurst geht, wenn man nach einem anstrengenden Dienst nachts zu einem Unfall gerufen wird, dann hilft nur die Routine des Vollprofis". Für den Patienten heißt das auch Sicherheit.

Wer möchte schon einem Mediziner unter die Hände kommen, der erst kreativ über den rechten Weg diskutiert? Gerade der Schöpferische wäre dann vor allem erschöpft.

Fachliche Befangenheit gibt es natürlich auch, aber die scheint mir weniger hinderlich, als die fachliche Kompetenz förderlich ist.

Und noch ein Verdacht plagt mich. Die Befürchtung nämlich, daß diejenigen, die so laut den höherwertigen Amateurstatus preisen, die Mühen der Profession noch gar nicht auf sich genommen haben.

Die Froschperspektive jedenfalls macht selten souverän.

Meinung der Stammtische

Populismus hat mit Mehrheiten und deren vernunftbezogener Meinung zu tun. Dagegen sind Ideologien sehr oft die irrationalen Antriebskräfte von Minderheiten, die Mehrheiten mit Begriffen wie „Populismus" und „Lufthoheit über den Stammtischen" verteufeln. Woher wollen übrigens bestimmte Leute so genau wissen, was die Meinung der geschmähten deutschen Stammtische ist? Gehören sie etwa selber auch dazu?

H. K. Schmid, Stuttgart

Das gleiche Volk, das plötzlich im Mittelpunkt steht, wurde von ihr bis vor kurzem angegriffen, es sei zu wenig flexibel, zu wenig risikobereit, zu faul, zu bequem, zu weinerlich. Verachtet mir das Soziale nicht und nicht die Sozialisten.

Alfred Nicklaus, Hemmingen

Es ist bezeichnend für die reale Demokratie und die politische Auseinandersetzung in unserem Lande, daß die Bezeichnungen „populistisch" oder „Populist" zu schlimmen Schimpfworten gemacht wurden.

Rolf Bauer, Stuttgart

Alle Achtung, da hat sich Frau Offenbach alles andere als abgedroschene Gedanken herausgepickt.
Der Industriemanager erzielt den Durchbruch mit geschickter Organisation, und weil er seine Leute mitreißt. Ist das alles bloß Populismus? Nein und nochmals nein!

Paul Jensch, Ulm

9. Januar 1983

Verstanden ?

„... möchte ich mich gerne mal mit einem Politiker (Partei völlig egal) darüber unterhalten, warum ich die Politiker nicht verstehe.
Das ist heutzutage für meine Altersklasse (ich bin 15) ein ziemliches Problem."

Das schreibt mir Monika L. aus Essen. Der gute Wille zum Verstehenwollen wäre also da. Aber was nützt der, wenn selbst Erwachsene mit der Sprache der Politiker nicht zurechtkommen?

Selbstkritisch hat es der Vordenker der Liberalen, Ralf Dahrendorf, seiner Partei ins Stammbuch geschrieben:
„In eigentümlicher Weise haben die Parteien sich abgekapselt von dem, was viele Menschen bewegt. Sie haben sich eine gestelzte Sprache angewöhnt, die nur ihre Vertreter selbst noch verstehen. Sie nennen die Dinge nicht beim Namen."

Das ist leider nicht „eigentümlich", das ist eher Vorsatz, damit die Dinge nicht beim Namen genannt werden müssen.

Ein schlichtes Nein heißt auf Bonndeutsch: „Das werden wir prüfen". Für ein Vielleicht gibt es viele Möglichkeiten: „Ein Schritt in die richtige Richtung ... einen ersten Vermittlungsversuch unternehmen."

Und wer regierungsamtlich ja sagen will, verrenkt sich mit:
„Ich begrüße das." Wird aber ein homo politicus auf eine (gelinde gesagt) Unebenheit in seinen Geschäften aufmerksam gemacht, so tönt es – wir alle kennen die Formel: „Dies ist ein ganz normaler Vorgang in diesem unserem Vaterlande."

Wie ich sie liebe, diese unsere farbige Sprache, ihre Nuancen und die großen Scheunen, in denen all das leere Stroh seinen Platz findet!

Leeres Sprach-Stroh in großen Scheunen

Man könnte sie lächelnd vergessen, wenn sie nicht Wirkung zeigten – auf verdrossene Wähler, auf ratlose Jugendliche.

Das sprachlich barocke Bonn mit seinen hohlen Brusttönen wird aber auch willig transportiert von denen, die eigentlich Übersetzer sein müßten, den Journalisten. Oder gibt es nichts zu übersetzen? Dann müßten sie die Leerformeln offenlegen.

17. Mai 1981

Sprachlos und ruppig

Die geschmacklose Annonce eines Spracheninstituts zitiert hämisch das holperige Englisch eines verstorbenen Bundespräsidenten und schulmeistert dann: „Verbessern Sie lieber Ihr Englisch, ehe Sie Präsident werden."

Wahrscheinlich gibt es eine viel naheliegendere Empfehlung: Wie wär's mit Deutsch?

Ihre Muttersprache ist den Deutschen zu schwer. Nicht nur die geschätzte Million Analphabeten deutscher Zunge drückt sich ums rechte Schreiben, auch die Abiturienten des Jahrgangs '81 haben „keinen Bock auf Dichter und so". Nur etwa 15 Prozent der Gymnasiasten wählten Deutsch als Leistungskurs, die anderen tun im Grundkurs das Nötigste.

In Baden-Württemberg ist Deutsch nicht mehr zwingend Prüfungsfach.

Ich bin zwar in dieser Frage befangen. Wer sprachlichen Ausdruck zum Beruf hat, wird ihn nicht ohne weiteres für entbehrlich erklären. Aber eine ungeliebte und ungepflegte Sprache ist meist nicht nur ein Tatbestand für sich, sie ist Seismograph für die Art, wie wir miteinander umgehen – reichlich ruppig.

Häufig bei Schülern, aber auch bei bequemen Erwachsenen herrscht die Meinung vor, Rechtschreibung und Zeichensetzung entscheide man am besten nach Gefühl. Hauptsache, der Leser verstehe, was gemeint sei. Aber spätestens, seit die Sprache mehr sein kann als zustimmendes oder ablehnendes Grunzen, gelten kunstvolle Regeln, braucht sie formale Disziplin.

Das wäre so ähnlich, als wenn ein Bäcker das Brötchenbacken verlernt hätte und nur noch über das Prinzip des Brötchenbackens philosophierte.

Sprache, die nicht praktisch gepflegt wird, verwahrlost schnell.

Ich gehöre nicht zu jenen Reinlichkeitsdeutschen, die bei jeder englischen Vokabel zusammenzucken.

Wenn Sprache verkommt, dann beginnt das bei der gedanklichen Schluderei, und die ist viel schlimmer als ein gelegentliches Fremdwort zuviel. Oder der Normalstil: Was da alles „zur Durchführung

Einem Fachmann kann nichts Schlimmeres passieren, als einem Journalisten zu begegnen.

Er ist nämlich – im besten Fall – der geniale Vereinfacher.

Der Fachmann bekommt vielleicht eine Gänsehaut, aber der Laie versteht, worum es geht.

Dieses wichtige Geschäft, Treibriemen zu sein zwischen den Disziplinen und Bildungsstufen, braucht eine klare und einfache Sprache.

Es ist bezeichnend, daß Altkanzler Helmut Schmidt mit der simpelsten Sache eine Sensation schuf. Er erklärte dem verblüfften Hohen Haus, daß er seine Heizkostenrechnung nicht lesen könne.

Das Problem und die Art es auszusprechen, hallte noch monatelang durchs Land. Schmidt wurde gerühmt, verständlich zu sprechen. Verständlich ist nicht selbstverständlich.

Den Politikern stehen die Juristen in nichts nach. Fachsprache muß sein, sie vereinfacht vieles unter Gleichgestellten.

Aber auch Laien müssen wenigstens folgen können, wenn es um ihre eigene Sache geht. Das ist oft genug nicht der Fall.

Ein offizielles Beispiel: Die niedersächsische Landesregierung will ihr Straf- und Ordnungswidrigkeitengesetz bereinigen. Das ist etwas, das jeder verstehen sollte.

Begründung: „Der Bezug zur Ermächtigungsnorm muß eindeutig sein. Sanktions- und Grundnorm müssen sich decken. Mit der sprachlichen Fassung ist eine Differenzierung zwischen deklaratorischer und konstitutiver Vorschrift anzustreben." Alles klar? Verstanden?

gelangt, eine Lösung erfährt, das ist ein Vorgang von erheblicher Tragweite". Das ist alles deutsch und trotzdem scheußlich.

Schlampige Sprache folgt gedanklicher Schluderei.

Von dort bis zur lügenhaften Sprache ist es nicht weit.

Arme soll es nicht mehr geben, sie werden zu sozial Schwachen.

Was ist an Alten so schlimm, daß wir nur noch Senioren kennen?

Eine ordinäre Luftverpestung wird zur Schadstoffemission verharmlost, und Krieg – wir wissen es – gibt es eigentlich gar nicht, höchstens diesen peinlichen Verteidigungs- oder Ernstfall.

„Ich würde sagen, ich würde meinen", so formuliert einer, der sich nicht direkt zu sagen traut, was er meint. Zur Zeit sind die Reden voll von diesem „würde".

Warum also wählen so wenig Schüler intensive Deutscharbeit?

Warum sind manche Menschen freiwillig sprachlos?

Mit schludriger Sprache geht die Kommunikation verloren, die Verbindung zwischen den Menschen. Sie braucht die Feinheiten und Abstufungen.

Der Begriff „einen Menschen verstehen" ist auf deutsch doppelsinnig.

Die Verständigung bekommen wir mit der Kindernahrung eingeflößt.

Das Verstehen braucht eine feine Sprache.

Schreiben im Kampfanzug

Sie haben sich eine unmenschliche Arbeit aufgeladen, Sie haben Herakles ausgerechnet in seiner 5. Arbeit (Augias) abgelöst.
Ich liebe die Meister der kleinen Form, soweit sie nicht nur verspielt-unverbindlich, sondern herzhaft politisch sind.
Aber viele dieser Herren halten sich sprachlich doch nur im Salon auf und schreiben sozusagen im Smoking.
Sie aber, fiel mir neulich auf, schreiben im Kampfanzug, und um diesen ist seiner Natur nach Pulverdampf und Waffengeknatter:
Wie recht Sie haben!
Wie nötig Ihr herkulisches Geschäft!
Sich professionell zu entrüsten ist ein drolliger Habitus, schon weil ihm keine verändernde Kraft innewohnt.
Es ist ein alarmierendes Zeichen, daß die Liebe „erkaltet"
(das aufschlußreiche Verbum steht in Matth. 24,12).
Die Liebe nämlich, das ist eine profunde Einsicht der Bibel, „deckt der Sünden Menge zu"
(Jak. 5,20 /1. Petr. 4,6).
Das alles ist kein Einwand gegen jemanden, der am Augiasstall Position bezogen hat und somit professionell einen nötigen Dienst in der Gesellschaft tut. Jesus wußte, was er sagte, als er
die Leute an den Pranger stellte, die anderen den Splitter aus den Augen ziehen wollen und den Balken nicht einmal bemerken, den sie im eigenen Auge haben.
Damit ist aufgedeckt, daß die Kritik – als Klima – nur groteske Heuchelei ist.

Prälat Bernhard Hanssler, Stuttgart

7. Dezember 1986

Statt Üschri

Feine Leute verbringen den Winter in L. A. oder in Frisco, zur Not ginge auch noch St. Trop. Nur eines geht nicht: den ganzen Namen dieser Orte auszusprechen. Dann wäre ja der Chic hin.

Abkürzungen als Kose- oder Spitznamen haben ja noch etwas Kreatives, sie beschreiben einen Charakter oder eine komische Situation. Aber der übrige Akü-Wahn, der grenzt an Selbstverstümmelung.

Ein junger Mann lebt in der BRD, ist Azubi oder erhält Bafög, wird UvD, fährt einen BMW und wechselt zu IBM. Seine Interessen gelten HSV, VfB, ESC oder war's SDI – dadada. Klar?

Wer hat eigentlich (sprachlich) die trefflichen Lehrlinge, erst recht die pfiffigen Stifte auf dem Gewissen und aus ihnen Azubis gemacht?

Wer möchte schon im völlig farblosen Weinstadt 2 leben, statt in einem charakteristischen Dorf namens Beutelsbach?

Man müßte diese alten Ortsnamen unter Denkmalschutz stellen und ihre fürchterlichen Umtaufpaten zur Abschreckung dazu.

Verkürzt wurde mit diesem Verfahren weder Verwaltungs- noch Schreibarbeit, dafür aber ein Stück Kulturgeschichte.

Ein Paradebeispiel für Abkürzungen mit Kopf und Pfiff lieferten sich der Alte Fritz und Voltaire.

Sie wetteten, wer den kürzesten Brief schreiben könne. Der König begann:

$$\frac{\text{p}}{\text{venez}} \quad \text{à} \quad \frac{\text{ci}}{\text{sans}} \; ?$$

Voltaires Antwort und Wettsieg:
G a !

Man muß die Buchstaben laut lesen und ein wenig Französisch verstehen, dann ergibt sich:
Venez souper à Sanssouci?
Antwort: J'ai grand appétit!
Kommen Sie zum Abendessen nach Sanssouci?
Antwort: Ich habe großen Appetit!
Comics für Erwachsene – so gesehen wären Abkürzungen ein kurzweiliges Vergnügen.

Aber so, wie sie uns umgeben, sind sie sprachliche Wracks, gedankenlose Trägheit.

4. Mai 1986

Rettet dem Dativ !

Die Sprache – ein Herrschaftsinstrument. Da haben wir es schon, ein herrliches Beispiel!

Wohin man schaut, herrschen die Herren – mühelos fünfmal in einem kurzen Satz.

Dabei wird das kleine „man" mitgezählt. Fortschrittlich-feministisch (und falsch) heißt das heutzutage ja „frau". Allerdings ist „man" auch bei längerem Hinsehen keine Diskriminierung, sondern ein schlichtes unpersönliches Fürwort.
Es schließt die Frau mit ein.

Ich solle doch mal die Herrschaft in der Sprache bloßstellen, den Frauen damit zu gleichem Recht verhelfen. Die Anregung sei gerne aufgegriffen.

Nur, was mache ich zum Beispiel mit dem harmlosen Wörtchen „manchmal"? Und sollte ich künftig Fraudoline spielen und im Winter mit dem Frautel herumlaufen?

Zu einer Rofrauze würde das bestimmt nicht führen bei so viel Mannigfaltigkeit.

Da ist er doch schon wieder reingeschlüpft, der Mann. Dabei geht es auch hier nicht um einen Anschlag auf die Fraulichkeit, sondern schlicht um Vielfalt.

Die deutsche Sprache ist so schön wie schwer. Wer hätte da nicht zu kämpfen?

Soll es nun künftig – kompliziert, aber gerecht – der oder die Liebling heißen? Und was für Stellenanzeigen-Ungetüme bringen wir zuwege mit „die/der ...innen"! Angeblich ist Frau Minister als Anrede korrekt, weshalb nicht Ministerin?

Die Sprache ist niemals logisch, sie ist voller Ausnahmen, und das erst macht ihren Charme, weist ihren Meister aus.

Oder ist es vielleicht logisch, wenn der Patient auf die Frage nach seinem Befinden antwortet: Danke, schon besser. Das heißt noch lange nicht, daß es ihm gut geht. Der Komparativ ist weniger als die Grundform. Vor einem Flughafen, der jetzt sicherer ist, sollte man sich hüten, denn sicher ist der keinesfalls.

Sprache läßt sich nicht festschreiben. Kinder- und Familiensprache nennen wir schöpferisch, über Jugendsprache amüsieren oder

Große Organisationen – Behörden, Unternehmen, das Militär – geben ganze Wörterbücher heraus, damit man durch ihren Abkürzungsdschungel finde. Warum einfach und in Langfassung, wenn's auch so schön kompliziert geht?

Darum, weil man sich erst dann so richtig wohl fühlen kann in seiner Kaste, in seinem geschlossenen System.

Wie mit dem Geheimcode beim Indianerspielen können sich Insider erkennen: „Sieh her, ich weiß Bescheid, ich bin einer von euch."

Wer heute zum Beispiel über CAD/CAM diskutieren will, trifft auf diese Kluft: Eine wissende Gruppe und Leute, die das Kürzel noch nie gehört haben. Dabei wäre die Diskussion der Sache wichtig. Oft genug läßt sich gar nicht mehr nachvollziehen, was die Abkürzung eigentlich heißt.

Im Zweifel etwas Amerikanisches. AWACS, OPEC, SDI – wer weiß immer genau, was gemeint ist?

Also sprudeln die heißen Quellen der Mehrdeutigkeit und der Mißverständnisse. Ist MS eine Krankheit oder ein Familienname der beliebten Kreuzfahrtschiffe?
Ist RAD der Reichsarbeitsdienst oder eine Meßeinheit?

Man fühlt sich wie in einem schlechten Quiz.

Und ob es sich bei WG um eine Wohngemeinschaft oder um den fatalen Vermerk in einer Spendenaffäre handelt, kann letztlich nur der Zusammenhang klären.

Die Abkürzung ist die Gedankenfaulheit, einen Sachverhalt knapp und griffig auszudrücken. Lieber läßt man die Sache lang und zieht die Anfangsbuchstaben zusammen.

Und diese Unsitte trifft man – schrecklich zu sagen – sogar in der Liebe.

Da sucht „e. lb. Mädel ev. Nichtr. zw. Lebensgem". Oder: „Smart. Jungges. in ges. Verm. verh. wünscht erot. Sie."

Wie abgehackt mag es in dieser Partnerschaft zugehen?

Sex ist einsilbig, Liebe dauert schon doppelt so lang, und Erotik wird – da dreisilbig – bereits abgekürzt.

In dieser Kürze liegt keine Würze. Da bin ich für die Langfassung. Soviel Zeit muß sein.

erregen wir uns, annähernd einhellig ist die Ablehnung der Einflüsse aus fremden Sprachen. Hier blüht vor allem der Antiamerikanismus.

Warum eigentlich? Was verlieren wir, wenn wir etwas hinzunehmen?

Ist es nicht gerade die Stärke einer Kultur, offen für Einflüsse zu sein?

Schludern ist schlimmer als Fremdwörter.

Umgekehrt sind wir übrigens intensive Exporteure: „kindergarden", „rucksack" und „gemutlichkeit" sind bekannte Beispiele.
In Frankreich hat sich „le Waldsterben" ausgebreitet, und unlängst glossierte die New York Times die zunehmende Germanisierung unter US-Intellektuellen: „Go easy on the Fingerspitzengefühl". Drüben lebt man offenbar nicht mehr „without a Weltanschauung", wobei diese ohne Begriffe wie „Angst", „Zeitgeist" und „Sturm" und „Drang" im englischen Text nicht auskommt.

Ich halte den amerikanischen Ausdruck „Bitnapper" (einer, der Rechnerprogramme knackt) allemal für farbiger als die deutsche Null-Null-Lösung, die uns bezeichnenderweise die Politik beschert hat.

Wenn allerdings ein (übrigens urdeutsches Textilunternehmen) seine Blusen mit „modischen Drucks" anbietet, dann ist da tatsächlich allerhand schief gelaufen.

Ich kann nicht viel anfangen mit blinder Fremdwörter-Stürmerei. Ein Fremdwort scheint mir eine läßliche Sünde gegenüber dem verbreiteten Übel des sprachlichen Schluderns. Wer gebraucht schon noch diesen Genitiv?

Aber daß auch der Dativ sterben soll, ist mehr gedankenlos als kreativ. Da schreibt der Redakteur eines angesehenen Stuttgarter Blatts (ausgerechnet über die Ordensverleihung für Kultur und Sprache), der Geehrte spreche diese „eben nicht nur mit dem Kopf, sondern auch mit dem Herz". – Der Redakteur hätte besser mit dem Kopf geschrieben.

Die Sprache legt oft mehr von der inneren Haltung eines Menschen offen, als dieser selbst wahrhaben will. Das gilt für alle Herrschaften, auch wenn sie Frauschaften sind. Ich find's herrlich!

4. September 1983

Zweck heiligt kein Mittel

Günter Grass hat schon recht: Wenn die Mutlanger Blockade ohne Polizeieinsatz vorbeigehe, sollten die Medien nicht mit der Berichterstattung aufhören. Nicht gewaltsame Zusammenstöße seien die Meldung, sondern das Anliegen – nämlich keine Raketenstationierung.

Aber so ist das mit Zielen. Über ihren lauteren Charakter besteht schnell Einigkeit. So ist etwa Sozialismus als Ziel vielleicht begehrenswert. Aber der Weg dorthin ist für Generationen mit Diktatur gepflastert.

Oder: Wer wäre nicht gegen Raketen und für den Frieden? Es ist der Weg zu diesem Ziel, der die Menschen so aufregt; und zwar auf beiden Seiten so sehr, daß es immer schwerer wird, Brücken zu bauen.

Das liegt leider auch an einem Etikettenschwindel. Beispiel: Die gewaltfreie Blockade.

Die Sprache soll hier einen Tatbestand verschleiern, der offengelegt gehört. Blockade ist Gewalt, was denn sonst?

Wenn ich mit meinem Auto jemandes Haus und Hof blockiere, so wird das Vehikel entfernt und die Verursacherin bestraft. Ganz klar und zu Recht.

Und dabei hatte sie doch nur völlig gewaltfrei das Auto abgestellt. Aber da ist eben auch die Freiheit eines anderen beschnitten worden.

Ist blinder Gehorsam wichtiger als Protest ?

Offenbar ist Ihnen blinder Gehorsam gegenüber den geltenden Gesetzen und der Straßenverkehrsordnung wichtiger als wohlüberlegter Protest gegen geplanten Massenmord.

Dietrich W. Schmidt, Stuttgart

Es ist dankenswert, daß Susanne Offenbach auf den von der Friedensbewegung praktizierten Etikettenschwindel hingewiesen hat. Blockade ist Rechtsbruch und nicht „Regelverletzung", was immer das sein soll.

Johannes Merz, Sindelfingen

Hervorragend, Frau Offenbach! Danke.

Pfarrer M. Kunzi, Renningen

Unsere Kinder werden uns wieder fragen: Was hast du getan? So wie wir unsere Eltern anklagend fragten: Was habt ihr getan, um Völkerhaß und Weltkrieg zu verhindern; nicht nur, weil wir in Deutschland im Brennpunkt des gedachten Geschehens stehen.

Karl-W. Krahling, Münchweiler

Sie haben mutig ein „heißes Eisen" angepackt und so gute und einleuchtende Ansichten dargelegt, daß sich viele „Unkalkulierbare" schwertun werden, sie zu ignorieren.

Paul Endress, Neu-Ulm

Wenn man Ihrer Argumentation folgen würde, hieße das, auch einen Tyrannenmord zu verurteilen, wie er zum Beispiel am 20. Juli 1944 versucht wurde. Heute ist Claus von Stauffenberg Leitbild der Bundeswehr. Der Widerstand gegen die Stationierung ist zwar bewußt illegal, aber im Sinne des Grundgesetzes legitim.

Ekkehard Durst, Auenwald

Nun wollten die Mutlanger Demonstranten diese Rechtsverletzung offenbar in Kauf nehmen. Das dürfen sie hierzulande. Nur sollten sie das dann nicht friedlich nennen.

Und auch mit dem Argument, daß man „Regelverletzungen“ (auch so ein verharmlosendes Wort für Rechtsbruch) hinnehmen müsse für die gerechte Sache, auch mit diesem Argument kann ich nichts anfangen.

Es ist eben nicht wahr, daß der Zweck die Mittel heiligt. Das Gegenteil ist richtig. Die schlechten Mittel können den guten Zweck schädigen, das Ziel herabsetzen.

Plötzlich soll man hier und da unterschreiben, an dieser und jener Aktion teilnehmen. Und dies nicht freibleibend, sondern mit sanftem Druck durch den Hinweis, wer nicht unterschreibe, sei eben doch etwas weniger für den Frieden.

Ist blockieren gewaltfrei und friedfertig ?

Oder jene Menschen auf der Alb zwischen Ulm und Stuttgart, die sich nicht in die Menschenkette einreihen wollen – vielleicht, weil sie sich schon einmal in ihrem Leben einreihen mußten. Oder weil sie das einfach nicht wollen. Darf man sie belästigen, und sei es nur mit dieser feinen Verachtung, die Andersdenkende rechts liegen läßt?

Dieses Land läßt uns mehr Meinungsfreiheit als viele seiner Nachbarn. Weshalb poltern dann die Grünen offiziell in diesem Porzellanladen: „Wir wollen friedlich sein. Aber wir müssen unkalkulierbar bleiben.“ Unkalkulierbar für wen? Und was heißt das bitte genau?

Friedlich, aber unkalkulierbar – gewaltfrei, aber blockieren – ziviler Ungehorsam und Regelverletzung statt Rechtsbruch.

So sehen die sprachlichen Mäntelchen aus, die den hehren Zielen umgehängt sind.

Literaten, wort- und sprachgewandte Politiker und Theologen ließen in ihrer eigenen Arbeit solche Sinn-Schlamperei nicht durchgehen.

Einer starken Sache schaden Selbstzweifel nicht.

Sehr erfreulich, daß die Blockadeaktion der Friedensbewegung in Mutlangen im Sinne demokratischer Grundsätze richtig kommentiert wurde. Gerade die Friedensbewegung müßte solche Aktionen aus ihrem taktischen Konzept verbannen.

Karl Grohmann, Urbach

Auch ich würde mir verbitten, als weniger friedfertig bezeichnet zu werden, nur weil ich den Weg der Friedensbewegung nicht mitgehen kann. Daß Sie aufmerksam machen auf den Etikettenschwindel, der mit diesen Veranstaltungen einhergeht, findet Anerkennung.

Adolf Reutter, Mühlacker

Schon der Amerikaner D. H. Thoreau sagte: „Wenn aber das Gesetz so beschaffen ist, daß es notwendigerweise aus dir den Arm des Unrechts an einem anderen macht, dann, sage ich, brich das Gesetz." Gandhi war sein eifrigster Leser. Die größten Untaten und Verbrechen geschahen „legal".

Lucie Ziegler, Schorndorf

Einreihen mußten sie sich im Dritten Reich, müssen sie sich heute in der DDR und bei uns in der Bundeswehr. Wer dies ablehnt, muß nicht, er kann sich freiwillig, mit dem Risiko, bestraft zu werden, in eine Kette einreihen. Dieser einmalige symbolische Akt ist das genaue Gegenteil von verordnetem Dauerzwang.

Steffen Siegel, Neuhausen a. d. F.

Verkrustet

Die deutschen Arbeitnehmer haben Grund zum Feiern. Keiner ihrer europäischen Kollegen verfügt über so viele Feiertage. Überdies sorgen Arbeitszeitordnungen dafür, daß das Nickerchen nicht zu kurz ausfällt, daß für Familie, Schrebergarten und hie und da für eine Schwarzarbeit ausreichend Zeit bleibt.

Jede Überminute wird sowieso stattlich vergütet.

Der Neid muß es uns Arbeitnehmern und unseren Interessenvertretungen lassen: Wir haben es herrlich weit gebracht. So allmählich drohen allerdings die Errungenschaften ihre Günstlinge zu fressen.

Im Theater soll eine Inszenierung entstehen. Der Beleuchter, der am Vormittag die Probe gefahren hat, kann am Abend die Vorstellung nicht bedienen – Tarifvertrag.

Man braucht also für dieselbe Sache eine Doppelbesetzung.

Das mag zwar dem Arbeitsmarkt nützen, ist aber unbezahlbar. Theater werden immer öfter schließen müssen. Ist das der Zweck der Übung?

Ein Fernsehfilm soll fertig werden. Ein Mitarbeiter sieht noch eine Verbesserungsmöglichkeit. Sein Dienstplan ist für den nächsten Tag noch frei. Er beantragt diesen Tag für die Filmbearbeitung – abgelehnt. Also bleibt der an der Arbeit interessierte Mitarbeiter zu Hause „in Bereitschaft". Das belastet natürlich auch ein Budget, aber eben ein anderes. Widersinn?

Sein Vorgesetzter meint dazu: „Selbst wenn ich engagierte Leute habe, die freiwillig und um der Sache willen mehr tun wollten, ich darf sie nicht beschäftigen. Sonst steht mir morgen früh hier die Gewerkschaft auf der Matte."

Die Arbeitnehmerorganisationen haben viel geleistet. Gerade in künstlerischen Berufen, wo Ausbeutung an der Tages- und Nachtordnung war, haben sie Regelungen durchgesetzt.

Aber inzwischen bekommt Gewerkschaftsarbeit eine Eigengeschwindigkeit, die schleunigst

gebremst gehört. Die Klagen tönen von überallher, aber die Gewerkschaften sind schwerhörig. Sie sind gewohnt, mehr Lohn und mehr Zeit zu erkämpfen und dafür Mitglieder und Beiträge zu bekommen.

Aber diese Art Wachstum ist eben genauso an einer Grenze angekommen wie das wirtschaftliche Wachstum auch.

Die Kollegen in den Betrieben haben das früher erkannt als ihre Funktionäre. Diese sitzen in ihrer „Dinosaurier-Organisation, deren Sicherheitsbedürfnisse so groß geworden sind, daß sie sich kaum noch zu bewegen wagt".

Die Gewerkschaften sind die wirklich konservativen Bastionen in unserer Gesellschaft.

Ein IG-Metaller hat es auf einem Transparent doppeldeutig beschrieben: „Weil die oben keine Ahnung haben, geht's denen unten an den Kragen."

Die Gewerkschaften sind konservative Bastionen.

An den Kragen könnte es zuerst den Lehrlingen gehen. Weil Bäckerbuben erst um 7 Uhr zur Arbeit dürfen, kommen sie, wenn der Markt schon verlaufen ist.

Der Meister hat um 4 Uhr angefangen, drei Stunden später ist in der Backstube nicht mehr viel zu lernen. Und der Betrieb wird sich fragen, ob so eine Ausbildung lohnt.

Oder der Gärtner, der gerne in diesen knappen Jahren mehr Lehrlinge einstellen würde – auch Mädchen –, bekommt als Belohnung für seine Bereitschaft erst einmal eine Auflage: Er muß umbauen.

In seiner Gärtnerei braucht er Toiletten nach Geschlechtern getrennt. Ob der die Lehrlinge noch einstellt?

Der Gesetzgeber mit seinem Jugendarbeitsschutzgesetz hat es hier wieder einmal gut gemeint, aber im Ergebnis eben schlecht gemacht.

Solche verkrusteten Vorschriften richten sich gegen die Arbeitnehmer selbst. Die müßten sich bei denen wehren, die ihnen einst geholfen haben – bei ihren Gewerkschaften.

Diese Ansichten über die Gewerkschaften bergen Zündstoff

Ein Bravo für Ihre mutige Ansicht. Das bringt Zündstoff. Sie wissen sicher selbst, daß Sie damit in ein großes „Wespennest" getreten sind! Aber Ihre Courage imponiert vielen und macht solche heißen Themen interessant und hoffentlich weiterhin spannend.

Alwine Hild, Göppingen

Auch ich bin ein deutscher Arbeiter und Gewerkschaftsmitglied. Es stimmt zum Teil schon, daß die Gewerkschaften von den tatsächlichen Realitäten nicht viel Ahnung haben. Zum anderen muß noch gesagt werden, daß unsere Funktionäre, die uns Arbeitern ewig Unzufriedenheit einpauken, erheblich dickere Lohntüten bekommen als der Bundeskanzler.

Alfred Pohlmann, Göppingen

Ich habe Frau Offenbach immer sehr geschätzt wegen ihrer objektiven Artikel und bin deshalb über den heutigen empört. Es ist eine nicht zu überbietende Ignoranz, wenn sie die Gewerkschaften schwerhörig und als die „wirklich konservativen Bastionen" bezeichnet. Wer sonst, wenn nicht die Gewerkschaften, soll denn zur Gegenwehr antreten?

Hansi Knödel, Stuttgart

Jedes Recht, jede soziale Verbesserung mußte den Herrschenden abgetrotzt, mußte erkämpft werden. Die Autorin stellt diese Wahrheit auf den Kopf. Sie betreibt Demagogie.

Werner Kempter, Remseck

Die Gewerkschaften, in der Vergangenheit durch große Verdienste ausgezeichnet, heute aber verkrustet, sind durch ihre exportschädliche Tarifpolitik wesentlich mitschuldig an der heutigen Arbeitslosigkeit, und durch die Übertriebenheiten des von ihnen mit zu verantwortenden Jugendarbeitsschutzgesetzes mitschuldig an dem Mangel an Lehrstellen.

Oskar Völter, Stuttgart

Ich habe den Verdacht, daß es den großen Gewerkschaften in erster Linie um ihre eignen lukrativen Posten geht und sie diese auf Biegen oder Brechen, auch wenn es in vielen Fällen bereits zum Nachteil der Arbeitnehmer ist, hochspielen und erhalten wollen.

Herrmann Glauss, Backnang

26. Dezember 1982

Doppelverdiener

Die Volksausgabe des Volkszorns hat neue Prügelknaben: die Doppelverdiener.

Einer von denen sollte doch wenigstens zurücktreten, damit die Arbeit gleichmäßig verteilt werden kann. Das klingt schlüssig, aber Mißgunst schwingt mit.

Was sind denn Doppelverdiener? Die verdienen nicht doppelt, sondern einfach – nämlich jeder für seine Arbeit. Und davon bezahlen sie (meist besonders hohe) Steuern, ihre Altersversorgung, ihre Krankenkasse.

Was hier tatsächlich passiert, ist die gemeinsame Lebensorganisation. Zwei Menschen (es können ja auch mehr sein – wären das dann Dreifach- oder Vierfachverdiener?) tun sich zusammen, weil sie sich mögen oder weil das praktischer ist. Deshalb soll jetzt einer (gemeint ist meist eine, die Frau) aufhören.

Wem soll sie Platz machen? Dem, der nachweist, daß er noch für andere Personen aufkommen muß? Das wäre der Anfang einer Sozialschnüffelei, die man sich nicht ausmalen mag.

Was hieße das für die Zukunft? Junge Leute mit Talent und Einsatz würden einfach nicht mehr heiraten, falls man ihnen nach dem Motto käme: „Nur einer darf verdienen". Und was ist mit dem Sohn, der bei seiner alten Mutter lebt? Sie hat ein Einkommen. Er auch. Muß er aufhören zu arbeiten, oder soll sie ihre Rente zurückgeben?

Oder junge Leute, die schon verdienen, aber zu Hause wohnen. Wer muß die Arbeit drangeben – die Eltern, die Kinder oder alle bis auf einen?

Mit Nasenzählen kommt man wirklich nicht weiter. Denn in einem hochindustrialisierten Land kann vernünftigerweise nicht nach dem Abzählreim verfahren werden.

Statt dessen ist mehr denn je die Frage fällig, wer der Fähigste sei. Treffen sich zwei Fähige, so ist das ihr Glück und noch kein Grund zur Strafe.

Und schließlich gibt es auch noch Solisten. Leute, die etwas sehr

24. Juni 1979

Politik - nein, danke !

Kaum habe ich diese Überschrift geschrieben, regt sich auch schon das schlechte Gewissen. Politik geht jeden an: Wahlpflicht, Staatsräson.

Was hat denn die Schule, was dieser Journalistenberuf gelehrt: Von der Politik darf sich niemand einfach davonstehlen. Das hieße, sich verabschieden von den eigenen Angelegenheiten. „Die da oben" machen lassen wäre die Bankrotterklärung des Bürgers.

Aber das Dranbleiben wird einem schon mächtig schwer gemacht.

Ich verstehe die ehedem politisch interessierten Menschen, wenn sie die Langmut verläßt; wenn sie sagen: Politik – nein, danke!

Nehmen wir die Sprache. Bundeskanzler Schmidt hätte in jener berühmt gewordenen Parlamentsdebatte nicht nur die Heizkostenrechnung anprangern sollen, die er nicht versteht, sondern auch gleich den Jargon, in dem er und seine Kollegen unsere Angelegenheiten verhandeln – eher verschleiern.

Je brisanter der Vorgang, desto mehr Wort-Watte wird darumgepackt.

Stuttgarts OB Rommel mogelte sich vor einem Jahr an Filbingers Rücktritt heran: „... und ich hoffe, daß er (Filbinger) auch noch lange als Politiker leben wird." Einen Monat später war der Fall gelaufen.

Oder die Abrüstungskonferenz. Mit Abrüsten hat das nichts zu tun. Etikettenschwindel. Da werden keine Waffen verschrottet oder nicht mehr gebaut. Im Gegenteil. Die Sowjets werden vertragsgemäß die Zahl ihrer Interkontinentalraketen von 300 auf 820 erhöhen. Leonid Breschnjew soll gesagt haben: „Gott wird uns nicht verzeihen, wenn wir hier scheitern." Solcher Gipfelschwulst, warum treiben es Politiker so faustdick?

Bürger sind weder anspruchslos noch vergeßlich.

Oder Helmut Kohl. Keine Woche, in der er nicht irgend etwas in Bonn „unerträglich" fand. Aber dann hat er's doch so gut ertragen, daß er immer neue „Unerträglichkeiten" vor dem ertragenden Publikum hochhalten konnte.

Das Ärgernis ist, daß viele Politiker einerseits die Bürgernähe

Eigenes können, die sich nicht einfach auswechseln lassen.

Für die Primaballerina Marcia Haydée zum Beispiel, für Margaret Thatcher, für Königin Beatrix muß sich erst mal ein Ersatzmann finden. Dergleichen liegt kaum auf der Straße.

Oder Heidrun Farthmann, die Frau des nordrhein-westfälischen Arbeitsministers. Sie hat als Mittvierzigerin das Abitur mit 1,3 gemacht und möchte studieren. Soll man ihr die Arbeit verbieten? Jemandem, der vermutlich nicht nur in der Schule, sondern auch im Beruf Außergewöhnliches leistet?

Frauenbeispiele habe ich deshalb gewählt, weil Frauen in erster Linie gemeint sind, wenn „Doppelverdiener" gescholten werden. Dabei sind Frauen eher Halbverdiener. Für gleiche Arbeit sind sie fast überall schlechter bezahlt. Falls ihre Arbeit also künftig von Männern gemacht werden sollte, kämen die viel zu teuer.

Die Frage ist fällig: Wer ist der Fähigste ?

Zum Glück kann hierzulande jeder seinen Lebensplan selbst gestalten. Die Einsatzfreudigen und Einfallsreichen werden wieder mehr das Sagen haben als die Neider und Nasenzähler.

Trotzdem braucht der Appell nicht auszubleiben, daß jeder, der nicht unbedingt arbeiten will oder muß, seinen Stuhl freimacht.

beschwören, den Bürger aber offenbar nicht ernst nehmen. Sie spekulieren auf seine Vergeßlichkeit und Anspruchslosigkeit.

Vielleicht merken auch manche Politprofis schon gar nicht mehr, wie peinlich ihr Possenspiel geworden ist. Das Publikum dreht indessen die Stühle mit dem Rücken zur Bonner Bühne.

Wenn aber der Unmut der Wähler den Abgeordneten zum Beispiel mit Briefen in die Bude hageln würde, hielten sie die Bürger für wachsam, und unsereins hätte wieder Grund zum Resümee: Politik ganz gerne.

Der Kern des Problems ist doch, daß die Kinder erziehende Mutter (oder der Vater) für die volkswirtschaftlich mindestens gleich wichtige Funktion bei weitem nicht den zustehenden Lohn erhält. Damit verdient eben nicht jeder für seine Arbeit.

H. Sch., Gerlingen

Es ist ein großer Unterschied, ob eine Ehefrau ein paar Stunden als Putzfrau arbeitet, oder ob die Ehefrau eines Staatsanwalts als Richterin tätig ist. Zu Zeiten der großen Wirtschaftsflaute vor dem Krieg durfte nur ein Ehepartner im öffentlichen Dienst beschäftigt sein. Richtig wäre wohl, dem Doppelverdiener durch höhere Besteuerung den Anreiz zu nehmen. Wahrscheinlich würde es bereits genügen, das Ehegattensplitting für Doppelverdiener zu streichen.

Rudolf W. Klein, Nürtingen

Wie wäre es denn, wenn ein Lehrerehepaar statt zusammen 56 Stunden Deputat „nur" 40 Stunden in Anspruch nehmen würde? Die Vorteile lägen in jeder Hinsicht auf der Hand: Beide wären finanziell selbständig, beide könnten sich verwirklichen, was immer das auch heißt; beide hätten mehr Zeit und Kraft für sich und ihren Beruf, beide hätten statt 8000 Mark brutto immer noch zusammen 6000 Mark – genug zum Leben.

Walter Brants, Riederich

Im wesentlichen teile ich Ihre Ansicht, daß glücklicherweise „hierzulande jeder seinen Lebensplan selbst gestalten kann". Wir sollten uns jedoch auch in die nicht einfache Lage der nachrükkenden Generation hineindenken, die nach abgeschlossener, oft hochwertiger Ausbildung keine Möglichkeiten hat, ihre Fähigkeiten zu beweisen.

Dr. H. H. Ulmer, Marbach a. N.

Beamten-Barock

Wer etwas gegen Beamte sagt, kann des allgemeinen Beifalls sicher sein, ausgenommen dem der Beamten natürlich.

Das heißt: Jeder achte Arbeitnehmer ist jetzt wütend, sieben reiben sich die Hände. Billige Schadenfreude? Leider nein.

Was wir uns in der Bundesrepublik leisten, ist Beamten-Barock.

Die Zeit für üppig schwellende Bürokratie ist vorbei. Wir können sie uns nicht mehr leisten. So etwas paßt nicht mehr in diese Zeit, die eher eine bewegliche Gesellschaft braucht als eine verwaltete.

Der treue Diener seines Staates ist eine liebenswürdige Antiquität.

Was nötig wäre, ist der tüchtige Beamte, der Verantwortung übernimmt und damit Risiko. Wer aber hat so einen Satz schon einmal in einer Amtsstube gehört: „Für Ihren Fall gibt es keine Verordnung, aber ich entscheide jetzt so und werde das auch vertreten. Lassen Sie das nur meine Sorge sein."

Statt dessen die übliche Version. Die kennen die meisten Eltern: Sie bringen in der Schulversammlung eine Klage vor. Der Lehrer verweist stereotyp auf Lehrpläne und Erlasse. Sind das die Pädagogen für eine mobile und eigenverantwortliche Generation?

Barocke Formen nehmen auch die Nebentätigkeiten vieler Beamter an. Schon die Sprachregelung ist danach. Anderswo heißt dergleichen Schwarzarbeit und ist nicht nur verboten, sondern auch mit Strafe bedroht. Nicht so bei den Beamten.

Mathematiklehrer mit einem 2000-Mark-Nachhilfestunden-Konto sind noch kleine Fische gegen jene Beamte im Bau- und Gesundheitsbereich, von denen sogar Innenminister Baum weiß, „daß die Haupttätigkeit nur das Taschengeld bringt, während der eigentliche Verdienst aus Nebentätigkeiten stammt".

Nur keinen Neid. Da haben wir sie ja, unsere lang gewünschten effektiven Beamten. Sie verdienen ihr Geld flexibel auf dem freien Markt. Nur weshalb dann beamtet?

Sogar der Beamtenbundvorsitzende Alfred Krause räumt umständlich ein, daß „der Bereich, in dem Beamte arbeiten, heute ziemlich groß geworden ist". Zu groß.

Susanne Offenbachs Kolumne „Beamten-Barock" hat eine Flut von Zustimmung und Protesten ausgelöst. Wir widmen deshalb unsere Leserbriefseite diesmal ganz diesem Thema. Dennoch kann nur ein Teil der Leser und die auch noch gekürzt zu Wort kommen. Alle Briefe gehen jedoch unserer Kolumnistin zu.

Die Redaktion

Tatsächlich brauchte man nur dieses Modell auszuprobieren: Jeder Beamtensessel, der frei wird, bleibt ein paar Monate leer.

Die öffentliche Kasse wird in dieser Zeit entlastet, und man kann prüfen, ob die Stelle überhaupt wieder besetzt werden muß, und wenn, ob der Stuhl nicht auch eine Stufe niedriger eingruppiert und dotiert werden kann.

Wer es mit diesem Staat gut meint – und die Beamten verstehen sich so –, muß ihn von seinen überflüssigen Krusten und Schnörkeln befreien. Innenminister Baum will mehr Leistung in der Verwaltung.

Aber wo bleibt seine Leistung, nämlich eine Gesetzesnovelle, die darauf abzielt, daß Bequemlichkeit im öffentlichen Dienst nicht noch automatisch befördert wird? Damit könnte man auch endlich einmal die Böcke von den Schafen trennen. Denn natürlich gibt es auch den zupackenden Dienststellenleiter bei der Post und das Heer zum Beispiel rühriger Polizeibeamter, die gelegentlich auch noch ihre Haut zu Markte tragen. Die Kritik für die einen soll die Sympathie für die anderen nicht zudecken.

Böcke von den Schafen trennen

Trotzdem vorsorglich Wehklagen im Hause Krause: Ein Beamter, dem man Gehaltskürzung androhe, werde nicht zu höherer Leistung motiviert. Ein arbeitsplatzgefährdeter Richter sei nicht unabhängig. Doch erstens will niemand den Staatsanwalt „privatisieren", vielleicht schon eher den Lokomotivführer oder den Briefträger.

Und was die Unabhängigkeit angeht: Aus meiner Branche, von den Journalisten, weiß ich, daß nicht immer diejenigen die Unabhängigsten und Mutigsten sind, die einen beamtenähnlichen Status haben.

Die ganze finanzielle Seite mit ihrem Vergünstigungs- und Zulagenunwesen kann hier nicht einmal angekratzt werden. Sie ist auch kaum mehr durchschaubar.

Die Bevölkerung murrt über ihre Beamten.

Deutlich über die Hälfte aller Bürger nennt bei der Allensbach-Frage: „Auf welchen Gebieten sollte der Staat am ehesten sparen?" an erster Stelle die Beamtengehälter. Demnach gibt es besonders in den mittleren und oberen Etagen ein paar zuviel von unseren Staatsdienern de Luxe.

Beamten-Lobby wehrt sich

Es würde mich nicht wundern, wenn Susanne Offenbach mehr ablehnende als zustimmende Leserzuschriften erhalten würde. Die Beamtenlobby wird sich auch diesmal zu wehren wissen.

Hermann Eberhardt, Lorch

Obwohl ich meist mit Ihren Kolumnen absolut nicht einverstanden bin, habe ich mich diesmal ausgesprochen über diesen Artikel gefreut. Der letzte Satz, daß es in den „mittleren und oberen Etagen ein paar Staatsdiener de Luxe gäbe", entspricht nämlich haarscharf einem von mir schon vor zehn Jahren gemachten Vorschlag, von dem ich aber leider nur zu genau weiß, daß er nicht durchgeführt wird. Ich meine: Die Beamten im gesamten oberen Drittel der Gehaltspyramide sind zu 50 % überflüssig. Es läuft ohne sie genauso. Da sie nicht entlassen werden können, brauchte man doch nur den sogenannten natürlichen Abgang nicht mehr zu ersetzen.

Rudolf Weiße, Waiblingen

Wenn die Autorin die oft wiederholte Forderung aufgreift, jeder frei werdende Beamtensessel müsse einige Monate leer bleiben, so zeugt auch das von einem eigenwilligen Verständnis des öffentlichen Dienstes. Denn entweder war der Posten überflüssig, wenn auf ihn vorübergehend verzichtet werden kann, dann hätte er nicht eingerichtet werden dürfen, oder die von ihm ausgeübte Aufgabe ist verzichtbar. Beides sind Vorwürfe gegen die politischen Gremien, die letztlich dafür die Verantwortung tragen.

Dr. Rainer Reinhart, Mannheim

Ihre Kolumne schätze ich wegen der eigenwilligen und zupackenden Art, wie Sie die Dinge angehen. Diesmal haben Sie entschieden danebengegriffen. Der Beamte ist, wie in letzter Zeit häufig, zum Prügelknaben geworden. Wie soll unser Staat denn dieser Schwemme von Ansprüchen und Wünschen seiner Bürger und vieler Politiker nachkommen können, wenn nicht durch Personalvermehrung?

Wolfram Bappert, Stuttgart

Wenn Susanne Offenbach von der üppig schwellenden Bürokratie spricht, so hat sie vollkommen recht, nur kann man das nicht den Beamten anlasten, hier versagt der Gesetzgeber, der immer mehr neue Gesetze, Erlasse und Rechtsverordnungen produziert.

E. Daub, Edenkoben/Weinstraße

Dranbleiben

Mehr kann sich ein Journalist nicht wünschen als den Dialog mit guten Gegnern.

Keines meiner Themen der letzten Jahre hat eine so temperamentvolle Auseinandersetzung ausgelöst wie die Kolumne „Beamten-Barock“.

Zum Schrei „Geschmier!“ aus Ulm gesellten sich Dankesblumen aus Neu-Ulm, außerdem Einladungen aus Großbottwar und Stuttgart, den Beamtenalltag an der Front zu erleben („Wir Lehrer verbringen unsere Tage nicht in barocker Sinneslust“). Dazu eine Fülle bedenkenswerter Aspekte, die ich gerne weitergeben und in meine Überlegungen einbeziehen will.

Sage keiner, die Menschen in diesem Land seien gelangweilt, übersättigt und an öffentlichen Angelegenheiten nicht mehr zu interessieren. Vielleicht müssen es nur die richtigen Themen sein: Beamte zum Beispiel.

Natürlich, wer sich exponiert, wird angreifbar. Aber dieses Risiko muß der Kritiker schon auf sich nehmen. Und so gefährlich, wie viele befürchten, ist der Mut zur Meinung nun auch nicht.

Es ist doch einfach nicht wahr, daß man hierzulande seine Ansicht nicht äußern könne, weil die Nachteile auf dem Fuße folgten. Wer das behauptet, hat es vermutlich nie ernsthaft und konsequent probiert. Einige Beamte nehmen erfreulicherweise kein Blatt vor den Mund.

So hat eine Pädagogin aus Göppingen außer an mir „einiges an den Lehrplänen auszusetzen“ und schreibt deshalb nach Stuttgart. „Nur pflegt man im allgemeinen keine Antwort darauf zu erhalten.“

Falls das stimmt, würde das genau den Verdacht bestätigen: Höhere Beamte einer Behörde lassen auf dem Dienstweg Kritik versickern.

Schlimmer noch: Die Entscheidungsfreude und Flexibilität werde von „einem Rattenschwanz von Erlassen, Durchführungsbestimmungen und Verordnungen“ eingegrenzt, klagt der Leiter eines Ordnungsamtes.

Wer sich daran nicht peinlich halte, bekomme von der Rechtsprechung

Ansprüche und Subventions-Klimbim

„Die“ Beamten sind uns nicht vom Schicksal auferlegt worden, sondern das Ergebnis unseres maßlosen Wohlstandsanspruchs! Wer will denn für jedes Kind einen Lehrer und noch einen Psychiater dazu?
Der ganze Subventionen-Klimbim und abschreibungsfauler Zauber einschließlich der Überprüfung der Norm für Klopapier, dies sind nur die realisierten Wünsche unserer Bürger!

Heinz Brauner, Stuttgart

Es muß ein bürgernaher Sündenbock sein, mit dem jeder Leser schon einmal zu tun gehabt hat, einer zum Anfassen sozusagen.
Heute sind es die Beamten: Wer von uns ist denn noch keinem dieser sturen und faulen Bürokraten begegnet?
Morgen sind es dann die Gastarbeiter: Jeder kennt doch diese dunkelhaarigen Burschen, die von Gott weiß woher kommen und uns die besten Arbeitsplätze wegnehmen.

Leonhardt Bohn, Frankenhardt

Ihre Essays sind wohl in einem galanten Stil verfaßt, bieten nach journalistischer Art dem ungeschulten Leser eines Sachgebietes auch manche Denkanstöße, aber sind sachlich nicht immer zu billigen.
Zuweilen sollte noch ein wenig mehr differenziert werden, eine Forderung, die aus der eindringlichen Sachkenntnis erwächst.
Ihre Mitarbeiter und Beiträger für die publizierten Ideen kenne ich nicht, aber manchmal riet ich schon Skribenten, sie möchten den Alltag des Beamten aus eigener Tätigkeit kennenlernen, wie mir dies auf einer zentralen Behörde einige Zeit vergönnt war.

D. Y., Stuttgart

Früher sagte man:
Das Kind ist zu klug, das wird nicht alt!
Jeder Angestellte und Beamte im öffentlichen Dienst, der seine Arbeit gerne und verantwortungsbewußt ausübt, würde mehr Ermessensspielraum für seine Entscheidungen begrüßen.
Doch keiner ist heute mehr gewillt, eine nicht in einem Gesetz oder einer Verordnung klar enthaltene Entscheidung gegen sich gelten zu lassen.
Da kommt gleich die Petition an das Parlament, der Brief an die Zeitung und der Anruf beim Abgeordneten.

Rolf D. Sautter, Stuttgart

noch auf die Finger geklopft. Gegen die Ansicht, man könnte doch jeden freiwerdenden Beamtenstuhl einige Monate unbesetzt lassen, um seine Entbehrlichkeit zu testen, hält ein Ministerialdirigent a. D.: „Die Ausdehnung der staatlichen und kommunalen Aktivitäten ist das Ergebnis der unersättlichen Ansprüche unserer Bürger!“

Entscheidungsfreude versickert in Erlassen.

Da ist gewiß etwas dran, wenn man bedenkt, daß sich jüngst ein Gericht wahrhaftig mit der Klage eines Zeitgenossen befassen mußte, dessen Nachbar seiner Meinung nach zuviel lüftete!

„Ein Greuel“ sind dem ordentlichen Professor jedoch die „Parteibuch-Beamten“ alten und neuen Schlages, von denen zum Ärger der Eingeweihten in Bonn und anderen Gefilden unseres Vaterlandes eine ganz Reihe „i. e. R.“ oder „z. D.“ mit ordentlichen Übergangsbezügen spazierengehen.

Ein Schulleiter räumt ein, daß in seiner Umgebung „Unregelmäßigkeiten ins Lot gebracht werden müssen. Nur müßten Sie es dann in allen anderen Berufsgruppen auch. Oder möchten Sie ernsthaft behaupten, daß es Auswüchse dieser Art nur bei Beamten gibt?“ Nein, möchte ich nicht. Aber, um einen Vergleich aus einem anderen Lebensbereich zu entnehmen:
Wer einen Dieb schnappt, muß ihn nicht deswegen wieder laufen lassen, weil er nicht gleichzeitig auch alle anderen dingfest machen kann.

Ein Leser möchte den öffentlichen Dienst keinesfalls unter Denkmalschutz gestellt wissen. „Aber auch wenn schlechte Zeiten in Sicht sind, ist das Anspucken von allen Seiten nicht gerecht.“

Ein Staatsdiener nimmt den Mund ziemlich voll: „... daß alle ihr Schreiberlinge immer nur die halbe Wahrheit schreibt: nämlich das, was das Volk lesen will“.

Ich bin da nicht ganz so hochmütig. Wenn „das Volk“ über das Thema Beamte reden will, dann ist das ein Grund, an diesem Thema dranzubleiben.

Tatsächlich wäre es begrüßenswert, Beamte nur noch nach ihrer Leistung zu fördern und zu befördern und somit die Spreu vom Weizen zu trennen.
Es muß jedoch die Frage erlaubt sein: „Was ist Leistung?"
Daß sich bezüglich der Leistung Arbeitnehmer des Staates und der freien Wirtschaft kaum unterscheiden, ist leicht in dem Büchlein „Das Peter-Prinzip" von L. J. Peter und R. Hull nachzulesen.

Wolfgang Gertling, Speyer

Unsere Luxusstaatsdiener sind längst selbst Produkte der seit Jahren wuchernden Verfilzung zwischen Staat, Parteien und Gewerkschaften!
Welcher junge Nachwuchspolitiker oder -funktionär hat überhaupt einmal sein tägliches Brot in der Fabrik verdient? Kann man wirklich ernsthaft hoffen, daß Beamte als Gesetzgeber per Erlaß oder Novelle sich selbst Einschränkungen auferlegen?

H.-D. Dreeskornfeld, Kandel

21. Oktober 1979

Mit gemischten Gefühlen

Wieder unter uns und vorzeitig freigelassen: Astrid Proll, Horst Mahler und andere. Ich kann es niemandem verübeln, wenn er über die frühe Freiheit der ehemaligen Terroristen nicht gerade jubelt.

Was soll man alles verzeihen, wenn Bandenraub, Schüsse auf Polizisten und Befreiung von Gefangenen nicht zu einer saftigen Strafe reichen? Haben wir so ein kurzes Gedächtnis, daß wir uns schon nicht mehr erinnern können, wie die Terroristen fast ein Jahrzehnt lang die Nation in Empörung und Schrekken hielten?

Privilegiert waren sie sowieso bis zur Ungerechtigkeit: Mehr als bei anderen Kriminellen versuchte man ihre Motive zu verstehen. In der Haft wurden sie bevorzugt.
Sie durften sich mit ihren Freunden treffen und konnten dabei neue Aktionen planen.

Und jetzt auch noch eine Behandlung erster Klasse bei der Freilassung. Wieso eigentlich?

Das Vertrauen in einen Staat beruht vor allem auf dem Vertrauen in die Gleichbehandlung – gleiches Recht für alle.

In diesem Land kann jemand seinen Standort radikal ändern, und dies wird auch noch öffentlich honoriert. Im allgemeinen gilt das Gegenteil. Wer einen Knick in seiner Biographie hat, ist verdächtig. Ehemalige Nazis, Kommunisten, Konvertiten wissen das.

Diesen inneren Ablauf kennen viele von sich selbst: Man hat oft viel gründlicher und schmerzhafter über einen Standpunkt nachgedacht, den man ändert, als wenn man eine Sache stur durchzieht.

Die Terroristen sind frei. Haben sie sich geändert ?

Ein Staat handelt allerdings selten aus hehren Erwägungen. Der Innenminister spekuliert auf umkehrwillige Terroristen – „zwei Freiwillige sind mehr als tausend Polizisten“. Gewiß. Aber hätte sich vielleicht Astrid Proll in ihrer

14. Mai 1995

Liebst du dein Land ?

Im Ausland, zuletzt in Südafrika, kommt immer wieder einmal die Frage: Liebst du dein Land? Mir ist das etwas peinlich, weil ich merke, daß ein „Ja, klar!“ erwartet wird.

Der deutsche Bundespräsident Gustav Heinemann hat auf diese Frage geantwortet: „Ich liebe meine Frau.“

Ich schätze dieses Land und lebe gerne hier. Aber lieben? Man kann nur lieben, was man kennt. Wieviel kennt man wirklich von der Geographie, der Natur, den Menschen, ihrer Kultur und Geschichte?

Besonders die Geschichte hat weiße Flecken. Einige davon sind ausgemalt worden in den letzten Wochen. Fünfzig Jahre nach Kriegsende wurde in den Familien ein Thema vom Speicher geholt, das dort sorgsam verpackt lag: die Kriegs- und Nachkriegszeit.

„Was hast du im Frühjahr 1945 erlebt, was gefühlt?“ fragen Enkel oder Freunde. Solche Fragen und Berichte wurden lange unterlassen, aus Angst, ein Damm könnte brechen.

Nun erfährt man von Familienangehörigen, daß sie glühende Mitläufer und entsprechend tief enttäuschte Jungvolkführer waren, mit eingebrannten Kriegsbildern, die sie nicht loslassen.

Und warum kommen die Bilder so spät? Offenbar waren sie früher kaum erträglich. Man könne „die Wellen des Gedenkens nicht kommandieren“, sagte ein Historiker.

Zum erstenmal in der Geschichte werde Deutschland in seinen jetzigen Grenzen von den Nachbarn akzeptiert. Nun könne sich Deutschland auf seine Tugenden besinnen: ein Land der Gerechtigkeit und des sozialen Ausgleichs zu sein. Vielleicht kann man darauf eines Tages stolz sein.

Anläßlich der Abschiedsparaden der Roten Armee hatte man diese Bilder gesehen: Kindergesichter in Uniform neben abgebrühten Soldatenköpfen und ihre jämmerliche Zukunft in den Heimatländern.

So also kann ein Sieg aussehen. Und hätten wir gewonnen, wie sähe unser Land heute aus? Voller düster bedrohlicher Speer-Architektur, voller Fahnen und gleichnamiger Junker – und erst die Köpfe! Sauber-simple Herrenmenschen und Mädel, eingebildet auf ihre Autarkie, taub und blind für alles Neue und alles Andersartige.

Ein Glück, nicht in einem solchen Geisteskerker leben zu müssen.

besten Zeit von einer vorzeitig entlassenen Komplizin beeindrucken lassen? Eher hätte sie hohngelacht über das flaue Angebot eines angeblich schlappen Staates.

Doch der ist immerhin stark genug, um diesmal mit einem anderen Grundsatz Ernst zu machen: Resozialisierung statt Rache.

Wenn Jahre im Gefängnis vor allem auf ein erträgliches Leben mit dieser Gesellschaft vorbereiten sollen, dann muß der Häftling entlassen werden, sobald er diese Aufgabe packt.

Unser Staat hat bisher nicht an denen Schaden genommen, die er zu früh entließ, sondern eher an denen, die in der Anstalt verdorben wurden. Großzügigkeit gegenüber ehemaligen Staatsfeinden – auch ein Bonbon fürs Ausland? Ich hielte diese Geste für nutzlos. Von außen gesehen sind deutsch und liberal, Bundesrepublik und Freiheit immer noch Gegensätze.

In französischen, britischen oder italienischen Zeitungen, Filmen und Groschenheften wird das Klischee trotz dreißig Jahren offener Grenzen vorsätzlich verbreitet.

„Ich habe nicht meine Meinung, ich habe mein Leben geändert", sagt Horst Mahler.

Das ist das einzige, was die Öffentlichkeit zu interessieren hat. Daß er und seine ehemaligen Komplizen tatsächlich anders leben, dafür kann natürlich kein Gericht garantieren.
Dem Umkehrer eine Chance.

Was folgt daraus für uns heute? Es folgt der menschenwürdige Umgang mit den Ex-Feinden des Kalten Krieges. Und: den Fliehenden, ja sogar den Bleibenden goldene Brücken zu bauen.

Obwohl da manches schwer zu schlucken ist, etwa daß sich ausgerechnet Egon Krenz, der letzte Politbüro-Chef des SED-Staats, bei Gorbatschow beklagt „über die politische Verfolgung ehemaliger DDR-Bürger".

Den Besiegten goldene Brücken bauen

Wir können zur Kenntnis nehmen, wie sein Regime im Falle eines Sieges des Sozialismus mit Bürgern der Bundesrepublik und eigenen kritischen Leuten umgegangen wäre. Das reicht für eine Gänsehaut. Ausländer (das waren auch alle Westdeutschen), Diplomaten, Journalisten und Transitreisende wären in die 35 geplanten Internierungslager für 21 000 Personen gekommen mit Zwangsarbeit und Bespitzelung.

Mehr als 10 000 eigene Regimegegner sollten am Tag X in Gefängnisse, Messehallen und Schulen einrücken – für 25 Personen zehn Quadratmeter, einen Kübel, je zwei Liter Getränk. gez. Mielke.

Kommt uns das nicht teuflisch bekannt vor? Insofern bin ich eben doch stolz auf mein Land, das nie auf die Idee kam, daß es interniert, sondern das mit seinen ehemaligen Gegnern diskutiert.

„Erfolg verbessert den Charakter." Diese Einsicht von Somerset W. Maugham kann im Privaten gelten wie für ein Volk. Aber deshalb muß man es ja nicht gleich lieben.

Mit Inbrunst

Vor fast 15 Jahren durfte ich in Palm Beach um 23.00 Uhr während des Absingens unserer Nationalhymne ganz langsam unsere Flagge nach unten ziehen.
Wichtig war dabei, daß die Fahne noch solange in Bewegung blieb, bis das Lied der Deutschen zu Ende war.
Sie ahnen wahrscheinlich, was passiert ist. 80 Deutsch-Amerikaner singen mit bei uns kaum vorstellbarer Inbrunst und innerem Engagement. Die Amerikaner nennen das „devotion".
Zuerst biß ich kräftig die Zähne zusammen. Aber spätestens bei der Zeile, „blüh im Glanze dieses Glückes" brachen die berühmten Salzwasserdämme.

Hermann-Josef Kromer, Ehingen/Donau

Genau! Richtig! Endlich spreche jemand aus, was doch so viele dächten. So oder so ähnlich ist es beinahe jedesmal in der Post für Sonntag Aktuell nachzulesen, wenn sich Susanne Offenbach zu Wort gemeldet hat. Den Nagel auf den Kopf oder überhaupt ins Schwarze – die Kolumnistin trifft häufig und zielsicher.

Wie sie das macht? Es ist nicht die neueste tagespolitische Wendung, auch nicht der jüngste parteipolitische Winkelzug, der sie zu der etwas anderen Meinungsäußerung reizt. Es geht um Grundsätzlicheres: um deutsche Befindlichkeiten und Schwächen, um Ärgernisse und Belustigendes im Alltag. Am Ende gar um irgendeinen fragwürdigen Zeitgeist? Susanne Offenbach bemerkt's bestimmt – und spießt es auf. Mal redet sie den vermeintlich einfachen Leuten nach dem Mund, mal eckt sie bewußt an, stellt sich quer zur „political correctness". Seit zwanzig Jahren übrigens, solange es Sonntag Aktuell schon gibt.

Klar, daß sich da bei manchen Leserinnen und Lesern nicht nur freudige Erregung einstellt. Vielmehr ist mit boshaft-bösartigen Reaktionen zu rechnen. Verdruß, wutschnaubende Empörung – ja, auch das kommt vor, wenn Susanne Offenbach mal wieder ein Tabu gebrochen, eine empfindliche Stelle berührt oder den Finger auf die Wunde gelegt hat.

Genau das freilich ist ihr Privileg – und ihre Stärke. Etwas auf den Punkt zu bringen, meinungfreudig, auch mal einseitig. Zu polarisieren. Zu polemisieren. Zu provozieren. Im Zweifel auch die Redaktion zu brüskieren – schließlich gehört sie dieser ja nicht an, ist unabhängig. Die Kolumnistin – in Deutschland noch keine so fest verankerte Institution wie etwa im Angelsächsischen – darf das, soll das sogar.

Das unterscheidet die Kolumne vom fürsorglich-vorsichtig austarierten Kommentar, vom im Zweifel abwägend-zurückgenommenen Leitartikel. Susanne Offenbachs Erfolg als Kolumnistin von Sonntag Aktuell, ihre große Popularität sind der Beweis für dieses journalistische Konzept.

Seit 1979 löst die Autorin Debatten aus, entfacht Streit, liefert Stoff für lebendige, mitunter hitzige Auseinandersetzungen. Macht also von sich und von Sonntag Aktuell – im wahrsten Sinne des Wortes – reden. Was kann sich eine Zeitung, die im Gespräch sein will, Besseres wünschen?

Schlußwort
von Andreas Braun,
Chefredakteur
von Sonntag Aktuell

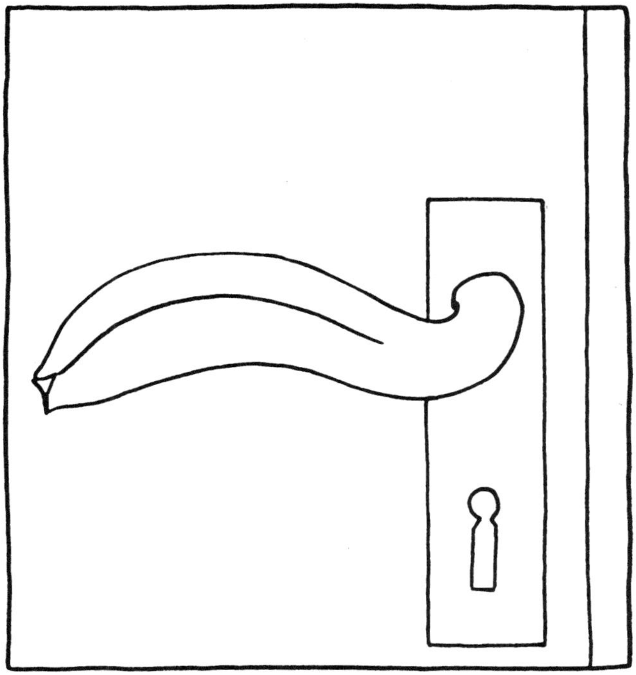

Impressum

Redaktion	Susanne Offenbach	
Gestaltung und Satz	Hans Geipel	
Koordination	Peter Erny, Peter Maier	
Karikaturen	Fred Albrecht	Seite 8, 23, 31, 33, 53, 59, 61, 65, 73, 78, 83, 101, 102, 103, 107, 109, 111, 117, 135, 140, 147, 153, 160, 161, 183
	Paul Flora	Seite 21 (aus: „Premiere", © Diogenes Verlag, Zürich)
	Horst Haitzinger	Seite 35 (Nachdruck mit freundlicher Genehmigung des Künstlers)
	Roman Lang	Seite 12, 15, 24, 41, 45, 56, 68, 84, 85, 89, 91, 95, 97, 128, 131, 133, 136, 142, 154, 172, 176
	Marie Marcks	Seite 93 (© Marie Marcks, Heidelberg)
	Til Mette	Seite 10, 123, 127 (aus: Til Mette: Nicht quengeln, Kinder, © Lappan Verlag, Oldenburg)
	Lothar Otto	Seite 113 (aus: „Von Aalglatt bis Zoni", © Lappan Verlag, Oldenburg)
	Werner „Tiki" Küstenmacher	Seite 26, 81 (aus: Werner „Tiki" Küstenmacher: Himmlische Bilderbögen, Claudius Verlag, München)
	Harald R. Sattler	Seite 18, 114, 121 (Nachdruck mit freundlicher Genehmigung des Künstlers)
Verlag	© Copyright 1999 by	1 2 3 4 5 02 01 00 99
	Silberburg-Verlag Titus Häussermann GmbH	Schönbuchstraße 48, D-72074 Tübingen Alle Rechte vorbehalten
Druck	Druckerei Ernst Uhl	Radolfzell am Bodensee
	Printed in Germany	ISBN 3-87407-315-7

1990

1992

1996

Susanne Offenbach

Geboren in Deutschlands dunkelster Zeit, im November 1943 in Wäschenbeuren am Hohenstaufen.

Aufgewachsen auf dem Land, geprägt vom humanistisch-musischen Schulbesuch und der Jugendbewegung.

Volontariat bei der Deutschen Presse-Agentur, dpa, in Stuttgart, Hamburg und Freiburg im Breisgau.

Redakteurin bei den Stuttgarter Nachrichten bis zur Ressortleiterin.
Selbständigkeit.
Erste Kolumnen, die auffallen.

Angebot des noch jungen Deutschen Fernsehens:
SDR-Abendschau,
eigene Sendereihen im Dritten und Ersten Programm.

Dokumentarfilme, die Beachtung finden („Die Pille", „Endstation Erleuchtung").
Porträts über namhafte Zeitgenossen (Lothar G. Buchheim, von Ferenczy, Hajek, Pluhar, Behnisch).

Mitarbeit bei „Pro & Contra",
„Ich trage einen großen Namen",
„Heute im Gespräch".

Deutscher Denkmalschutzpreis für Filme über Archäologie und Raubgräber.

Autorin von Sach- und Fachbüchern.

Seit Gründung von „Sonntag Aktuell", einer der größten Sonntagszeitungen, deren erfolgreiche Kolumnistin.

Zur Entspannung:
Vorträge und Diskussionen, Bücher lesen und – gelegentlich – schreiben.
Gartenarbeit – besonders gern transalpin in der amourösen Landschaft des Piemont.